高等院校师范类专业融媒体新形态教材

Psychology

心理学

主　编　廖芳芳

ZHEJIANG UNIVERSITY PRESS
浙江大学出版社
·杭州·

图书在版编目（CIP）数据

心理学 / 廖芳芳主编. --杭州：浙江大学出版社，
2024.8
ISBN 978-7-308-24938-6

Ⅰ.①心… Ⅱ.①廖… Ⅲ.①心理学 Ⅳ.①B84

中国国家版本馆 CIP 数据核字(2024)第 092740 号

心理学
XINLIXUE
廖芳芳　主编

策划编辑　徐　霞(xuxia@zju.edu.cn)
责任编辑　徐　霞
责任校对　秦　瑕
封面设计　春天书装
出版发行　浙江大学出版社
　　　　　　(杭州市天目山路 148 号　邮政编码 310007)
　　　　　　(网址：http://www.zjupress.com)
排　　版　杭州青翊图文设计有限公司
印　　刷　杭州捷派印务有限公司
开　　本　787mm×1092mm　1/16
印　　张　19
字　　数　439 千
版 印 次　2024 年 8 月第 1 版　2024 年 8 月第 1 次印刷
书　　号　ISBN 978-7-308-24938-6
定　　价　49.00 元

前　言

　　1879 年,德国心理学家冯特在莱比锡大学建立了世界上第一个心理学实验室,这标志着心理学开始从哲学这一学科中分离出来,成为一门独立的学科。科学技术的不断发展,特别是现代医学的发展,为心理学研究开启了新的空间和视角。人类在进行自我探索的过程中,逐渐意识到了自身所蕴藏着的巨大潜能是可以通过有效的方法激发的。如何认识心理学,如何探索认知、情绪情感及意志的发展,如何提高个体的学习及创造性思维能力,如何提升个体的道德素质,如何防治心理疾患,如何以更加饱满的状态投身于中国梦的实践当中、创造无悔的人生,这是每一个中华儿女都在思考的人生课题,更是每一个人尤其是教师应该关心的现实话题。

　　自心理学成为高等师范院校教育课程体系的一门基础必修课以来,其教学和研究都取得了很大的进步和发展。但不少调查研究表明,"公共心理学"并不受学生喜欢。当前大多心理学教材内容理论性过强,与实际生活尤其中小学的教育实践联系不够密切、缺乏针对性以及相关方法指导。一系列的不足,导致心理学教学不尽如人意,教学效果不能很好地体现课程价值,也没能够很好地适应现代教育发展的需要和师范生的专业发展需要,最终影响了师范院校人才培养的目标及质量,也影响了师范生的个人专业发展。自 2011 年教师资格证统考开始实施之后,心理学知识在考核内容和形式上都发生了很大的变化。显然,旧的教材体系已经无法满足这一要求。

　　本教材依据普通心理学、发展心理学及教育心理学的知识体系,结合《中/小学教师专业标准(试行)》《中/小学教师资格考试标准(试行)》与中小学教师职业的综合素质和教育教学能力要求,同时根据考试大纲中关于"学生指导、学习心理、发展心理"的内容编写而成。基于对心理学知识的普及和对师范生心理学知识的掌握要求,本书计划了十一章内容,划分为六大篇,分别是:基础篇(心理学基础知识),包括第一、二、三、四、五章;发展篇(心理发展的生理基础),主要是第六章;学习篇(学生的学习指导),包括第七、八章;德育篇(学生态度与品德的形成），主要是第九章；心理健康篇（学生及教师心理健康维护），主要是第十章；群体心理篇（学校群体心理），主要是第十一章。全书紧密结合中小学生各方面发展的实际加以论述，对于充实、拓展读者的理论知识，提高读者的实践能力，都有着积极作用，可作为师范院校学生学习心理学课程的教学用书，也可作为国家教师资格考试备考复习辅导用书，还可以作为广大中小学教师接受各种继续教育的心理学用书。

本教材的最大特色在于根据中小学教师资格统考大纲的不同要求，将实践运用部分划分为小学和中学两个阶段，并依据两个阶段学生身心发展的不同特点分别加以论述，以便学习者能够最大限度地理解知识、消化知识，促进学习者有效掌握知识；本教材内容筛选的主要依据是，在普通心理学、发展心理学和教育心理学的基础上，根据考试标准和统考大纲的知识脉络编排知识点，内容较为详细，教材各章节内容已包含统考中的各个重点知识点。另外，本教材还包括了少量不在统考大纲要求内，却在统考真题中反复出现的内容。总之，本教材内容既能满足读者对心理学基础知识了解和掌握的需要，也能满足读者统考要求的需要。本教材"知识体系"一目了然，章节内容安排由浅入深、循序渐进，注重理论联系实际，有利于学习者理解、识记、消化、掌握知识。

本书在编写过程中，参考、借鉴并引用了大量国内外专家学者的相关研究资料及成果，在此特向相关作者表示诚挚的谢意！由于编者学识和经验有限，书中难免存在不当或错误之处，敬请专家或读者批评指正，以便在后续的工作中加以改正。

编者

2024 年 5 月

目　录

第五篇　心理健康篇

第六篇　群体心理篇

考试技巧分析

及材料题汇总

第一篇　基础篇

第一章　心理学概述

《《《

学习目标

◆ 明确心理学的学科属性及其定义,了解心理学的研究对象。

◆ 了解心理的实质,并在此基础上整体把握心理学的研究原则、研究的类型和研究的主要方法等。

　　"心想事成"是不是说明我们的思想是由心脏控制的? 巫师真的能够知道我们心里想什么吗? 算命先生真的能预知我们的未来吗? 有人说,学了心理学就可以像巫师一样能窥探别人的内心,也能像算命先生一样,预知别人的未来。有人对学了心理学的人感到惧怕,因为担心自己的内心被偷窥;有人对学了心理学的人特别偏爱,因为觉得他们很厉害,无所不能。事实上,无论是惧怕还是偏爱,一切只因人们对心理学的"不知"或"知之甚少"。那么,心理学到底是什么? 学习了心理学,是否真的能窥探别人的心理呢? 接下来,我们一起学习心理学概述这一章,解答我们的困惑。

// 第一节 // 　心理学的研究对象及心理的实质

　　心理学的发展有着很长的一段历史时期,它是一门研究人的心理现象及其发生、发展规律的科学。心理学的发展建立在生理学和生物学的研究基础之上,与哲学及社会科学密切相关,是自然科学和社会科学交叉的边缘学科。

1-1:心理学
简述及学科属性

一、心理学的研究对象

学科的研究对象指的是研究所指向的特定领域,具有自己的研究对象,标志着一门学科的独立。研究对象是学科的核心,关于学科的一切理论和实践研究都依此展开。明确研究对象,是开展科学研究、建立理论体系的前提。

心理学是研究人的心理现象及其规律的科学,心理现象指的是各种心理活动的表现形式,心理规律指的是各种心理现象本质的必然联系。人类是群居动物,因而每一个个体不可避免地要与周围的其他人发生各种关系。因此,心理现象既包括个体的现象,也包括群体的现象;同理,心理规律也包括两者。一定的心理必定会引发一定的行为;反过来,一定的行为背后必定会有一定的心理。因此,心理学的研究,包括心理和行为两个层次。具体研究内容如下。

(一)人的心理

1. 个体心理

人以个体为单位而存在,个体所具有的心理现象称为个体心理。一般而言,个体心理包括心理过程、心理状态及个性心理。

(1)心理过程　心理过程是反映个体心理现象发生、发展演变的心理动态过程,由各种认知过程、情感过程以及意志过程构成。

①认知过程。认知过程是人脑反映客观事物固有的属性及各事物之间内在关系的过程。简言之,即个体认识客观事物的过程,包括感知、记忆、思维和想象等。

②情感过程。俗语"人非草木,孰能无情",表明喜、怒、哀、乐、爱、恶、欲等体验总会与认识活动过程相伴而生。比如,我们在看某一部影片时,会随着剧情的发展而产生高兴、惋惜、愤怒或悲伤等体验,这种心理活动过程就是情感过程。

③意志过程。在与自然界相互作用的过程中,我们常常会在认知的基础上、在情感的推动下,根据事物发生、发展的规律,自觉调控行为,以顺利攻克难关,使客观事物的发展方向符合我们的需要,从而实现目的,这就是意志过程。

在认知、情感和意志过程的作用下,我们在一定程度上可以完成对自然界的适应和改造。然而,认知、情感和意志过程的顺利发展却离不开一个特殊环节——注意的相伴。注意伴随着心理活动过程的产生、发展和变化而持续存在,它并非独立的心理现象。注意是心理活动顺利进行的重要保障,没有注意的参与,心理活动就难以顺利发展。

认知、情感和意志简称为"知""情""意",三者之间相互联系、相互影响、相互制约,是一个统一的活动过程。心理过程体现着人类心理活动的共同性和一般性这两大特性,是心理学研究对象的重要组成部分。

（2）心理状态 在不同的时间、不同的条件下,个体的心理活动具有不同的状态。比如,思维方面的冥思苦想、浮想联翩,情感方面的轻松愉快、垂头丧气,意志方面的优柔寡断、意志消沉等。这些个体在不同时间、不同条件下的不同状态就是心理状态。心理状态是指心理活动在某一社会情境下出现的相对稳定的持续状态,其持续的时间从几分钟、几小时到几天或几周甚至更久。

（3）个性心理 变动不居的心理过程让个体能够及时地调节自身状态以适应环境的变化;相对稳定的心理状态让个体能够以经年累月积累下来的经验应对自然界,是经济实惠的应对方式,为个体的发展节省了精力。而在认识和改造自然界的过程中,为了能够更好地适应和应对自然界,个体就会发展出一种稳定、有效的应对方式,即个性。个性也称个性心理或个性心理差异,是个体在认识和改造世界的心理活动过程中表现出来的稳定而持久的心理特征,包括个性心理特征、个性倾向性及自我监控系统。

①个性心理特征。个性心理特征也称心理特征系统,是个性心理结构中最稳定的部分,它决定着个体心理的稳定性,是区分人和人有所不同的因素。个性心理特征包括个体的气质、性格和能力。气质是个体心理动力方面的特征反映,如急性子、慢性子、好动、安静等;性格则是个体对现实的态度及与之相适应的行为方式方面的心理特征体现,如热情、冷淡、勤奋、懒惰、诚实、虚伪等;能力是保证个体顺利完成活动方面的心理特征,如聪明机智、愚笨迟钝等。

②个性倾向性。个性倾向性也称动力系统、动机系统,是个性心理中最活跃、最积极的组成部分,在个体心理和行为中发挥着动力作用,决定着个体心理和行为的方向。个性倾向性的构成要素包括需要、动机、兴趣、理想、信念和价值观等。各个构成要素在个性倾向性中所处的地位不同,所起的作用也不尽相同。需要是个体心理和个体行为的动力源泉,处于基础地位;动机、兴趣、理想和信念等在需要的基础上产生,是需要的表现形式;而价值观决定着个体的需要、动机、兴趣、理想及信念等,在个性倾向性中起到主导作用,处于最高层次。

③自我监控系统。自我监控系统也称自我意识,是个体对自己以及自己和客观现实关系的认识,包括自我认识、自我体验以及自我调控等。自我监控系统促使个体能够对自己的思想和行为进行自我控制和调节,从而形成自身相对完整和稳定的独特个性。

心理过程、心理状态及个性心理构成了心理现象,然而,心理现象各个部分之间并非孤立存在,三者之间相互联系、相互制约、相互影响。一方面,个性心理的形成离不开心理过程,个性心理在心理活动过程中逐步发展并体现出来;另一方面,心理活动过程受制于已经形成的个性心理,心理活动的进程和特点因此受到影响。总而言之,既不能离开个性谈心理过程,也不能脱离心理过程谈个性。另外,个性心理又使得个体即便经历同样的心理过程,其心理状态有可能完全不同。可见,心理过程、心理状态以及个性心理三者融会贯通,共同构成一个人完整的个体心理。

2.群体心理

作为生活在人类社会中的一员,每个人都不可避免地要与周围的其他社会成员或社会群体交往,并与之结成各种各样的诸如亲属、伙伴、师生、上下级等社会关系。如果说个体心理是围绕个体而展开的研究,那么群体心理就是围绕个体与其他成员之间的一切关系而展开的研究,群体心理也称社会心理。

群体心理与个体心理是密不可分的,一方面,群体心理的形成与发展离不开个体心理,它体现在个体心理当中;另一方面,群体心理这一重要社会现实对个体心理的形成与发展有着极大的影响作用。个体心理是社会现实在个体头脑中的反映,它既是个体主观方面的精神活动,又包含着丰富且广泛的群体心理因素。

▩ 1-2:社会心理

(二)人的行为

心理现象作为一种精神现象,缺乏形体性,难以直接操作和考察。而人的心理与行为密切相关,考察和研究人的行为,可以间接了解人的心理。因而,人的行为也是心理学的研究对象,通过对行为规律的研究,去揭示人的心理。

1.行为的概念

行为是有机体受到各种内外刺激作用的结果,指的是有机体的反应系统,由一系列运动、活动和动作构成。人的行为包括简单行为和复杂行为。简单行为是指只包含个别或少数反应的行为,如眼睛受到刺激而引起流泪,细小东西侵入鼻子会引发喷嚏,咀嚼食物就会分泌唾液等。复杂行为是指包含较复杂反应的行为,如绘画写字、运动行走、骑车打球等。无论是简单行为还是复杂行为,它们都是由一系列活动构成的,成为各种特定的反应系统。

▩ 1-3:行为及行为研究

2.心理与行为的关系

心理与行为,既有不同又密切联系。二者的不同在于:心理是主观的精神活动,行为是客观的物质活动;心理是内隐的观念形态,而行为是外显的躯体运动和生理变化。二者的联系表现在:一方面,心理影响、支配与调控行为;另一方面,行为表现与反馈心理。

▩ 1-4:心理与行为

基于心理与行为的密切关系,一方面,我们通过对个体行为的观察,推测个体的心理活动;另一方面,我们在揭示个体心理活动规律的基础上,指导和调控个体行为。巫师并不能知道我们心里想什么,但他们会通过我们的言行举止推测我们的心理状态;算命先生无法看到我们的未来,但他们能够通过我们的种种行为和表现预断我们的发展。学习了心理学,我们也能够通过观察分析人们的行为表现,推知别人的心理状态、预测别人的未来。我们还能通过调节自己的心理和行为,让自己能够拥有更美好的将来。

心理学的研究对象如图 1-1 所示。

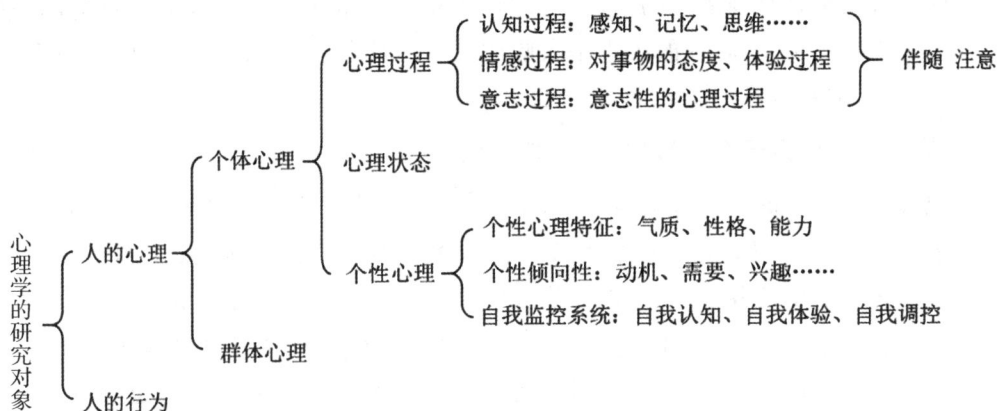

图 1-1 心理学的研究对象

二、心理的实质

（一）人脑是心理的器官，人的心理是人脑的机能

我们常说"心想事成"，这样的说法是源自古时候的人们认为心理是源自心脏。然而，现代医学表明，心理是神经系统特别是脑的机能。另外，人的内分泌系统对心理和行为也有一定的辅助调节控制作用。神经系统和内分泌系统共同构成了人的心理活动的生理基础。

1. 脑是心理的器官

脑是心理的器官，但脑并不能独立地产生心理活动。心理活动的产生有赖于整个神经系统的作用，脑只是其中的主要组成部分。

神经系统主要由大量神经元组成。神经元又称神经细胞，是组成神经系统的基本单元。脑是一个极其复杂的机能系统，人的一切心理活动都源于它的机能。

1-5：脑是心理的器官

2. 心理的产生是脑的反射

心理活动是脑的反射活动。反射是神经调节的基本方式，反射弧是反射的结构基础。反射弧由五个部分组成，即感受器、传入神经、神经中枢、传出神经、效应器。反射按其发生方式分为两类：无条件反射和条件反射。

1-6：心理的产生机制

（二）心理是客观现实的反映

心理是脑的机能，但脑不能凭空产生心理。心理的物质基础是人脑及神经系统，心

理活动的生理机制是神经系统的活动,心理现象是客观事物作用下人脑反映机能的结果。从辩证唯物观出发,心理的产生是人脑的反映机能与客观现实(这一反映内容)的高度统一,是人脑对客观现实的主观反映。

1. 人的心理来源于客观现实,具有社会性

客观现实是心理的源泉。人脑本身并不能产生心理,它只是产生心理的器官,心理的产生依赖于个体与周围环境的相互作用。脱离客观现实的个体,其心理是空洞的。个体能够分辨生活中的各种颜色,区分明和暗,离不开各种光波的作用;个体能够听到生活里的各种声音,有赖于物体本身的振动。纵使是想象中虚构的形象,如花仙子、美人鱼等,这些素材也是源自客观现实的。脱离人类社会存在的狼孩,他们也很难形成与人类社会相符的心理。因此,个体的一切心理现象都来源于客观现实。可见,客观现实是第一性的,心理是第二性的。

2. 人的心理是对客观现实的主观映象,具有观念性和主观性

心理的观念性指的是客观现实在人脑中的映象与实际事物具有一致性,但二者在性质上完全不同。心理(客观现实在人脑中的映象)是精神现象,但客观现实(实际事物)却是物质现象。

心理的主观性指的是心理现象在人脑中的观念形态有所不同,即同一客观现实在人脑中的映象不同。不同的个体由于自身的遗传、经验、教育、个性等方面各有不同,在反映客观现实时,会表现出不同的倾向性、选择性、全面性、深刻性和准确性。因此,同一客观现实往往会引起不同个体的不同反应,即所谓的"仁者见仁,智者见智"。

3. 人的心理意识是对客观现实的能动的反映,具有能动性

心理的能动性指的是人对客观现实的反映既不是机械刻板的,也不是消极被动的,而是积极能动的过程。

首先,心理反映的能动性表现在心理的发生和发展建立在实践活动基础之上。客观现实不能直接、主动地引起个体的反应,也不能机械地决定个体心理的发生和发展。当客观现实与人的需要发生联系,个体的实践活动才能产生,在这一基础之上,人才会积极主动作用于客观现实,心理才得以发生和发展。

其次,心理反映的能动性还表现在心理反作用于客观现实,对人的实践活动起调控作用。具体表现为:第一,人会有目的、有选择地反映外部现实。一般而言,人总是根据自己的需要、知识经验、个性特点以及自身信念来反映客观事物,并根据当前的活动任务对客观事物进行操作。第二,人总是会透过客观事物的表象去认识其本质与规律。在认识客观事物的过程中,人总是试图通过去粗取精、去伪存真、由此及彼、由表及里的方式加工感性材料,以达到对客观事物的本质特征及内在联系的认识。

//第二节// 心理学的研究方法

一、研究的基本原则

想要做好一件事,就需要遵循一定的原则,心理学的研究也是如此。心理学研究的原则,指的是开展心理学研究应当遵循的基本要求。不同的学者对心理学研究的原则见解不同,意见比较一致的主要有以下几个。

(一)客观性与科学性原则

客观性与科学性原则是指研究者在研究过程中要严格尊重客观事实,采用科学的研究方法,根据实际情况反映客观事实,研究和考察任何心理现象,必须基于原貌。面对那些互相矛盾的事实,不能武断和片面地下结论,要全面分析所获全部事实材料和数据,不能凭研究者的主观臆测来肯定或否定某种结论。

(二)发展性原则

发展性原则是指坚持发展的观点,对心理活动的变化进行动态研究。一方面,客观事物无时无刻不在变化和发展中,心理活动作为客观世界在人脑中的反映,其本身就是动态变化的;另一方面,人脑是长期进化发展的产物,其发展过程离不开过去经验的积累。因此,开展心理学研究需要建立在发展性原则之上。

发展性原则要求我们在研究过程中不仅要阐明某一心理现象的现状,还要考虑其历史发展状况,并对其发展趋势和发展前景进行预测。比如,研究个体一生的心理发生、发展规律,就要依据个体从出生到年老各阶段的不同心理特征和形成条件进行分析,既阐明已经形成的心理特征,又阐明那些正在形成或刚刚表现出来的心理特点,并预测可能会出现的心理现象,以便创造有利条件促进其顺利发展。

(三)教育性原则

教育性原则是指在心理研究中,从选题、方法到操作程序都要避免伤害研究对象的身心。尤其儿童这一研究对象,他们正处于身心发展的阶段,认知水平低,模仿力强,研究者更要注意避免心理研究对他们身心发展的影响。因此,当研究对象是人的时候,在研究选题、方法和操作程序上,不能只考虑研究问题的有利因素,而忽视对研究对象产生的不良影响。

(四)理论与实践相结合原则

理论与实践相结合原则是指心理学研究不仅需要在实验室中进行,还需要在各种实践中进行;既要注重理论研究,也要注重应用研究。人的心理是在社会实践中发生、发展的,只有把理论研究和实践研究综合起来考虑,才能使心理学研究具有实际意义。

(五)系统性原则

系统性原则是指从系统、整体的观点出发,既要多层次、多水平地系统分析个体的心理,又要整合研究心理现象及其形成的各种因素之间相互作用的关系。心理现象在人的一生当中都在不断地发生量变和质变,且其发生、发展并非孤立存在,与很多因素有关,是多种因素相互作用的结果。因此,在研究过程中,研究者要有系统的观点,多方面、多层次地考虑各种因素之间的相互联系与影响。

除了以上原则,还有其他原则也是我们需要考虑的,在实际研究中我们要根据实际情况加以调整。比如伦理性原则,它指的是道德规范的指导原则,具体而言,就是要求当人作为科学研究的对象时,研究人员不能一味地强调所谓的科学性,而不顾研究实验会对被试造成伤害,尤其有些伤害是不可挽回的。在进行心理学研究实验时,要遵循一定的伦理道德原则,对被试尽到一定的保护义务。一般而言,在心理学研究中,要求我们要保护易感人群,保障被试的知情权、同意权,保障被试退出的自由,试验后应及时向被试提供反馈,实验结果要保密等。

二、研究的类型

心理学是研究人的心理与行为规律的科学。心理学是从哲学分支中独立出来的。1879 年德国心理学家冯特(W. Wundt)在莱比锡大学建立了心理实验室,这标志着科学心理学的诞生。实证研究方法的运用是这一学科成为独立学科的转折点。随着心理学学科体系的不断完善,心理学研究类型开始复杂多样,具体如下。

(一)纵向研究与横向研究

从研究时间的延续性来看,心理研究可以分为纵向研究与横向研究(见表 1-1)。

表 1-1　纵向研究与横向研究

对比项	纵向研究	横向研究
含义	纵向研究也叫追踪研究,是指在一个连续的时间段内,对个体的心理发展进行系统、定期的研究	横向研究也叫横断研究,是指在同一时间内,对不同年龄组个体的心理发展进行测查并加以比较的研究
适用对象	在较长的时间内,对同一组个体的心理变化进行追踪研究	在同一时间里,考察不同年龄组的个体的心理变化
适用范围	考察个体随着年龄的增长而发生的心理发展进程和水平的变化	在较短时间内考察各年龄阶段个体心理发展的总体状况和特点

对比项	纵向研究	横向研究
优点	被试同质（始终对同一组进行研究），研究结果更为可靠，往往能看到较完整的发展过程和发展过程中的一些关键转折点； 特别适用于研究早期影响的作用问题和发展的稳定性问题，也适用于个案研究； 可获得心理发展阶段性和连续性的资料，因而能够详尽地、系统地考察心理发展从量变到质变的连续过程和规律，探明前一阶段发展与后一阶段发展的关系及各阶段的影响因素	可同时研究较大样本，被试更具代表性； 可在短时间内取得大量资料； 可在较短时间内找出同一年龄或不同年龄个体心理发展的不同水平或特点； 可使研究工作降低成本，节省时间和人力； 由于研究时间短，结果不会受到社会变迁的影响
缺点	较花费时间、经费和人力； 时效性较差，等待研究结果费时，有时候研究课题的意义随着时间的推移而逐渐减弱，或研究手段逐渐变得落后而失去研究的意义； 由于耗时较长，可能发生被试流失的情况，影响被试的代表性和研究结果的概括性； 由于需对同一批被试重复进行研究，有时可能出现练习效应或疲劳效应	由于被试来自不同年龄段（即被试不同质），因而难以反映个体心理发展的具体进程和特点，不易看到发展的关键转变点和连续过程； 由于横向研究缺乏系统连续性，导致难以确定心理发展的因果关系，即横向研究不能解答起因、顺序和一致性问题，并且取样程序相对复杂； 在某一具体历史时间里所做的研究结果不能简单地推论到其他时期，尤其是受社会文化影响较大的心理现象

（二）定性研究与定量研究

从对资料的分析来看，心理研究可以分为定性研究与定量研究。

1. 定性研究

（1）定性研究的含义　所谓定性研究，指的是确定问题性质的研究。传统的定性研究包括一切非定量研究，也称为质性研究。在定性研究中，一般是在自然情境下，借助观察、个案调查、访谈、文献分析、实地体验等方式对研究对象进行长期、深入细致的考察，并通过归纳法分析相关信息，从而获得研究资料。

■ 1-7：定性
与定量研究

（2）定性研究的特点

①在研究目的上，强调通过研究者的主观解释以揭示事实的意义，重视对事实的解释性理解。

②在研究情境上,强调自然性,研究者深入研究现场,与被研究者一起交流、学习、工作,从被研究者的视角看待研究问题,了解被研究者眼中的事实。

③在研究策略上,强调开放、灵活,不对研究问题作详细的假设,只提出大体的研究思路,并在研究过程中随时调整自己的思路。

2. 定量研究

(1)定量研究的含义　所谓定量研究,指的是对问题程度进行量化的研究,也称量化研究。在定量研究中,一般事先提出研究假设,然后严格地设计研究方案,按照预先安排的程序收集相关资料并进行量化分析,用数字或量表对研究结果加以表述,以对假设进行检验。

(2)定量研究的特点

①在研究目的上,通过对大量具有相似特征的现象进行研究,从而对总体作出推论,以获得普遍的规律和理论。

②在研究情境上,在控制情境中进行研究,使研究得出的结论更纯粹,以保证研究的信度和效度。

③在研究设计上,采用较为严格的事先设计,包括自变量和因变量的选择、无关变量的控制、对误差的控制、设计研究程序、确定数据整理和分析的方法等。

④在研究的具体方法上,通过问卷、测量、实验等方式收集数据,运用统计方法对所得数据进行分析和整理。

⑤在研究者与研究对象的关系上,强调价值中立或价值无涉,对研究对象一视同仁,无区别地对待研究问题。

⑥在研究的重点上,确定变量之间的关系、相互影响和因果联系,简单明了地呈现研究结果。

(三)个案研究与成组研究

从研究对象的数量来看,心理研究可分为个案研究与成组研究。

1. 个案研究

(1)个案研究的含义　个案研究是指对单一的研究对象进行深入而具体的研究。个案研究的对象可以是个人,也可以是个别团体或机构。这种研究往往采取纵向的追踪方式。

■ 1-8:个案与成组研究

(2)个案研究的特点　研究对象具有个别性与典型性,研究内容具有深入性和全面性,研究方法具有多样性和综合性。

2. 成组研究

(1)成组研究的含义　成组研究是对一批被试进行研究。从统计学的角度来说,一般以 30 个被试的小样本组为下限,30 个被试以下属于小样本组,30 个被试及以上属于大样本组。

(2)成组研究的优缺点　成组研究的优点在于取样范围大,被试具有代表性,可以作统计处理,所获结果更具统计学意义,在实验结果的推断上更具科学性;缺点是在自然程度和精确性上不如个案研究。

三、研究的主要方法

(一)观察法

1.观察法的含义

观察法是指在自然情境或控制情境中,对研究对象的行为进行系统的观察、记录,并对相关信息加以分析,以获得其心理活动产生和发展规律的方法。观察法一般在下列情况下采用:对研究对象难以控制;在控制条件下,某种行为表现可能受到影响;基于社会道德的要求,某种现象不能加以控制。

按照不同的划分标准,观察法可以划分为几种类型。根据观察条件是否人为干预和控制,可分为自然观察法和实验观察法;根据观察是否有明确的观察项目,可分为结构观察和非结构观察;根据观察活动是否有规律,可分为系统观察和非系统观察;根据观察者是否直接参与观察对象的活动,可分为参与式观察和非参与式观察。

■1-9:
观察法的分类

2.观察法的一般步骤

(1)做好提前准备,制订观察计划和方案 先对观察对象作一般了解,然后根据研究任务和对象特点,确定观察的目的、内容和重点,最后制定观察计划,确定观察方案(包括明确观察步骤、次数、时间、记录用纸、表格,以及所用的仪器等)。

(2)按计划实施观察 按计划进行观察,并根据实际情况灵活调整观察进度,集中注意力,及时做好记录。

(3)及时整理资料 汇总零散资料,淘汰错误材料,分析典型材料,及时补充遗漏材料,对特殊材料另作处理。

3.观察法的优缺点

(1)观察法的优点 观察手段直接,可获得第一手资料;观察形式自然,获得的资料比较真实。

(2)观察法的缺点 重复性差,对观察现象难以重复观察,对观察结果难以验证;对于不能直接观察的现象和行为不具有适用性,观察结果难以量化;观察现象具有随机性,该现的未现,已现的非需;观察结果易受观察者因素(兴趣、愿望、知识经验和观察技能)影响。

(二)调查法

广义的调查法,是指研究者有计划地通过亲身接触和广泛考察了解,掌握大量的第一手材料,并在这一基础上进行分析综合,研究有关被试者心理发展的历史、现状及其趋势,以找出科学结论的方法。简言之,指的是就某一问题要求被调查者回答其想法或做法,以此来分析、推测被调查者心理活动的方法。调查法一般是在自然的过程中进行,通过访谈、发放问卷、测验等方式去搜集反映研究现象的材料。调查法常和观察法、实验法等配合使用。狭义的调查法可以理解为问卷调查法。

1.访谈法

(1)访谈法的含义 访谈法也称会谈法、晤谈法、谈话法,是一种以面对面的方式向被调查者提出问题进行调查的方法。

(2)访谈法的基本步骤

①选择访谈对象;②准备访谈提纲和访谈计划;③正式访谈,包括初步接触、进行提问、注意记录、结束访谈。

■ 1-10:访谈法的优缺点

(3)访谈法的优点 真实,准确,更利于对问题进行深层研究,更具灵活性。

(4)访谈法的局限性 成本较高,缺乏隐秘性,受被调查者个体影响大,记录困难,处理结果难。

2.问卷法

(1)问卷法的含义 问卷法也称问卷调查法,是狭义的调查法,是指采用预先拟定好的问题表单,由被调查者填写以收集资料,研究人员借以分析和推测被调查者心理状态的方法。问卷法在心理学的基础研究和应用研究中都被广泛采用,是研究者用来收集资料的常用方法。一份完美的问卷,必须问题具体、重点突出,使被调查者乐于合作,并能准确地记录和反映被调查者回答的事实,且数据资料便于统计和整理。

■ 1-11:问卷法

(2)问卷法的基本步骤

①选定调查对象,确定调查范围,了解调查对象的基本情况;研究有关资料,拟定调查计划、表格、问卷和谈话提纲等,规划调查的程序、方法及各种必要的安排。

②按计划进行调查,通过各种手段搜集材料,必要时可根据实际情况,对计划作相应的调整,以保证调查工作的正常开展。

③整理材料,得出结论。包括材料的分类、统计、分析等,写出调查报告。

(3)调查问卷的问题设计要求

①调查问卷的内容与表述应严谨、科学、合理;②题目数量及问卷长度应适度,一份问卷的作答时间一般以20~30分钟为宜;③题目的排列顺序要做到分类清楚、层次分明、合乎逻辑。

(三)测验法

测验法也称量表法,是运用标准化的量表考察、测定个体心理特征与行为特点以及心理差异的方法。测验法与问卷法相比在于它的标准化。测验法是广义的调查法之一,心理量表是测验法所依据的测验工具。量表作为一种标准化的测量问题系统和评分系统,是由权威机构或学科专家负责组织编制的,它有客观而规范的标准,从命题、施测、阅卷到评分各个环节,都有严格的、科学的规定和要求。按不同的测验目的,测验可分为能力倾向测验、智力测验、人格测验等;按一次测验的对象数量,测验可分为个别测验和团体测验;按测验材料的性质,测验还可分为文字测验和非文字测验。

测验法的操作要求:第一,根据研究目的选用恰当的测量工具;第二,测验人员应具备测验的基本知识,符合使用测验的基本条件,严格遵照相关测验手册规定的实施程序进行测验;第三,严格按照测验手册规定的方法记分和统计结果;第四,对测验分数的解释应有依据,不能随意解释。

(四)实验法

实验法是按照研究目的,有计划地严格控制或创设一定的条件,主动引起或改变被试者的心理活动,从而进行分析研究的方法。实验法是心理学研究的主要方法。根据不同的划分标准,实验法有不同分类。

1-12:实验法

本教材主要论述以下三种方法。

1. 自然实验法

自然实验法也称现场实验法,是指在实际生活情境中,由实验者创设或改变某些条件,以引起研究对象某些心理活动并进行研究的方法。

2. 教育心理实验法

教育心理实验法主要是指学校课程教学方面的实验,属于自然实验法,它既可主动创造条件开展实验活动,又可在日常生活中进行教学研究。因此,教育心理实验法是在教育教学实践领域中研究学生心理最常用且最适用的方法,其基本形式一般分为单组实验、等组实验和循环组实验三种形式。

3. 实验室实验法

实验室实验法是指在严格控制实验条件的前提下,借助专门的实验仪器,引起和记录研究对象的心理现象并加以研究的方法。心理学的很多课题都可以在实验室进行研究。

(五)作品分析法

作品分析法是指通过对研究对象的各种作品,比如日记、作文、绘画或其他作品进行分析研究,以了解个体心理活动的水平、特点及个性心理特征的方法。作品分析法是心理学研究中常用的方法。比如,通过对儿童日记的分析(须先征得儿童的同意),可以深入地了解儿童的个性特点;通过对儿童绘画作品的分析,可以得到关于儿童智力发展的相关资料,推断其观察能力及认识事物的能力。另外,作品分析法可以超越时间和空间的限制,具有特别的意义。比如,我们可以借助各种历史著作、书法及绘画作品等对古人心理活动的特点加以研究。

总之,心理学的研究方法远不止上述几种,上述各种研究方法都有相应的适用范围及特点。人的心理活动纷繁复杂,在研究人的心理现象时,单独采用某一种方法往往难以收集完整、准确的信息。因此,要根据研究课题的实际需要,综合运用各种方法,使之相互补充,以使心理学的研究更加全面而科学。

▨ 1-13:行动研究

【思考与练习】

1. 心理学的学科属性是什么?你如何看待心理学?
2. 心理学的研究对象是什么?
3. 如何理解心理学的实质?
4. 如何看待访谈调查和问卷调查?试举例说明。
5. 问卷调查的问题设计有什么要求?
6. 简述访谈法的基本步骤。
7. 简述调查法的基本步骤。

【真题再现】

📖 心理学概述

第二章　认知发展

学习目标

◆ 了解注意的内涵、功能及具体表现,充分了解注意的类别及其规律。

◆ 从整体上把握感知的概念、分类、发展和观察力的培养。

◆ 明确记忆的概念、分类及基本过程和规律,在此基础上,掌握记忆的发展和记忆力的培养。

◆ 了解思维的概念、特征、分类、功能、品质、发展等,加深对思维的认识。

◆ 正确认识想象的含义、分类、综合过程及品质等,了解想象的重要性。

世间趣事多多,你可曾留意:一手画圆、一手画方,为何"不能两成"? 红花美,为何还需绿叶衬? 同样是听课,对课堂知识,有人过目成诵,而你总是劳而无功? 面对困境,有人灵机一动、计上心来,而你却是绞尽脑汁、毫无头绪……生活中诸如这样的例子很多,其中蕴含着什么样的规律呢? 借助认知发展的知识,我们将可以解答这些有趣的例子。接下来,我们一起来学习本章知识。

// 第一节 //　注意

注意所指向的内容往往处于意识活动的中心,因此,对于注意指向的内容,人的意识总是会比较清晰。注意不等同于意识,它只是提供了一种机制,决定什么东西可以、什么东西不可以成为意识的内容。与意识相比,注意更为主动且易于控制。

一、注意概述

（一）注意的内涵

1. 意识与无意识

（1）意识　意识是心理学、哲学、神经科学以及其他有关学科共同的研究对象和研究课题。意识本身的复杂性，使得从古至今人们对它的理解很不一致、众说纷纭。因而关于意识的定义，迄今为止没有一个全面而统一的界定。在心理学的研究当中，意识是一种具有复合结构的高水平的心理活动，它是"人所特有的一种对客观现实的高级心理反映形式"。意识的构成部分包括感觉、知觉、思维等认识活动。

2-1：意识

（2）无意识　在心理学的研究当中，以奥地利精神分析学家弗洛伊德（S. Freud）的精神分析理论对无意识的研究最为典型。在弗洛伊德的精神分析理论中，个体的意识分为意识、前意识和无意识（潜意识）三层。无意识是相对于意识而言的，是个体不曾觉察到的心理活动和过程。比如，儿时父母每次带我们出门时，总是会一遍又一遍、不厌其烦地教我们如何认回家的路，告诉我们可以边走边记住沿途的商

2-2：弗洛伊德的意识层次理论

店、广告牌等。随着年龄增长，后来我们发现出门的时候再也不需要借助那些东西来帮助我们记忆，不管是回家还是去学校，似乎变成了"自动化"的过程，在不知不觉中，我们就回到了家或者去到了学校。这种不知不觉地发生的心理过程就是无意识。

2. 注意的含义

意识是高级心理过程得以发生的基础和前提，当意识聚焦，就产生了各种心理活动。而注意，可以说是意识聚焦的第一产物。

注意是心理活动对一定事物的指向和集中。个体处于注意状态时，其心理活动总是指向一定的对象：或感知着某一对象，或回忆着某些往事，或沉浸于某个问题，或想象着某种形象。在众多事物当中，我们的心理活动选择性地朝向某一对象，并表现出一定的强度或紧张度，这就是注意状态。

注意并非独立的心理过程，它与认识过程难以分开，有时与意志相关联，其基本特征是指向性（方向）和集中性（强度或紧张度），指向性与集中性互为因果、密不可分。比如，教师授课时对学生常说的"注意看黑板""注意课本内容""注意听讲"等，实际上包含着要求个体将意识指向和集中于黑板、课本、教师的讲解，并利用意志力排除其他一切无关因素的干扰等过程。

2-3：注意及注意机制

(二)注意的功能

1. 注意是选择者,具有选择功能

选择功能是注意的最基本功能,即对信息进行选择,使心理活动朝向符合需要的、有意义的以及与当前活动任务相一致的刺激,避开或抑制那些干扰当前活动的、无意义的刺激。也即,注意在一众信息当中将有关线索提取出来,体现了心理活动的指向性。

2. 注意是分派者亦是放大器,具有调节和控制功能

在注意状态下,个体可以有效地调节和控制自己的动作和行为,从而达到预定目的,避免失误,以此保证顺利完成工作任务。注意是个分派者亦是放大器,能使个体的心理活动朝向特定方向,提高意识觉醒水平,以有效分配和及时转移注意活动,从而使个体活动朝向符合自己心理需求的方向发展。

3. 注意是指南针,具有跟踪和保持功能

注意就像指南针,外界大量输入的信息,被选择性地关注和加工。在注意的关注下,心理活动对被选中的信息进行加工,完成相应的任务;如果不加以关注,信息将快速消失,心理活动无法正常运行,个体将无法正常学习和工作。另外,在注意关注状态下,个体心理活动能够更长时间地维持在选择对象上,持续紧张状态,个体活动得以顺利展开。

(三)注意的表现

注意是一种清晰而紧张的内部心理状态,它常通过外部行为表现出来,与此同时,还有可能伴随着不容易被人觉察到的内部变化。注意的表现主要体现在行为表现和生理变化两个方面。

1. 行为表现

人在注意力集中时,常常伴随着一些特有的动作和表情变化,这是注意的行为表现,也叫外部表现。

(1)适应性的运动　个体的注意力高度集中时,会出现适应性运动,即感官朝向注意对象,以便清晰地感知对象。比如,表示注意听某个人说话时,我们的耳朵就会朝向说话的人;注意看黑板时,我们的视线就会集中在黑板上。此外,注意状态下,我们可能还会做出一些小动作。比如,专注于思考时,我们会眉心不展、眼神专注、手托下巴等。

(2)无关运动的停止　个体在注意力高度集中的状态下,无关运动常常会停止。比如,学生集中注意力听课听得入神的时候,常常会忘记周围的一切,停下其他活动,只专心地、一动也不动地盯着教师,认真听教师说的每一字每一句。

注意的行为表现常常可以作为注意状态的客观指标。有经验的教师往往能够通过学生的坐姿、表情和听课时是否跟上了教学节奏,尤其通过学生的眼神就能推断学生是否专注于课堂。当然,作为一种内部心理状态,注意状态有时和外部行为并不一致。比如,课堂上某些眼睛盯着老师的学生,看似听课很认真,但实际上注意力已飞到九霄云外。因此,不能单纯凭借外部表现来判断个体的注意状态,以免出错。教师要善于判断学生的真实状态,分辨出那些注意力分散的学生,及时采取措施,引导他们把注意力集中到课堂上来,以保证课堂教学效率。

2. 生理变化

注意高度集中时,呼吸会变得轻微而缓慢、头部血管扩张、肢体血管收缩。当注意高度集中时,呼吸甚至会暂时停止,即"屏息"现象,我们常说的"屏住呼吸"正是如此。

(四)注意的类别及其规律

1. 无意注意

(1)含义 无意注意也称不随意注意,是指没有预定目的,也不需要意志努力的注意。比如,平常上课的时候,总是有些同学会迟到,然后那些同学在进入教室的时候,大家总会情不自禁地看向那些同学。无意注意的实质是一种定向反射,是有机体调用自身的相应感受器朝向新异刺激物,以探索其究竟的反射活动。借助这种反射活动,有机体得以弄清楚新异刺激物的意义和作用,这是一种近乎本能的反应。动物也有无意注意,它是注意的一种初级表现形式。

(2)影响无意注意产生的因素 在实际生活中,引起无意注意的因素很多,包括主、客观两个方面。

①客观因素。

第一,刺激物的强度。能够引起无意注意的刺激物,必须具有一定的强度。比如,教室外传来的巨响、夜间出现的强光等,都能轻易引起无意注意。刺激的相对强度(即刺激物的强度与周围环境刺激强度的对比)对无意注意起决定性作用。比如,雨夜里屋檐下水滴的声音、深夜里闹钟的滴答声等都能引起我们的注意;而在白天声音嘈杂的掩盖下,我们常常会忽视这些微弱的声音。

第二,刺激物之间的对比关系。刺激物在形状、大小、颜色、强度和持续时间等方面与其他刺激物之间存在显著差别时,容易被我们注意到。比如"万红丛中一点绿""万绿丛中一点红""鹤立鸡群"等,都容易引起我们的注意。

第三,刺激物的运动和变化。运动的、变化的刺激物,容易被我们注意到。比如,我们很容易注意到夜空中划过的流星、微风吹动着的柳枝以及街上忽明忽暗的霓虹灯等。相反,静止的、无变化的刺激物,很容易被忽视。

第四,刺激物的新异性。刺激物的特性与众不同或者与个体已有经验不一致时,很容易被人关注。比如六月飞雪、马长翅膀、鱼长角等,很容易引起我们的注意。对于公式化、刻板固化、千篇一律的事物,我们往往感到习以为常,就很难引起注意。

②主观因素。

第一,需要、兴趣和期待。凡是能够满足个体的需要和引起个体的兴趣的事物,都会使个体产生期待的心情和积极的态度,从而容易引起注意。比如逛街时,女生容易注意到服装店、精品店,而男生则更容易注意到手机店、电脑店等。说书人常会在情节最紧张时,戛然而止,来上一段"欲知后事如何,且听下回分解……"吊足听书人的胃口,目的就是要使人期待下一章回的讲解,以吸引个体的注意。很多电视剧中途插播广告也是一样的道理。

第二,情绪情感状态。无意注意在很大程度上受到个体情绪状态的影响。心情愉快时,平时容易被忽视的事物,也能很容易地引起个体的注意;心情忧郁时,平时很容易关注到的事物,都难以引起个体的注意。此外,凡是与个体有着特殊的情感的人和事,都容易引起个体的注意。比如,动画片、故事等之所以能吸引儿童的注意,很多时候正是因为它们能唤起儿童的情绪反应。

第三,知识经验。已有的知识经验影响着个体对无意注意的保持,其影响主要表现在刺激物的意义性上。由于意义性的作用,某些在物理强度上异常微弱的刺激,也能引起人们的注意。比如,我们在张榜的众多人名中很容易就能找到自己的名字,似乎自己的名字是自动跳出来的一样,那是因为我们对于自己的名字非常熟悉。再比如,呼吸声很微弱,很多时候我们普通人很难区别不同身体状态下的呼吸,但是医生由于有着相应的知识经验,呼吸声细微的变化就能引起他们的关注。一般而言,凡是与个体已有知识经验有联系并能增进新知识的事物都容易引起无意注意。

第四,机体状态。一些干扰因素常常会导致有意注意转化为无意注意,这种干扰可以来自外界刺激,也可以来自个体的内部状态。比如,疲劳、生病以及一些小心思等。

2. 有意注意

(1)含义　有意注意,也称随意注意,是指有预定目的、需要一定意志努力的注意。比如,教师讲课时,教室内外都存在各种干扰因素,但是学生只专心听教师讲课,忽视掉其他刺激。有意注意是注意的一种积极主动的形式,它服从于一定的目的和任务,受个体意识的自觉调节和支配。

(2)影响有意注意产生的因素

①对活动目的、任务的理解。有意注意是有预定目的的注意,个体对活动的目的和任务理解得越清楚、越深刻,对完成任务的愿望越强烈,那么与完成任务有关的一切事物也就越能引起和保持个体的有意注意。比如,教师在教学组织环节中常常会借助各种手段和形式让学生了解本课的学习意义,以此让学生明确这节课的学习目的和任务,从而让学生能够保持良好的有意注意。

②对兴趣的依从性。俗话说,兴趣是最好的老师。兴趣很好地激发了个体的意志力,从而能够使个体长时间地保持有意注意。

③合理的组织活动。合理的组织活动,能让个体的注意力更长时间地保持在反映对象上,从而有助于集中有意注意。

④对个性的依从性。有意注意与个体的意志特点和个性特征有着极大关系。意志

力坚定、具有良好个性特征的个体,能够抵制内外干扰,从而使自身活动服从于当前需要,保持良好的注意状态。比如,有些同学在教室里学习,教室外突然传来欢声笑语,广播应景地响起,原来是派对活动。这种情况下,意志力不坚定的人,多半没有办法坚持学习;而意志力坚定、有良好个性特征的人,会不受任何影响,继续学习。除此之外,具有良好个性的人,往往清楚自己在做什么、需要什么,所以很多时候这种类型的人常常会根据学习需要准备必备的学习用品,对于那些会妨碍学习的无关用品则会做出合理的处理,以便在最大程度上降低或消除无关刺激的影响。

3. 有意后注意

有意后注意是指有预定目的、不需要意志努力的注意,是注意的一种特殊形式。有意后注意同时具有无意注意和有意注意的某些特点:一方面,它因有预定目的而类似于有意注意;另一方面,它因不需要意志努力而类似于无意注意。有意后注意是在有意注意的基础上发展起来的,它是一种高级类型的注意,具有高度的稳定性,是人类活动的必要条件。

图 2-4:无意注意、有意注意和有意后注意三者的关系

(五)注意的品质及其影响因素

注意的品质是指注意的特性。通常情况下,注意的品质反映个体注意的发展状况。注意的品质主要体现在四个方面。

1. 注意的广度

(1)含义　注意的广度,又称注意的范围,是指个体在同一时间内能够清楚地觉察到注意对象的数量。注意的广度是注意品质的空间特性,扩大注意广度可以提高工作和学习的效率。比如,较大的注意广度能确保司机更好地注意到周边的复杂环境,从而能够对自己的驾驶状态作出及时的调整。

(2)影响注意广度的因素　人的注意广度并不是固定不变的,其影响因素主要有以下几方面。

①注意对象的特点。注意的广度随注意对象的特点不同而不同。一般而言,注意对象的排列越有规律,相互之间能成为有机联系的整体,组合越集中,注意的范围就越大。面对排列规则、大小或形状相同的对象,比起面对排列无序、大小或形状不一的对象,其注意的广度更大。

②活动任务的特点。用速示器呈现一组在某些地方存在书写错误的英文字母,要求两组学生完成不同的任务:其中一组在短时间内报告存在书写错误的字母及其数量;另一组只报告所有字母的数量。结果发现,前一组知觉到的字母数量要比后一组少得多。由此可见,活动的任务越复杂、越需要关注细节的注意过程,注意的广度就越小。

③个体的知识经验。一般而言,知识经验越丰富、整体知觉能力越强的个体,其注

意的范围就越大。小学生由于知识经验不足,因而阅读的时候常常是一个字一个字地念,随着年级增长,他们的注意广度慢慢提升,才逐渐变成词组式、句子式的阅读;同理,专家在阅读专业资料时能做到"一目十行",而门外汉即便逐字逐句地阅读也未必能正确理解;围棋高手只需扫一眼棋盘就能把握双方的形势和局面变化,而初学者则由于经验欠缺只能关注局部棋势。

④个体的情绪状态。注意的广度在极大程度上受到个体情绪状态的影响,注意的广度随个体情绪的紧张程度而缩小。

2. 注意的稳定性

(1)含义 注意的稳定性也称注意的持续性,是指个体在同一对象或活动上注意保持时间的长短。注意的稳定性是注意品质的时间特性。衡量注意的稳定性,不能只看保持时间的长短,还要看在这段时间内个体的活动效率。注意的稳定性有狭义和广义之分,狭义的注意稳定性是指注意保持在同一对象上的时间。比如,长时间画画、写同一份作业等。在狭义的定义当中存在一种特殊的注意起伏现象,这是注意的一种基本规律,也是狭义的注意不稳定的表现。比如,夜深人静时,床头闹钟的滴答声,我们时而听到、时而听不到,或者感到声音时弱时强,这种周期性变化就是注意的起伏现象。广义的注意稳定性是指注意保持在同一活动(性质)上的时间。在广义的稳定性中,注意的具体对象可以不断变化,但注意指向的活动的总方向始终不变。比如,学生学习的时候,前十分钟学习语文,后十分钟学习数学,虽然其活动的对象发生了变化,但是其活动性质并未发生变化。因而在这个活动过程中,其注意力依然是稳定的。

(2)影响注意稳定性的因素

①注意对象的特点。一般而言,内容丰富的、活动的对象比内容单调的、静止的对象更有利于维持注意的稳定性。对新生儿的研究表明,他们注视人脸和复杂图形的时间远比注视墙壁和灯光的时间长。当然,并不是事物越复杂、刺激越丰富,注意力就越稳定。有时候,对象过于复杂、变幻莫测,个体反而更容易感到疲劳,从而导致注意力分散。

②活动的内容及形式。活动过程往往需要个体将注意力集中于对象本身,而活动本身又决定了个体的态度,因而内容和形式多变、与个体有一定关系的活动更容易让个体长时间维持注意力。

③主体对活动任务的态度。个体对活动的认识越深刻、越感兴趣、态度越积极,注意力就越稳定。因此,引导个体正确认识学习活动的意义、培养个体对学习活动的兴趣、激发个体学习的积极性,有利于长时间维持个体的注意力。

④主体的意志力及干扰因素。注意的稳定性,本质上就是有意注意的保持,需要注意的主体自觉抵制各种干扰。显然,主体的坚韧意志力能有效排除干扰、长时间维持注意力,从而有效保障活动顺利进行,提高活动效率。

⑤主体的精神状态。注意的稳定性除了受到外部刺激物特点的影响,还受个体主

观状态的影响。身体状况佳、精力充沛、情绪积极的个体,能更好地投入到学习和工作当中;与此相反,身体状况不佳、精力匮乏、情绪受挫的个体,难以维持注意力,也就难以保障活动效率。

3.注意的分配

(1)含义　注意的分配是指个体在同一时间内把注意指向不同的对象和活动上。比如,学生在完成听写任务的时候,需要一边听、一边写;骑车上路的时候,需要一边协调手脚动作,一边注意路上的状况等。日常生活中的"一心二用""一心多用"就是典型的注意分配现象,而"一手画圆、一手画方,不能两成"则是注意分配失败的体现。

(2)影响注意分配的因素

①同时进行的几种活动的熟练程度。个体对同时进行的几种活动,熟练程度较高且有的活动接近于自动化的熟练程度时,注意的分配就较好;反之,个体对同时进行的几种活动,熟练程度较低或这些活动都较复杂时,注意的分配就比较困难。比如,刚学织毛衣的时候因为手法不熟练,我们常常需要每一针都很仔细地看,当达到一定的熟练程度时,我们可以一边编织一边做其他事,根本不需要再每织一针都去看。

②同时进行的几种活动有内在联系。同时进行的几种活动具有内在联系从而能够形成整体的、固定的反应系统,才能让个体经过训练来掌握这种反应模式,从而能够同时兼顾几种活动,达到分配注意力的目的。比如,自弹自唱、边歌边舞,只有将弹和唱、歌和舞形成反应系统,才有利于注意的分配。

4.注意的转移

(1)含义　注意的转移是指个体根据活动的任务和要求,自觉、主动地把注意从一个对象转移到另一个对象上。比如,上午做数学作业,下午做英语作业,那么下午的时候,学生就要自觉、主动地把注意从数学作业转移到英语作业上。

(2)影响注意转移的因素

①对原活动的注意集中程度。个体对原活动的兴趣越浓厚,注意力越集中,注意的转移就越困难。比如,很难让一个刷手机刷得正起劲的孩子立刻投入到学习当中。

②新注意对象的吸引力。如果新的活动对象能够引起个体的兴趣,或者能够满足个体的心理需要,注意的转移就比较容易实现。比如,刷手机刷得正起劲的孩子,听到小伙伴在楼下喊他出去玩,那么他很有可能会离开手机,将注意力转移到小伙伴身上。

③人的神经类型和习惯。研究表明,神经类型灵活性高的人比灵活性低的人更容易转移注意。同时,具备良好行为习惯的人,其自控能力也十分强,这类人比自控能力差的人更善于主动及时地转移注意。

图2-5:注意的
分配、转移和分散

二、注意的规律在教学中的运用

（一）无意注意在教学中的运用

1. 提升教学软性环境魅力,吸引学生注意力

教学软性环境主要包括教学内容的安排以及教学方法的把握。具体要求如下。

（1）合理安排教学内容　根据无意注意的影响因素,教师在选择教学内容时应该考虑新的教学内容与学生原有知识经验的关系,力求课堂上的教学内容新颖、丰富,学生感到既熟悉又陌生。同时,教学内容的难易程度也要适当,以免学生失去兴趣而分散注意力。

（2）开展多样化教学　单调的刺激很难让学生长时间维持注意力,因而教师在课堂上要注意运用多样化的教学方法,如听、说、读、写、看、练习与讨论等,形式要多样化;教学语言准确、生动,抑扬顿挫;要善于借用现代化教学手段以吸引学生;另外,发挥板书的作用,提升课堂魅力。

2. 改善教学硬性环境,排除无关因素影响

教学硬性环境更多指的是自然环境,包括教室内外部环境。改善教室外的环境,指的是教室的位置应当远离噪声和空气污染,周围环境尽可能保持安静;另外还要注意不同天气对教室内部环境的影响,比如,光照太强的时候应当拉上窗帘,风大、雨大的时候要注意及时关窗等,以免分散学生注意力。改善教室内环境,主要是指室内要保持空气清新、光线充足、桌椅整齐、布置简洁等。除此之外,要注意学生座位的安排,避免学生因为座位安排不当而分散注意力。

当然,除了以上几点,实际上还有很多需要注意的细节。比如,教师要注意自身的仪表;要善于组织学生注意力,妥善处理偶发事件,不要在上课开始时宣布"激动人心的消息",规范学生行为以免因部分学生迟到、早退、随意进出教室而分散其他学生的注意力等。

（二）有意注意在教学中的运用

1. 明确学生学习目的

带着目的,是有意注意的一大特点和要求,因而教师要善于在教学过程中让学生了解所学知识的意义,引导学生把学习的目的和自身的愿望联系起来。教师在教学过程中要做到让学生理解课堂上所学的每一个知识点的目的,对学生要提出具体而明确的任务要求。

2. 严格而适当地要求学生

学生在任务要求下会努力维持自身的注意力,但是如果教师的任务要求过高,学生达不到,他们就会对课堂失去兴趣甚至信心。因而,教师在对学生提出要求时应当注意严格而适当,让他们在努力付出之后能够获得积极体验以提升对课堂的兴趣。

3. 创设问题情境启发学生思考

富有情境的问题才能调动学生的兴趣以及积极性和主动性,因而教师在课堂教学过程中应当结合学生的生活实际,利用学生熟悉的事例,引起学生认知的矛盾和困惑,激发学生的求知欲,唤起和保持他们的注意力。

4. 结合实际操作吸引学生注意

实践证明,个体在实际动手操作过程中随时都要保持警惕,以免影响下一步的操作。实际操作越复杂,对个体的有意注意要求就越高。因此,实际操作有利于增强和保持学生的有意注意。教师在课堂教学设计中应当适当增加实际操作环节,组织学生投入相关活动中,以便引起和维持学生的注意力。

5. 培养间接兴趣,提升课堂魅力

常言道"兴趣是最好的老师",这不单是因为兴趣能在很大程度上激发学生的求知欲和探索欲,更是因为兴趣能最大限度地引起并且维持学生的注意力。因此,教师在教学过程中要注意将课堂教学内容与学生的兴趣相联系,使学生产生间接兴趣,以引起学生的注意力。

6. 调节学生情绪状态

研究证明,积极的情绪有利于个体注意力的维持。因而教师应该注意调节学生的情绪,充分利用学生的积极情绪,以促进学生更好地维持注意力。

(三)两种注意交替规律在教学中的应用

在我们的工作和学习中,无意注意和有意注意是经常转化交替的,两种注意相互交替才能让我们的注意力长时间地保持。单纯地依靠无意注意或者有意注意长时间做一件事,会让人难以维持状态:单纯依靠无意注意组织教学,会使教学活动缺乏系统性,导致学生的学习变得杂乱无章而难以消化,最终失去学习兴趣,难以完成学习任务;反过来,长时间地保持有意注意会使大脑皮层长时间处于兴奋状态,容易使个体产生疲劳和注意的涣散,最终导致学生难以长时间坚持学习。因此,教师在教学过程中应当有节奏地交替使用两种注意。

在课堂之初,学生的注意往往还不能马上集中于新课堂。在这一阶段,教师可以通过组织教学引起学生的无意注意,让他们对新课堂的内容产生兴趣;当学生开始认真思考并理解新课堂的内容时,他们的有意注意才会发挥作用;学生在紧张的有意注意之后,教师可以通过互动谈话、讲述有趣的故事,或者展示直观材料等教学方法的改变,让

学生从有意注意的状态转入无意注意状态。

总之,两种注意相互交替或巧妙结合,才能使学生的注意有松有紧、有张有弛,才能使其精神饱满地保持良好的注意状态。

三、注意的发展及注意力培养

(一)小学生注意的发展及注意力培养

1. 小学生注意的发展

(1)无意注意的发展　小学生以无意注意为主,注意力缺乏稳定性、持久性,容易被新异刺激吸引而导致注意分散。在教学过程中,教学的直观性程度决定了小学低年级学生的注意状态,色彩鲜艳、内容新奇多变的图像,有趣的情节以及教师形象生动、抑扬顿挫的语言能让他们更好地集中注意力。他们所注意的往往不是知识本身,而是读、写、算等过程以及教师本身。小学中、高年级学生初步具备组织和控制自身注意的能力,但整体而言,小学阶段的学生,无意注意仍然占主导地位。

(2)有意注意的发展

①有意注意在认识活动中的作用逐渐提高。小学低年级学生的知识水平和言语水平有限,具体形象思维占主导地位,他们更容易被具体直观、形象生动的事物吸引。知识水平的提高和学习活动的发展,使得学生以字词为基础的第二信号系统和抽象逻辑思维能力发展起来,他们开始对具有一定抽象水平的材料表现出兴趣,有意注意在认识活动中的作用逐渐提高。

②注意的有意性由被动到主动。在小学低年级阶段,学生的神经系统活动内抑制能力还没有发展起来,他们的注意力仍以无意注意为主,有意注意具有被动性。随着年龄增长,大脑不断成熟,神经系统活动的兴奋与抑制过程逐步协调起来。与此同时,在教学和训练活动的要求下,学生的有意注意开始逐渐发展起来。到了小学四五年级,学生的有意注意开始占主导地位。

(3)注意品质的发展

①注意稳定性的发展。在整个小学阶段,学生注意的稳定性逐步发展。低年级学生注意的稳定性水平较低,主要表现在两个方面:其一,注意的稳定性缺乏深度。他们能观察具体形象的事物,但不善于观察抽象、概括的材料;他们能注意到事物的表面现象,但不善于关注事物的本质联系。其二,注意保持的时间较短。研究表明,一般情况下,7～9 岁儿童注意保持的时间为 20 分钟左右,10～12 岁儿童注意保持的时间为 25 分钟左右,13 岁及以上儿童注意保持的时间为 30 分钟左右。而在良好的教学组织中,小学高年级学生注意保持的时间可以达到 30～45 分钟。

②注意广度的发展。小学生注意的广度随着年龄增长在不断发展。我国学者对小

学生注意广度的发展进行了研究,结果表明,小学二年级学生的注意广度不足 4 个,小学四年级学生的注意广度为 5~6 个。

③注意的分配和注意转移能力的发展。小学低年级学生,尤其是刚入学的一年级学生,注意分配的能力较差,他们不能对注意力进行有效分配,在同一时间里,他们的注意力往往只能集中在一个对象上。随着知识技能的发展、学习活动和其他活动范围的扩大,小学生注意分配的能力逐渐发展起来。小学低年级学生注意转移的能力也较差,他们还不善于把注意力从一件事转移到另一件事上。直到小学中年级以后,学生注意转移的能力才逐渐发展起来。

2. 小学生注意力的培养

(1)激发学生的学习兴趣和积极性,充分利用学生的无意注意   首先,教师在课堂教学过程中要注意通过形象、生动、抑扬顿挫的语言,以及快慢有序、高低起伏的声音来吸引学生,从而产生情感上的共鸣,以达到使学生更好地集中和维持注意的效果;其次,在教学过程中要正确、巧妙地使用教学用具,以激发学生的兴趣和吸引学生的无意注意。比如,可以借助实物、色彩鲜艳的挂图以及投影展示的直观性强/色彩鲜艳的小动画,吸引学生的注意力。

(2)科学组织活动方式,着重培养学生的有意注意   教师要明确学生学习的目的,加深学生对学习任务的理解,激发学生对学习活动的自觉性。同时,把注意活动与实践操作结合起来,实践操作越复杂,对有意注意的要求越高,越有利于学生保持注意力。

(3)合理设计教学结构,调节有意注意和无意注意的节奏   在教学过程中,教师要使学生的无意注意和有意注意交替进行。比如,借助有趣的教学组织形式吸引学生的无意注意,然后,明确学生的学习目的,激发学生学习的积极性,从而引起他们的有意注意;随后,通过生动、形象、有趣的课堂讲解,让学生回到无意注意状态,以便缓解大脑疲劳;接下来,在讲重难点时,提醒学生集中注意力,又进入有意注意状态;在一段紧张的学习之后,再次变换教学方法,让学生的注意力在有意和无意两种状态之间相互转换。

(4)培养学生的意志力   丰富多彩的世界对学生有着强烈的吸引力,我们要教会学生抵制外界的诱惑,把注意力集中在学习上。学生在学习过程中遇到困难或出现干扰学习的因素时,可以引导他们通过意志的努力使注意力维持在学习上。要让学生明白,困难越大,越需要我们的意志努力。只有长时间保持注意力,才能进行有效学习。所以,教师要注重学生意志力的培养,以促进他们更好地维持自身的注意力。

(二)中学生注意的发展及注意力培养

1. 中学生注意的发展

(1)无意注意与有意注意的发展和深化

①无意注意不断发展和深化,兴趣爱好趋于稳定,具体体现为学生的偏科现象。研究表明,在强烈的直接兴趣的影响下,约 90% 的中学生明显地表现出偏科现象。

②中学生的有意注意有所发展,并逐渐占优势地位。到初中二年级时,学生无意注意的发展达到了顶峰,有意注意在学生学习中占据主导地位。中学生学习活动的目的性、自觉性和计划性都有所增强,注意逐渐具有自我组织、自我调节和自我控制的性质,这是中学生的有意注意增强的表现。

(2)注意品质的全面发展

①注意的稳定性提高,但发展速度相对较慢。中学生注意的稳定性随着年级的升高而逐渐提高。初一到初二阶段,注意稳定性的提高最为显著;到了高中阶段,注意稳定性的增长速度逐渐减慢并趋于稳定。总的来说,中学阶段的学生已经能够将注意力集中于某项活动和某个内容上,并保持一段较长的时间,他们能够轻松保持注意45分钟。但由于中学生的情绪仍带有冲动性,这使得他们有时也不善于控制自己的注意,偶有分心走神的表现。

②中学生注意的广度接近成人的水平,他们在同一时间内关注到的对象数量明显增多,已经初步具备"一目十行""眼观六路、耳听八方"的能力。

③注意分配能力还不够成熟。知识经验还不够丰富以及情绪仍带有冲动性,使得中学阶段低年级的学生在注意分配上还存在一定的问题,顾此失彼的现象时有发生。随着知识经验的积累、技能的提升以及情绪的稳定性不断增长,初三以上的学生,注意分配的能力逐渐发展起来。到了高中阶段,学生注意分配的能力日趋成熟,他们已经能够根据不同活动的性质和任务,较好地分配自己的注意力。

④注意转移能力缓慢增长。中学低年级学生的注意转移能力虽然在缓慢增长中,但还存在一定的困难。不过,随着经验的积累、智力的发展、心理活动的有意性逐渐增强,他们的注意转移能力也随之发展起来,大多数学生能够根据学习目的、学习要求把注意从一种对象转移到另一种对象上。

2. 中学生注意力的培养

培养中学生的注意力,要从两方面着手:一是教师层面,二是家长层面。只有教师、家长和学生共同努力,才能更好地培养学生的注意力。

(1)丰富课堂教学方法,吸引学生的注意力 心理学研究表明,个体在关注某些对象时,大脑皮层相应区域会形成一个优势兴奋中心。因此,在课堂教学过程中,我们要力求引起学生的优势兴奋中心,而引起学生优势兴奋中心的做法就是激发学生的课堂注意力。教师可以通过精心设计课堂教学环节、创设情境等方式,激发学生的探索欲、求知欲,让学生在积极主动的学习过程中激起优势兴奋中心,调动他们的有意注意。

(2)优化课堂教学结构,调整学生的注意力 心理学研究表明,中学生注意力集中的黄金时间是30分钟左右,教师要充分利用学生的这一注意力特征,合理安排课堂结构:一要合理安排课堂教学时间,注意劳逸结合,让学生在张弛有度的氛围中学习;二要合理安排教学内容,在学生已有的知识经验基础上循序渐进、逐步深入,将新知识与旧知识挂钩,让学生学起来轻松且容易。

（3）发挥教学智慧，转移学生的注意力　在教育教学过程中，正确应对突发状况，遇到上课注意力不集中的学生，教师要巧妙地发挥教学智慧，转移学生的注意力。比如，通过停止讲课、改变语调、走下讲台、点名回答、掌声鼓励等方法引起学生的注意。此外，课堂上的一些突发状况，很容易吸引学生的无意注意，使课堂秩序发生混乱，影响教学的正常进行。作为教师，要根据现场的实际情况，发挥自己的教学智慧，控制课堂秩序，将学生的注意力转移到课堂上来。

（4）运用正面激励，增强学生的注意力　充分利用中学生喜欢得到老师的表扬和肯定这一特点，对他们进行积极心理暗示："你很棒""你能做得更好""你能行"，从而使得他们肯定自我、挖掘潜能、提升自信，增强注意力，更专注于当前学习活动。

■ 2-6：注意力集中的培养方法

// 第二节 //　感知

一、感知概述

世间万物纷杂，我们无时无刻不在接触客观事物，并与之发生各种联系。当客观事物作用于我们的感官，便产生了各种感知觉。我们对这个世界的认识源自感知觉，感知觉是我们对客观事物的最原始反映。感知觉在个体认知能力发展过程中最先发展且速度最快。我们借由感知觉获得了内外环境的信息，从而保持机体与环境的信息平衡。感知觉是我们认识世界的基本途径，是学生学习知识技能的必经途径，是维持正常心理活动的必要条件。由此可见，了解感知觉的知识对我们的学习与生活有着十分重要的意义。

（一）感知的含义

感知，也称感知觉，是感觉和知觉的统称。要掌握感知的含义，我们需要了解以下几个概念。

1. 感觉

感觉是人脑对直接作用于感官的客观事物的个别属性的反映。比如，我们听到某种声音、看到某种颜色、嗅到某种气味等。事物的个别属性通过感觉器官作用于人脑，在人脑中引起的心理活动就是感觉。感觉反映的是当前直接作用于感官的客观事物，不是过去的、也不是未来的，是直接的、不是间接的事物。由于感觉是对当前事物的反映，因此，记忆中再现的事物属性的映象不属于感觉。感觉是一切心理现象的基础。

2. 知觉

知觉是人脑对直接作用于感官的客观事物的整体的、综合的反映。作用于感官的外部信息,经过大脑的简单加工,产生了对事物整体的、综合的反映,就形成了知觉。比如,将一个苹果放在我们面前,我们根据"颜色是红的、形状是圆的、气味是香的、味道是甜的、质地不软不硬"等这些信息,将它知觉为苹果。感觉只是人脑对客观事物单一属性的反映,而知觉则是对客观事物多个属性的、整体的、综合的反映,实际上这一过程还包含了知识经验的参与。

3. 感知觉

感知觉,简称感知。人对客观世界的认识是从感觉开始的。客观世界中的事物包含着许多属性,如物体的颜色、形状、大小、气味、声音和温度等。在日常生活中,我们很少单纯地反映事物的某一个属性,我们在反映事物的某一个属性时,常常也会关注到其他属性,并且,我们常常会把事物的各个属性当作一个整体来反映。比如,把一个苹果放在我们眼前,我们在关注到它的形状(圆)这一属性时,常常也会关注它的颜色(红)、气味(香)、质地(不软不硬且光滑)、味道(甜)等属性。我们常常把感觉到的客观事物各个属性的信息综合起来,然后结合已有的知识经验,形成对客观事物的整体印象。这一信息的整合过程就是知觉。可见,在日常生活中,感觉和知觉密不可分,因而将感觉和知觉统称为感知觉。

4. 观察

观察是最高级的感知。观察是一种为感知特定客观事物而组织的有目的、有计划、有思维参与的比较持久的知觉,它是一种积极的、主动的、往往与有意注意及思维相联系的紧张的感知过程。观察与第一信号系统、第二信号系统及思维相联系,因此观察也被称为思维的知觉。观察力一般被认为是智力的重要组成部分。

(二)感觉的分类

根据感觉刺激是来自有机体外部还是内部以及它所作用的感官的性质,可把感觉分为两大类:外部感觉和内部感觉。

1. 外部感觉

外部感觉接收外部刺激,反映外部事物的个别属性,包括视觉、听觉、嗅觉、味觉和肤觉等。这类感觉的感受器位于身体表面,或接近身体表面的地方。

①视觉是人类最重要的一种感觉。视觉信息在人类获得的外界信息中,占比高达 80%。视觉是可见光作用于视觉分析器所产生的感觉。视觉的适宜刺激是波长为 $0.39 \sim 0.77$ 微米之间的电磁波,即可见光波。视觉中的色调、明度、饱和度是由光波的性质决定的。

②听觉是除视觉外,人类重要的另一种感觉。听觉是声波作用于听觉分析器所产生的感觉。听觉的适宜刺激是 $16 \sim 20000$ 赫兹的声波。听觉中的音调(高低)、音强(大小)和音色(波形的特点)由声波的频率、振幅、波形等物理特性决定。通过音色我们可以分辨出声源来自什么、来自哪儿等。

③嗅觉是挥发性物质的分子作用于嗅觉分析器所产生的感觉。通过嗅觉,我们可

以分辨出物体的气味属性。

④味觉是能溶于水的物质作用于味觉分析器(舌)时所产生的酸、甜、苦、辣等感觉。

⑤肤觉也称触觉、冷暖觉,是具有机械特性、温度特性、电的特性的物体作用于肤觉器官时所引起的感觉,包括触、压、温、冷、痛等感觉。

2. 内部感觉

内部感觉反映机体本身各部分运动或内部器官发生的变化,包括运动觉、平衡觉和机体觉。这类感觉的感受器位于各有关组织的深处(如肌肉)或内部器官的表面(如胃壁、呼吸道)。

①运动觉也叫动觉,反映个体四肢的位置、运动以及肌肉收缩的程度。运动觉的感受器是肌肉、筋腱和关节表面上的感觉神经末梢。

②平衡觉也叫静觉,反映头部的位置和身体平衡的状态。平衡觉的感受器位于内耳的半规管和前庭。

③机体觉也叫内脏觉,反映机体内部状态和各种器官的状态。机体觉的感受器多半位于内部器官,分布在食管、胃肠、肺、血管以及其他器官中。

(三)感觉的规律

1. 感受性与感觉阈限

人的感官只对一定范围内的刺激做出反应,这个刺激的范围以及相应的感觉能力就是感觉阈限和感受性。感受性是一种能力,指的是感官对适宜刺激的感觉能力(感觉的灵敏程度),而这种能力的强弱是通过感觉阈限来测量的,感觉阈限是用以度量感觉能力的一个单位。感觉阈限包括绝对感觉阈限和差别感觉阈限两种,与之对应的感受性称为绝对感受性和差别感受性。

(1)绝对感受性和差别感受性 绝对感受性是指能够感觉到最小刺激的能力。比如,看电视的时候,A 只需把音量调到 1 格就能感觉得到,而 B 要把音量调到 5 格才能感觉得到,我们说前者的绝对感受性就比后者强。

差别感受性是指刚刚能觉察出同类刺激最小差别量的能力。同样拿上述看电视的例子来说:A 在音量由 1 格增加到 2 格的时候就能感觉到不一样了,而 C 则需要音量由 1 格增加到 3 格时才能感觉到不一样。很显然,A 的差别感受性就比 C 的差别感受性要强。

(2)绝对感觉阈限和差别感觉阈限 绝对感觉阈限是指刚刚能引起感觉的最小刺激强度,它是在感觉到和感觉不到之间的一个临界值。对于同一感觉来说,人和人的绝对感觉阈限是不一样的。依然还是以上述看电视的例子来说:同样是 1 格的音量,A 听到了声音,而 B 听不到,由此可以知道 A 的绝对感觉阈限要低于 B 的绝对感觉阈限。结合前面绝对感受性的例子分析可知,绝对感受性和绝对感觉阈限是成反比关系的。

差别感觉阈限是指刚刚能引起差别感觉的刺激的差异量。差别感受性和差别感觉阈限也成反比关系。继续拿看电视的例子来分析:A 在音量由 1 格增加到 2 格的时候就能感觉到不一样了,那么这个增加的量"2－1"(即 1 个单位)就是 A 的差别感觉阈限;而 C 需要音量由 1 格增加到 3 格才能感觉到不一样,那么这个增加的量"3－1"(即 2 个单位)就是 C 的差别感觉阈限。很显然,A 的差别感觉阈限就比 C 的差别感觉阈限要低。

人的感受性具有极大的提高潜力,通过实践活动和专门训练有助于提高和完善个体的感受性。比如,音乐家的听觉比常人的听觉敏锐;经常练习辨音的人,可以轻易辨别 1、2、3……的不同之处;印染工人由于职业需要和长期的实践积累,可以区分 40～60 种黑色色调;磨工的视觉极其敏锐,可以看出 0.0005 毫米的空隙等,这一系列都是实践活动和训练的结果。由此说明,人的各种感受性具有极大的提高潜力。

2. 感觉的相互作用

感觉并不是孤立的,各种感觉之间相互影响、相互作用。感觉的相互作用可以分为同一感觉之间的相互作用和不同感觉之间的相互作用。

(1)同一感觉之间的相互作用

①感觉适应,指的是由于刺激对感受器的持续作用而引起感受性变化的现象。比如我们常说,入兰室之久而不闻其香。各种感觉都有适应现象,比如视觉适应(暗适应和明适应)、听觉适应(选择性适应、寂静适应和噪声适应)等。当然,适应能力并非无限度的。比如,夏天到了,我们初次到水边游泳,刚开始的时候感觉很冷,但是过了一会儿就适应了,不再感觉冷了。但是,我们不能钻到冰箱里去适应那个冷,那个温度已经超过了我们所能适应的限度。

②感觉对比,是指同一感受器接受不同刺激而使感受性发生变化的现象。包括两类:一类是同时性对比,指的是几个刺激物同时作用。比如,胖的人和瘦的人站在一起,会显得胖的人更胖、瘦的人更瘦。红花美还需绿叶衬,同样也是感觉对比的作用。另一类是继时性对比,指的是刺激物先后作用。比如,刚吃了糖再吃水果,就觉得水果好像不怎么甜了。

③后像(感觉后效),是指刺激物对感受器的作用停止后,感觉现象并不立即消失,而能保持一个短暂的时间。后像包括正后像和负后像。正后像指的是保持的刺激具有和原刺激同样的品质。比如,夜晚的时候对着发亮的灯管看,闭上眼睛或者关上开关,就可以看到跟原来灯管一模一样的光影。负后像指的是保持的刺激具有与原刺激互补的品质。比如,盯着国旗看,然后闭上眼睛或者将视线转向白色的背景,就可以看到绿色的影子。

(2)不同感觉之间的相互作用

①感觉的相互补偿,指的是个体的某种感觉能力丧失后,其他的感觉能力获得突出的发展,以补偿缺失的感觉能力,使得个体能够适应生活的需要。比如,盲人的听觉和触觉比常人敏锐;聋人的视觉强于常人等。

②不同感觉的相互影响,指的是一种感觉的感受性,因其他感觉的影响而发生变化

的现象。通常情况下,对某一感觉的弱刺激会提高对另一感觉的感受性,而强刺激会降低对另一种感觉的感受性。比如,在微弱的光线下,个体的听觉能力表现得更敏锐,这是弱光刺激对听觉感受性的提高作用;而在强烈的光线下,个体的听觉能力则会表现得比较迟钝,这是强光刺激对听觉感受性的降低作用。

③联觉,指的是一种感觉引起另一种感觉的心理现象。最常见的联觉现象是"视—听"联觉,比如,我们在参加画展的时候,看到画中有小鸟、有溪流,脑海中常常会似乎听到小鸟在鸣唱、溪水在畅流;又比如,我们在参加音乐会的时候,听到圆舞曲,脑海中自然而然就会出现跳舞的人等。联觉现象在日常生活中的运用非常广泛,比如,人们在服装设计、环境布置等活动中常常利用联觉现象以增强相应的效果。

(四)知觉的分类

感觉和知觉是不同的心理过程,感觉反映的是事物的个别属性,知觉反映的是事物的整体属性,即事物的各种不同属性、各个部分及其相互关系;感觉仅依赖个别感觉器官的活动,而知觉依赖多种感觉器官的联合活动。可见,知觉比感觉复杂。根据知觉中哪一种感受器的活动占主导地位,可以把知觉分为视知觉、听知觉、触知觉等;根据知觉反映的事物的特性,可以把知觉分为空间知觉、时间知觉和运动知觉。此外,知觉还存在一种特殊形态——错觉。

2-7:错觉与幻觉

1. 物体知觉

(1)视知觉、听知觉和触知觉

①视知觉。它是通过视觉获得外界信息,并在原有知识经验的帮助下产生的知觉。视知觉是以视觉分析器为主,有运动觉分析器参与的知觉。主要包括形象视觉和语言视觉。视知觉是一种远距离知觉。

②听知觉。它是通过听觉获得外界信息,并在原有知识经验的帮助下产生的知觉。听知觉是以听觉分析器为主,有运动觉分析器参与协同活动而产生的知觉。主要包括语言听觉、乐音听觉以及噪声听觉。听知觉也是一种远距离知觉。

③触知觉。它是通过触觉获得外界信息,并在原有知识经验的帮助下产生的知觉。触知觉是手足和身体皮肤感觉与运动觉协同活动产生的知觉。触知觉是一种近距离知觉。通过触觉可以获知外界事物的软硬质地(软硬)、温度(冷暖)等信息;除此之外,还可以通过获得事物的形状和大小等信息形成知觉轮廓的细节。对于视觉正常的个体,触觉的形状、大小信息常常转换为视觉信息,这使得触觉空间信息与丰富的视觉信息联系起来,得到更精细的信息。触知觉在视觉障碍者的空间行为中起着重要作用。

(2)空间知觉、时间知觉和运动知觉

①空间知觉,是个体对物体的大小、形状、距离和方位等空间特性的反映。空间知觉是多种分析器协同活动的结果,个体的视觉、听觉、触觉、动觉等经验及其相互联系对

空间知觉有着重要作用。

②时间知觉,是个体对客观事物的顺序性(先后)、延续性(时间长短)和周期性的反映。事物和现象不仅存在于空间中,还存在于时间中,它们有过去和现在、开始和终结。

③运动知觉,是个体对客体的变化及变化速度的反映。物体的运动特性直接作用于人脑,为人们所认识,就产生了运动知觉。运动知觉是视觉、动觉和平衡觉多种分析器协同活动的结果。我们周围的事物总是在不断运动、变化中,比如白云随风飘、红旗迎风扬、孩童在奔跑、猫狗在追逐等。整体而言,运动知觉可分为真动知觉和似动知觉。真动知觉是物体发生实际的空间位移所产生的运动知觉;似动知觉是将实际不动的物体知觉为运动的,或在没有连续位移的地方看到了连续的运动。似动知觉主要分为动景运动、诱发运动、运动后效、自主运动四种形式。

图 2-8:真动知觉和似动知觉

2. 社会知觉

(1)含义　在传统定义中,知觉不包括判断、推理等认识过程。而本章中的知觉既包括对人的外部特征的知觉,也包括对人的个性特点的理解、对人的行为的判断和解释。本章中的知觉相当于认知,因而这里的社会知觉指的是个体在生活实践过程中对别人、对群体以及对自己的知觉,也叫社会认知。

图 2-9:社会认知及影响因素

(2)种类

①自我知觉,指的是个体在生活实践活动中,对自己的心理活动和行为的知觉(认知和评价)。

②对他人的知觉,指的是个体在社会交往中,通过与他人的接触,感知他人的外部特征,了解他人的内心世界,从而形成对他人的知觉。

③人际知觉,指的是个体在生活实践过程中,对自己与他人的关系以及他人之间相互关系的知觉。人际知觉有两个方面:一方面,它是对自己和他人相互关系的知觉;另一方面,它是对他人之间的相互关系的知觉。

(3)影响因素

①认知者因素,包括认知者已有的经验、对他人的价值判断以及个人的情感等。

②被认知者因素,包括被认知者的优缺点、知名度大小等。

③认知情景因素,包括背景参考和空间距离。

(4)社会知觉常出现的几种主要偏差

①首因效应。首因效应也叫第一印象,是指人和人在初次交往时所形成的印象对人们认知他人所产生的心理作用。

②近因效应。与首因效应相反,近因效应是指时间上最近一次、最后一次给人留下的印象。在跟人交往的过程中,我们对他人最新的印象往往容易占据主导地位,掩盖了以往形成的对他人的印象。因此,近因效应也被称为新颖效应。

③晕轮效应。晕轮效应又称光环效应、光环作用,是指人们对一个人的某种特征形成好或坏的印象后,还倾向于据此推论该人其他方面的特征。我们常说"情人眼里出西施",实际上这就是典型的晕轮效应。晕轮效应的本质实则是一种以偏概全的认知上的偏差。

④刻板效应。刻板效应又称刻板印象、类化原则,是指人们一旦对某个群体产生某种固定的看法和评价,就会对属于该群体的个人也给予这一看法和评价。刻板效应虽然有利于我们在一定范围内对人、事、物进行快速判断,不用深究,就能迅速洞悉概况,节省了时间与精力,但是往往容易形成偏见,影响正确的判断,若不及时纠正,进一步发展很容易扭曲为歧视。

⑤投射效应。投射效应又称相似假定作用,是指人们在认知和对他人形成印象时,喜欢将自己的思想、情感、意志等类推到其他人身上并强加于人,以为他人的特性与自己相类似的现象。简单来说就是推己及人的认知障碍。比如,心地善良的人常常认为别人都是善良的;经常算计别人的人总是觉得别人也在算计他。投射效应使人们不考虑被观察者的真实情况而倾向于按照自己的特性认知他人。投射效应是一种严重的认知心理偏差,只有辩证、一分为二地去对待别人和自己,才能克服投射效应。

图2-10:有趣的心理学效应

(五)知觉的基本特性

1.知觉的选择性

(1)含义 个体在感知自然界中的客观事物时,在一定时间内,只能选择其中一部分加以反映,对其他事物只能作模糊反映。知觉的选择性是指个体从背景中选择出知觉对象的过程。被选作知觉内容的事物称为对象,其他衬托对象的事物称为背景。图2-1中的少女和老妇图形可以很好地解释知觉的选择性。当选择少女作为对象时,老妇就成了背景;而当选择老妇作为对象时,少女则成为背景。被选作知觉对象的事物,给人感觉似乎立即从背景中"凸显"出来,形象变得更鲜明、更清晰。"红花美还需绿叶衬"是因为在绿叶的衬托下,红花会更容易成为知觉对象。

图 2-1 少女和老妇

(2)影响因素 影响知觉选择性的因素包括刺激本身的特点,也包括知觉者的主观因素。

首先,强度大的、对比明显的刺激物容易成为知觉的对象;在空间上接近、连续,在形状上相似的一组刺激物容易成为知觉对象;在相对静止的背景上运动的物体,容易成为知觉对象。总之,刺激的强度、对比、位置、变化、大小程度、运动等这些因素都会影响知觉的选择性。

其次,知觉的选择性还受知觉者的需要、兴趣、经验、情绪、动机等主观因素影响。知觉选择现象导致我们无法预测,在面对同样的(特征不够明显的)刺激情境时,众人的知觉反映是否相同,因此,人与人之间的误会也就常常不可避免。正如古训"仁者见仁,智者见智"。

2. 知觉的整体性

(1)含义 知觉的整体性(或完整性)是指人们在感知包含不同属性的客观事物时,总是倾向于将原本不完整的事物感知为完整的事物。如图 2-2 所示,我们很容易看出一个隐形的黑色三角形和白色三角形。实际上,这个三角形并不存在,我们之所以看出来了,其实是利用了我们原有的知识经验,把那些零散的信息组成了一个整体的信息。

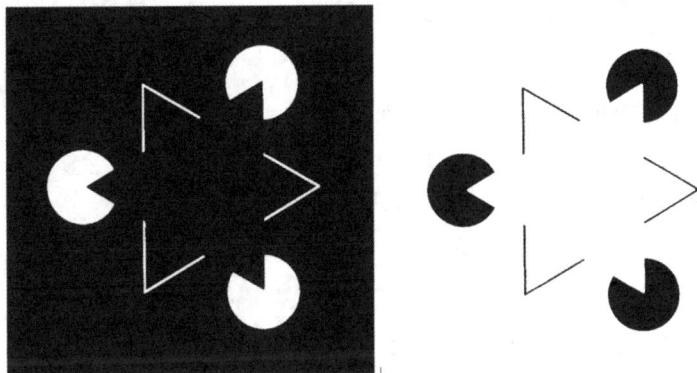

图 2-2 隐形的三角形

按照格式塔学派的观点,个体之所以利用原有的知识经验把那些零散的信息组成整体的信息,是因为人具有追求完美的倾向。事实上,知觉并非感觉信息的机械相加,而是源于感觉又高于感觉的一种认识活动。当人们感知一个熟悉的对象时,知觉了它的个别属性或主要特征,就可以根据经验而推知它的其他属性或特征,从而整体地知觉它。如果感觉的对象是不熟悉的,知觉就会更多地依赖于感觉,并以感知对象的特点为转移,而把它知觉为具有一定结构的整体。

(2)影响因素 知觉的整体性是知觉的积极性和主动性的一个重要方面,它不仅依赖于刺激物的特点,即刺激物的空间分布和时间分布特征,而且还依赖于个体的知识经验。

3. 知觉的理解性

(1)含义 知觉的理解性是指人们总是喜欢依据已有知识经验对感知的新事物进行加工处理。由于人的知觉与记忆、思维等过程有着密切联系,这使得人们在知觉的过程中,倾向于依据过去的知识经验,对知觉对象作出某种解释,使它具有一定的意义。

(2)影响因素 知觉的理解性影响因素主要体现在:一方面,过去经验的影响。个体对知觉对象的理解,常常以已有的知识经验为前提,因而具有不同知识经验的人在知觉同一个对象时,对它的理解常常会有所不同,导致知觉的结果也有所不同。比如,我们常说的"仁者见仁,智者见智"。另一方面,言语指导的影响。当对象的呈现信息模糊不清时,在言语指导的作用下,人们可以更好地理解知觉的对象。如图 2-3 所示的青蛙-白马图,只要稍加提示就很容易看出来。

知觉的理解性和知觉的选择性,常常会导致相同的结果,但是二者的机制却有所不同。知觉的选择性更多的是一种表层上的、第一时间上的知觉反映,但知觉的理解性却是一种深层的、反复思考后的反映。

图 2-3 青蛙-白马图

4. 知觉的恒常性

(1)含义 知觉的恒常性是指当客观条件在一定范围内发生改变时,我们所获得的知觉映象在一定程度上却保持不变。知觉恒常性是人们认识客观事物的一个重要特性。

(2)类型

①亮度恒常性。它是指当照明条件发生改变时,物体的相对明度或亮度保持不变。比如,在室外或者有光的室内,白墙看起来是白色的;在黑暗的室内,白墙看起来似乎是黑色的。但我们不会因为照明条件发生变化就认为白墙的颜色改变了,我们始终都认为白墙是白色的。同理,在非强光照射的情况下,煤块是黑色的;在强烈的阳光下,煤块看起来似乎是白色的。但我们不会认为条件的变化导致煤块的颜色发生了变化,我们始终认为煤块就是黑色的。我们也不会认为室内的白墙比阳光照射下的煤块颜色更暗。

②大小恒常性。它是指在一定范围内,个体对物体大小的知觉不完全随距离变化而变化,也不随视网膜上视像大小的变化而变化,其知觉映象仍按实际大小来知觉的特征。比如,一个人从我们身边擦肩而过,随着他向远处走去,从物理学的角度来看,他在我们视网膜上的映像会相应缩小,但我们不会认为随着他离我们越来越远,他变得越来越小。个体在知觉物体的大小时,尽管因为观察距离不同导致被知觉的物体看起来似乎大小有变化,但我们依然明白在观察过程中形成的知觉大小其实与物体的实际大小相近,这主要是由过去经验的作用以及对观察者距离等刺激条件的主观加工造成的,也是学习和实践的结果。

③形状恒常性。它是指个体在观察熟悉的物体时,当其观察角度发生变化而导致

在视网膜上的映像发生改变时,其原本的形状知觉保持相对不变的知觉特征。比如,面对一扇打开的门,无论我们从哪个角度去看,我们都知道门是长方形的。

④声音恒常性。它是指个体对声源的大小并不是单纯地从生理角度去判断,比如,远处的飞机、火车或者打雷闪电的声音听起来很小,甚至还不如蜜蜂和蚊子在我们耳边的"嗡嗡"声大,但是我们并不会因此认为飞机、火车或者打雷闪电的声音比蜜蜂和蚊子的声音小。

⑤颜色恒常性。它是指当物体的颜色因光照条件变化而发生改变时,人们对熟悉物体的颜色知觉未受影响,依然保持原有的认知。比如,不论是在白天还是在晚上、在灯光下还是在阳光下、在红光里还是在绿光中,我们看国旗的时候总是把它看作是红色的。从物理学的角度看,当不同颜色的光照射到国旗旗面时,其色调已经发生了改变,但人们对国旗颜色的知觉并不因此受到影响,仍然把国旗的颜色知觉为其固有的红色。

（3）影响因素

①对知觉对象的熟悉程度。个体在认识比较熟悉的对象或者在熟悉的环境中去认识知觉对象时,容易保持恒常性。

②知觉对象的变化范围。知觉对象的变化在适当范围内,知觉的恒常性将能够发生作用;知觉对象的变化超出适当范围,知觉的恒常性就会失去意义。比如,在太空上看地球的事物,由于知觉对象距离认知者太远,知觉对象的变化已经远远超出认知范围,知觉的恒常性已经无法发挥作用,知觉的恒常性也就没有了意义。

③知识经验的影响作用。最典型的例子:幼儿园的小朋友由于经验不足,很难通过已有经验纠正当前的知觉,因而他们的知觉常常会随境而迁,无法具备恒定的认识。比如,他们常常把近物看得大一些,把远物看得小一些。

（六）观察与感知的关系及其品质

1. 观察与感知的关系

观察是感知的一种特殊形式,它是有目的、有计划、有思维参加的比较持久的知觉。观察与感知的发展密切相关。观察是一种"思维的知觉",是一种高级的知觉活动能力,是多种分析器协同活动的结果。观察力的培养以感知觉发展为前提,感知觉水平越高,观察力发展的可能性就越大。此外,感知觉发展和观察力的培养都离不开个体的生活经验和实践能力。

2. 观察的品质

（1）目的性　观察是有目的的感知活动,没有明确目的的感知活动只能是一般感知,不能称为观察。明确的观察目的是研究者的行动指向,制约着研究者观察的始终。观察前,研究者要确定观察任务,观察要解决什么问题,怎样给变量下定义;观察中,研究者要尽量排除无关刺激的干扰,收集能够回答观察任务的事实材料。

（2）精确性　观察的精确性指的是观察者对被观察事物的典型特征的把握程度。

观察精确性高的人往往更容易发现不同事物之间的细微差别。

（3）全面性　观察的全面性指的是观察者对被观察事物的信息范围的掌握程度。观察是否全面，在很大程度上与观察者的观察顺序、观察渠道，尤其是感官参与程度有关。有序的、多感官参与的观察更有利于观察者捕捉事物的本质特征；无序的、单一感官参与的观察不利于观察者获取事物的整体信息。

（4）深刻性　观察的深刻性指的是观察者对被观察事物的本质特征的把握程度。观察深刻的人往往能够透过繁杂的无关表面信息，抓住事物的本质特征。

二、感知规律在教学中的运用

正确运用感知的规律进行教学，对于提升教学效果有着巨大的作用。感知规律主要源自知觉的选择特性，包括差异律、强度律、活动律和组合律；除此之外，还包括多感官协调的协同律。具体运用如下。

（一）差异律

差异律体现的是对象和背景之间的差异。一般情况下，对象与背景差异越大，感知效果越好。因此，在教学中要想使学生能很好地感知对象，就要增加对象与背景之间的差别。

（二）强度律

差异律体现的是感知对象的强与弱的关系，这个强与弱取决于刺激的强度。强度越高，越容易被清晰感知。因此，在教学中要求教师在讲课时，音量不要过低，板书字迹、图片内容不要太小，就是为了保持一定的强度，使全班学生能听得清、看得见。教师在制作、使用直观教具时，也要考虑到直观教具的大小、声音等是否能被全班学生清楚地感知。

（三）活动律

活动律体现的是相对的静止和运动关系。在静止的背景中，活动的对象更容易被感知，也更容易吸引个体的注意力。因此，教学中尽可能"变静为动"，使用活动性教具，比如演示实验，播放幻灯片、教学电影或录像等，可以更好地提升教学效果。

（四）组合律

组合律体现的是部分和整体之间的关系。在空间和时间上彼此接近或相似的刺激物容易被知觉为一个整体。因此，教师在绘制挂图时，不应在需要学生感知的对象周围画上与之类似的线条或图形，而应在不同的对象之间留空或用色彩区分；板书时，章与章、节与节等不同内容之间应留空；讲课时，应语言流畅，注意停顿，针对不同内容，采用不同的语速，对不同的内容加以分析、综合，使学生了解其中的逻辑关系。

（五）协同律

协同律体现的是多种感官协同发展的关系。如果学生能使用多种感官去感知同一个知觉对象,那么,从不同感官中获得的信息将被传递到大脑,从而获得对事物的全面认识。我国古代学者提出的"五到":眼到、耳到、口到、手到和心到,其目的就是通过多种感知渠道来巩固知识。

三、中小学生感知的发展

（一）小学生感知的发展

小学生感知的发展主要包括感觉的发展、知觉的发展以及观察力的发展。总体来看,小学生感知事物的特点表现为比较笼统、不精确,只注意到一些孤立的现象,看不出事物间的联系和特点,对时间和空间的概念也比较模糊;随着年龄的增长,知觉和观察力发展的趋势从无意性、情绪性、不精确性向有意性、目的性、精确性和有组织性方向发展。

1. 感觉的发展

(1)视觉的发展　小学生视觉的发展在整个感知觉的发展中占主导地位,主要表现在视敏度、颜色视觉等方面。视敏度是指视觉辨别物体细节的能力,即视力。10岁是视敏度发展的转折期。10岁前,儿童的视敏度不断提高;10岁时,儿童的水晶体弹性较大,视觉调节能力的范围最大,远近物体都看得较为清楚;10岁以后,随着年龄的增长,视觉调节能力逐渐降低。

颜色视觉是个体辨别物体颜色差异的能力,也叫辨色能力。小学一年级学生的颜色视觉已经得到一定程度的发展,他们已经能正确辨认各种颜色、匹配各种不同颜色,对于常见的颜色也能叫出名称。另外,小学生已表现出对颜色的偏好倾向。6岁前,儿童对于颜色爱好的性别差异不明显。6岁以后,男孩偏好黄色、蓝色,其次是绿色、红色;女孩则偏好红色、黄色,其次是橙色、白色和蓝色。

■ 2-11:小学生的视觉发展

(2)听觉的发展　我们日常所听到的声音有纯音和复合音之分。纯音指的是单一声调的音,比如音叉的声音;复合音是由许多个声音组合而成的,比如语言声、音乐声、噪声等。小学生听觉的发展典型地表现在纯音听觉和语音听觉两个方面。

在纯音听觉方面,小学生听觉的敏感度逐渐提高。不过,整个小学阶段,小学生的听觉敏感度都不如成人,尚未达到峰值;在语音听觉方面,小学生入学后,在语音教学特别是汉语拼音教学的影响下,语音听觉发展非常迅速。到了一年级末,小学生辨别汉语四声和相近字音

■ 2-12:小学生的听觉发展

的能力可达到成人的水平。

2. 知觉的发展

知觉是人脑对客观事物整体的反映,它不仅需要多种分析活动,而且需要一定的经验帮助,所以其发展比感觉稍晚一些,但其发展速度非常快。儿童入学后,他们的活动日益丰富起来。他们开始学习五花八门的课程,参加各种各样的课外活动,这有力地促进了知觉的发展。小学生的空间知觉和时间知觉的发展较为明显。总的来说,小学生知觉的有意性明显发展、精确性日益提高、策略性逐渐发展。

图2-13:小学生的知觉发展

小学生知觉发展特点具体内容如下。

(1)空间知觉的发展 空间知觉指的是人对物体的形状、大小、距离和方位等空间特性的认识。总体来说,小学生的空间知觉能力随着年龄的增长而增强。

在形状知觉方面,小学生已经由对具体直观图形的认知过渡到对一类图形共同特征的掌握,对几何图形及其概念已有初步了解。但由于认识水平的局限,他们识别几何图形时仍表现出一些不足。在大小知觉方面,小学生不仅能够熟练地用目测和比较测量的方式进行直觉判断,而且还逐渐能够运用推理进行判断。在方位知觉方面,初入学的学生一般已经能够很好地辨别前后和上下,但对于左右方位,则常常要和具体事物联系起来才能辨别。在距离知觉方面,小学生对空间环境中对象间比较近的距离一般都可以作出相应判断,但对比较远的空间距离则往往模糊不清,难以确定。尤其在画画时,他们对远近的辨别显得很困难。

(2)时间知觉的发展 小学生的时间知觉总是借助于生活中的具体事情或周围现象为指标,比如起床、上学的时候或太阳升起的时候是早晨;午饭前或者上课的时候是上午;午饭后的时候是下午;放学回家或天黑的时候是晚上;今天晚上睡觉醒来的时候是明天。

(3)运动知觉的发展 儿童大肌肉运动知觉成熟较早,能自如地走、跑、跳、伸展、弯腰、爬行、攀登等;小肌肉运动知觉的发展较迟,手部肌肉的力量不断增强,手部的关节有了较大的发展,但还未成熟。

3. 观察力的发展

(1)观察力的特点

①观察缺乏稳定性。在观察活动中,小学生很容易受到外界刺激的干扰,新异刺激的影响很容易让他们的心理活动离开观察的对象;同时,小学生的观察活动很容易受到自身的身体状况和个人兴趣等因素的制约,这一特点在低年级学生的身上表现得更为明显。

②观察具有自我中心倾向。自我中心性是学前期幼儿心理最大的特点,但是小学低年级阶段的儿童在观察时仍然在很大程度上表现出这一特点。他们在观察中依然习惯性地站在自己的角度看问题,没有办法换位思考。随着年级的增长,他们的这一缺点才得到逐步改善。

③三维空间和二维空间的关系转换能力比较欠缺。小学生的抽象思维能力还有待完善,对三维空间和二维空间关系的转换还不擅长。

(2)观察品质的发展特点

①观察的目的性。初入学的小学生,观察缺少目的性。他们一般还不会独立地给自己提出观察任务,即使对于教师提出的任务,他们也不能很好地排除干扰,将注意力集中在观察对象上。他们的观察主要由刺激物的特点和个人兴趣、爱好所决定。因此,小学低年级学生观察的时间较短、错误较多。三年级开始有所改善,但差异并不明显。随着年龄的增长,在教育的作用下,小学生观察的目的性得以不断提高。

②观察的精确性。小学生的观察缺乏精确性,他们往往只注意事物的主要特征或活动的主要过程,对细节部分缺乏观察。尤其低年级学生观察事物极不细心、不全面,他们往往只能笼统、模糊地说出客观事物的局部信息或颜色等个别属性。对于事物间细微的差别,他们难以觉察、无法表述。比如,在学写汉字之初,常常不是少一撇就是多一捺,"曰"和"日"、"杨"和"扬"等形近字常常混淆。对形象的熟悉性影响着小学生观察的精准性。三年级开始,学生观察的精确性明显提高。

③观察的全面性。总体而言,小学生的观察缺乏全面性,这主要是因为这一时期的个体,其观察缺乏一定的顺序性。他们观察时往往只注意事物较突出的特征,尤其低年级学生,他们观察事物毫无顺序、不系统,常常是东望望、西看看,哪里有趣看哪里,看到哪里算哪里。中、高年级学生观察的顺序性有较大发展,初步能够系统地进行观察,而且在表述观察内容和结果之前,往往能够先明了于心再作表述,懂得对观察到的材料进行加工,使观察内容更加系统化。但事实上,小学阶段能够达到这一程度的学生还是比较少。总的来说,小学阶段的个体,观察缺乏全面性。

④观察的深刻性。小学生的观察缺乏深刻性。他们的观察往往以感性经验为主,低年级学生还不懂得(也难以)对所观察的事物作出整体概括,他们常常只注意事物表面的、明显的、无意义的特征,而看不到事物之间的深层关系,更不善于揭露事物有意义的本质特征,观察趋于肤浅。

总的来说,小学一年级学生观察力水平较低,到小学三年级时,学生的观察力水平才有明显的提高。

2-14:观察力发展的四阶段

(二)中学生感知的发展

1. 感觉的发展

①视觉、听觉和运动觉发展很快。

②视觉感受性不断提高,区别颜色差异的精确性明显提高,视觉敏感发展到一生中的最高水平,即达到或超过成人水平。

③听觉感受性不断提高,区别高音的能力明显增强。

④运动觉和平衡觉不断提高。

2. 知觉的发展

在知觉方面，从初中开始，中学生的知觉出现了许多新的特点。

①知觉的有意性和目的性有所提高，开始能够自觉地根据要求，比较稳定地、长时间地知觉有关事物。

②知觉的精确性、概括性更进一步发展，出现逻辑性知觉。逻辑思维发展水平的限制使得初中学生知觉的精确性、概括性比起高中学生较差。初中学生易受制于局部、片面的信息，难以稳定不变地反映客观事物；高中学生更懂得抓住事物的本质特征，能够从容、灵活地使用各种概念、定理或规律，更能做到触类旁通、举一反三。

③空间知觉和时间知觉有了新发展。在空间知觉上，中学生带有更大的抽象性，已经可以比较熟练地掌握三维空间和二维空间的关系。在时间知觉上，他们可以更精确地理解较短的时间单位，比如月、周、日、时、分、秒等。中学生已经开始能够理解"世纪""年代"等历史时间单位，但精确性还比较欠缺。

3. 观察力的发展

总体而言，在观察力发展上，中学生观察的有意性、目的性、精确性和概括性等的发展水平都显著高于小学生，因而他们更善于感受观察对象的细节，能更准确地辨别事物的差异、更深入地理解事物的本质。初中二年级是观察力概括性发展的一个转折点，具体特点如下。

①观察目的更明确。中学生已经能够使观察服务于一定目的，并持续较长的时间。但初中阶段的学生，其观察目的仍有明显的依赖性，比较被动。高中阶段的学生开始表现出能主动地制订观察计划，有意识地进行集中、持久的观察，并对观察活动进行自我调控。

②观察时间更持久。注意力的发展局限使得小学生易受外界刺激的干扰，观察缺乏持久性。到了中学阶段，学生在注意力和观察目的性、自觉性发展的基础上，观察持续时间不断增长。

③观察内容更精细。随着中学生对观察对象本质属性的理解不断深化、语言表达能力不断增强，他们在观察的精确性、完整性和系统性方面明显优于小学生。

④观察角度更概括。小学生的观察缺乏整体性和概括性，观察内容主次不分。而中学生在分辨力和判断力不断提升的基础上，已经开始倾向于描述事物深层、本质的信息，舍弃那些表面的、肤浅的、毫无意义的信息。

四、中小学生观察力的培养

(一)明确观察的目的和任务,激发学生的观察兴趣

观察目的对于保障观察的完整性、清晰性和观察深度有着重要作用。在观察活动中，教师要注意明确学生观察的目的和任务，从学生的年龄特点和认知水平出发，具体

化观察的目的和任务,以免学生在观察过程中不得要领、主次不分、徒劳无用。借助新奇现象,激发学生的观察兴趣,以强化学生的观察目的,提升观察效果。

(二)教给学生观察的方法和技巧

正确的观察方法和技巧有利于观察力的发展,因此,在教学过程中,教师要注意教给学生正确的观察方法和技巧,提升他们的观察力。具体做法有:第一,教会学生做好观察的前期准备工作,加强与观察对象有关的知识储备,促进深入观察。第二,制定观察计划,有目的、有步骤、系统地进行观察。第三,观察时擅辨多思,关注每一个细节,善于比较分析,重视特别现象,以利于发现细小而有价值的现象。第四,发挥多感官的作用,获取多渠道信息。多听多看,在确保安全的情况下,动手摸一摸。第五,做好观察总结,促进观察力的发展。第六,形成良好的观察习惯,并持之以恒。

(三)对学生进行观察训练

参与实践活动能够促进学生观察力的发展,教师可以通过组织学生参与实践活动的方式来提升学生的观察力。在活动过程中,教师可以依据学生的实际情况,对他们提出不同的观察要求,并细化具体观察内容。此外,在教育教学过程中要尽量为学生的观察活动创造机会,在观察活动中反复训练他们的观察技巧,以提升他们的观察力。

//第三节// 记忆

一、记忆概述

(一)记忆的含义

记忆是人脑对个体经历过的事物进行识记、保持、再认或回忆的心理过程,简言之,是人脑对经历过的事物的反映。经历过包括感知过、思考过、体验过、实践过等。比如,参观博物馆回来后,那些文物虽不在眼前,但我们还能想起来博物馆里都有什么,如果能在电视上看到,我们能想起来在哪见过;思考过的问题、体验过的情绪情感等,都保持在我们的大脑中;学过、做过的事情,在适当的时候我们还能回想起来,这些都是记忆。

从信息加工的观点来看,记忆就是人脑对外界输入的信息进行编码、储存和提取的过程。识记、保持、再认或回忆是记忆的三个基本环节。识记是信息的编码过程,是记忆的初始阶段,是获得知识经验的过程。识记具有选择性,环境中的各种刺激只有被个体注意到才能识记。保持是信息的储存过程,是识记过的经验在大脑中巩固的过程。再认或回忆,是信息的提取过程,是在不同的情况下恢复知识经验的过程。其中,经历过的事物再度出现时,能把它认出来的过程,称为再认;经历过的事物不在眼前,能把它重新回想起来的过程,称为回忆。比如学过的课文,我们不看课本而把它背诵出来,就是回忆。

记忆的三个基本环节密切联系。没有识记,就谈不上对经验的保持;没有保持、再认或回忆,就无法对经历过的事物再次回想。识记和保持是再认或回忆的前提,而再认或回忆则是识记和保持的结果。

(二)记忆表象

1. 表象的概念

记忆表象又称表象,是指过去感知过的事物不在眼前出现时,我们仍能够在头脑中再现出事物的形象。比如,一说到"床前明月光,疑是地上霜;举头望明月,低头思故乡",我们就会在脑海里出现"月光""霜""故乡"等景象,这些就是记忆表象。记忆表象是通过对现实的对象或现象的知觉过程获得的。记忆表象与知觉映象密切联系,知觉映象越丰富,记忆表象越多样。记忆表象与知觉映象有着本质区别:知觉映象是由事物本身直接引起的;而记忆表象往往是由其他事物引起的,特别是在有关词语的作用下引起的。

表象可以是单一形象的反映,如视觉表象、听觉表象等;但更多的时候是综合形象的反映,这是知觉过程中不同分析器相互作用的结果。比如,回忆在动物园见到的鹦鹉时,既有鹦鹉叫声的听觉表象,又有鹦鹉外形的视觉表象。

2. 表象的特征

(1)直观性、形象性　记忆表象与知觉映象都属于客观事物的感性印象,形象性、直观性是其基本特征。但由于记忆表象所反映的事物不在眼前出现,因此,记忆表象不如知觉映象那样鲜明、完整和稳定。

(2)概括性　记忆表象是多次知觉同一事物或同类事物的结果,因此在头脑中留下的是事物对象的一般形象,而事物对象的个别特点在此过程中都已经消失。表象产生于知觉,在认识水平上又高于知觉,它比知觉更具有概括性。表象的概括性往往与形象性、具体性紧密联系,与思维的抽象概括性相比,具有本质上的差别。

(3)可操作性　表象在头脑中不是一成不变的,可被智力操作。表象在头脑中可以被分析、综合,可以放大、缩小,可以移植,也可以翻转。表象的可操作性,使得形象思维、创造思维、想象成为可能。

3. 表象的类型

(1)按表象的感知特点划分　按表象的感知特点,记忆表象可分为视觉表象、听觉表象、嗅觉表象、味觉表象、触觉表象和运动表象等。

这种划分方式依托记忆所经感官来分类。其中,与视觉有关的表象便是视觉表象,如当我们看到或听到"月亮"这个词时,我们头脑中就很容易出现月亮的形象,这就是一种视觉表象。一般来说,相对于其他形式的表象,人们对视觉表象有更多的认识。听觉表象是通过听觉而形成的形象。比如,人在听了一场交响乐演奏之后,过了很多天甚至很多年以后,回忆起来依然感觉"音犹在耳""余音绕梁",这就是听觉表象的表现。

（2）按表象的概括特点划分　按表象的概括特点,记忆表象可分为个别表象和一般表象。

个别表象是在对某一特定对象的感知基础上产生的表象,比如对某朵特定的花产生的表象。一般表象则是在对某一类事物的感知基础上产生的表象,反映同一类事物共有的、重要的特征。比如,当我们说到花的时候,往往会觉得花应该都是香的、美的等。

4. 表象的作用

记忆表象的积累和丰富,对个体的认知发展和个性发展都有重要的作用。记忆表象是认识过程的一个重要环节,是由感性认识向理性认识过渡的桥梁;表象性知识是学生知识结构的重要内容。由于记忆表象的存在,人的认识才有可能摆脱当前事物直接影响的限制,为思维、想象等心理过程提供感性基础。也可以说,记忆表象是从知觉过渡到思维,从感性认识过渡到理性认识的桥梁或中间环节。

（三）记忆的分类

1. 根据记忆的内容不同划分

（1）形象记忆　形象记忆是以感知过的事物的具体形象为内容的记忆。这些具体形象可以是视觉形象,也可以是听觉形象、触觉形象或味觉形象等。比如,春游活动结束时,老师让孩子们把在公园里看到的动物画下来,孩子们在完成这一任务的过程中对那些动物的回忆,就是形象记忆。

（2）情绪记忆　情绪记忆是以体验过的某种情绪或情感为内容的记忆,它所保持的是对过去体验过的情绪、情感以及与情感体验相联系的事物的记忆。比如,对看球赛时自己的情绪变化的回忆、想起考试时自己紧张的情绪等,都属于情绪记忆。

（3）动作记忆　动作记忆也叫运动记忆,是以做过的动作或运动为内容的记忆。比如,对打球、跑步、骑车、游泳等的记忆,都是动作记忆。

（4）逻辑记忆　逻辑记忆也叫抽象记忆,是以语词、概念、公式、定理、推理、判断等为内容的记忆。比如,我们在解题时对所学知识的回忆,就是逻辑记忆。逻辑记忆是人存储知识的最主要的形式,是人类所特有的记忆。

2. 根据记忆的意识参与程度的不同划分

（1）外显记忆　外显记忆是指当个体需要有意识地或主动地收集某些经验用以完成当前任务时表现出的记忆,因此又称为受意识控制的记忆,也即有意识记忆。

（2）内隐记忆　内隐记忆也称为自动的无意识记忆,是指在不需要意识或有意回忆的情况下,个体的经验自动对当前任务产生影响而表现出来的记忆。

3. 根据信息加工和存储内容的不同划分

（1）陈述性记忆　陈述性记忆是指对有关事实和事件的记忆,主要涉及"是什么"

"为什么"。比如,对时间、地点、人物、事件、概念、定义等的记忆。陈述性记忆可以用言语表达、描述。

(2)程序性记忆　程序性记忆也称为技能记忆,是指如何做某件事情的记忆,是对具体操作的记忆,主要涉及"做什么""怎么做"。这些事情通常包含一系列复杂的具有先后顺序的动作过程,如骑车、游泳、打球等。程序性记忆往往无法或难以用语言来表述清楚。

4. 根据是否具有情境性及自我体验的程度不同划分

(1)情景记忆　情景记忆也叫情节记忆,是指人们根据时空关系对某一事件的记忆。这类记忆与个人的亲身经历分不开。比如,想起自己曾经去海边、公园游玩的情景等。情景记忆往往受到一定的时间和空间限制,信息的存储易受到各种因素的干扰,因此记忆常常缺乏稳定性和准确性。

(2)语义记忆　语义记忆是指人们对一般知识和规律的记忆。语义记忆表现在对字词、符号、概念、规则、公式的识记中,比如,记住各门学科的知识点、识记各种定律公式,都属于语义记忆。语义记忆主要受一般规则、概念、语词和知识的制约,很少受外界因素的干扰,因此具有较高的稳定性。

5. 根据记忆保存时间的长短划分

事实上,这一划分方式与记忆信息加工的各个阶段相符合(具体内容将在下一小节详细介绍)。

(1)瞬时记忆　瞬时记忆又叫感觉记忆或感觉登记,是指刺激停止作用后,其映象在大脑中保留一瞬间就消失的记忆。视觉后像就是典型的瞬时记忆。

(2)短时记忆　短时记忆是指刺激停止作用后,其映象在头脑中保持1分钟左右的记忆。我们打电话时常常借助口头方式记住一个电话号码,这一过程靠的就是短时记忆。

(3)长时记忆　长时记忆是指刺激停止作用后,其映象保持1分钟以上直至几天、几周、几个月、几年乃至终生的记忆。

(四)记忆的信息加工过程

根据信息编码方式、贮存时间的不同,可以把记忆过程分为三个基本阶段:感觉记忆、短时记忆和长时记忆。

1. 感觉记忆

(1)感觉记忆的概念　感觉记忆是记忆加工的第一阶段,在记忆系统中,感觉记忆会对进入感觉通道的信息进行初步登记,因而感觉记忆也叫感觉登记。据前文所述,感觉记忆是指客观刺激停止作用后,它的映象在人脑中只保留一瞬间的记忆,因而感觉记忆又称为瞬时记忆。每一种感觉记忆都会将感觉刺激物的物理特征的精确表征保持几秒钟或更短的时间。这种信息不会立即消失,而会在神经系统内的相应部位保留1～2秒,然后才消失。

（2）感觉记忆的作用　感觉记忆是记忆的基础,其作用在于它暂时保持了个体接收到的所有刺激以供选择。我们要对周围环境的刺激进行判断并有针对性地选择对我们有意义的刺激加以反映,就需要有一定的材料准备,而感觉记忆为我们提供了这样的资源。虽然保持的时间很短,但是这一环节对我们的记忆有着极其重要的意义。

（3）感觉记忆的种类

①图像记忆。图像记忆是视觉的图像编码的记忆,指的是视觉刺激停止作用后,视觉系统对信息的瞬间保持。这种记忆使得大量信息在非常短暂的时间内被存储。比如,人眼可以精确地登记某一场景的映象,对其中任意细节都拥有惊人的回忆力,但这种回忆力保持的时间不超过几百毫秒。

②声像记忆。声像记忆也称回声记忆,是听觉的声像编码的记忆,指的是听觉刺激停止作用后,听觉系统对信息的瞬间保持。声音图像不像视觉图像消失得那么迅速,因而声像记忆的保持时间比图像记忆长,可以达到 4 秒。

（4）感觉记忆的特点

①时间极短。感觉记忆中信息保持的时间很短。视觉信息大约保持 1 秒,听觉信息大约保持 4 秒。感觉记忆中的信息一旦不再受到关注就会迅速消失,如果受到持续关注就会转入短时记忆这一阶段。保持时间短暂这一特点,为感觉记忆保持高度的效能提供了基本条件。如果信息不能在感觉记忆中瞬间登记或者迅速消失,它们就会和不断输入的新信息相互混杂,从而丧失对最初信息的识别。虽然信息在感觉记忆阶段停留时间短暂,但已经足以使人的认知系统对其进行操作和加工。

②容量较大。感觉记忆在瞬时间能够储存大量的信息,进入感受器的信息几乎都能被储存。

③信息原始,形象鲜明。感觉记忆中的信息往往未经任何加工、完全依据刺激的原始物理特征进行编码和储存,因而具有鲜明的形象性。

2. 短时记忆

（1）短时记忆的概念　短时记忆也叫操作记忆、工作记忆,是指刺激停止作用后,其映象在大脑中保持 1 分钟左右的记忆。当外界刺激输入之后,其能量首先被转换成各种感觉信息,之后这些感觉信息经过组织,获得一定的意义,成为被识别的某种模式。研究表明,感觉记忆中只有那些能够引起个体注意并被及时识别的信息才有机会进入短时记忆;相反,那些与长时记忆无关的或者没有引起个体注意的信息,由于没有转换到短时记忆,很快就消失了。

（2）短时记忆的作用　短时记忆是感觉记忆和长时记忆之间的中间环节。短时记忆一般包括两个方面的工作内容,即输入的信息没有经过进一步的加工(就会消失掉);另一个是工作记忆,即加工、操作服务。它不仅对传入的信息暂时保持,而且对传入的信息进行某种加工和操作,必要时还要将储存在长时记忆中的信息提取出来解决面临的问题,在整个记忆过程中起着承上启下的作用。

（3）短时记忆的特点

①保持时间很短。短时记忆的保持时间很短，如果对进入这一阶段的信息不加以注意，其很快就会消失；如果对信息加以注意，则保持的时间跟注意的时间基本一样长，可以远远超过 20 秒。短时记忆中的信息经过复述，则有可能进入长时记忆。

②容量有限。与感觉记忆和长时记忆相比，短时记忆容量有限，通常为(7±2)个组块，储存的信息比感觉记忆和长时记忆要少得多。组块是指个体熟悉的并加以组织的记忆单位，它可以是一个数字、一个单词，也可以是一串数字、一组短语或一个长句。

③意识清晰。短时记忆是对信息进行有意识加工的阶段，但在感觉记忆和长时记忆中，个体常常意识不到信息本身。感觉记忆和长时记忆中的信息只有传送到短时记忆，才能进行组织和加工。

④操作性强。短时记忆中的信息，可以经过有意的、反复的复述，输入到长时记忆阶段，这一过程操作性较强。其编码方式以听觉为主，也有视觉的和语义的编码。

3. 长时记忆

（1）长时记忆的概念　长时记忆是指存储时间在 1 分钟以上的记忆。它是从感觉记忆和短时记忆中获得的情感、体验、时间、规则、判断、单词、技能和范畴等一切信息的仓库。

（2）长时记忆的特点

①保持时间很长。从 1 分钟以上直至数日、数周、数月、数年甚至终生。

②容量无限。长时记忆几乎没有容量限制，信息容量无限大。

③长时记忆是一个有组织、有体系的知识经验系统，其存储的信息大部分来自短时记忆信息的复述，少部分来自印象深刻而一次获得的信息。进入长时记忆的信息以有组织的状态被贮存起来。

（3）长时记忆的编码　长时记忆的编码分为语义编码和双重编码。

①语义编码是指借助语言的某些特点，如字形、发音、语义等，对当前输入的某些信息进行编码，使之便于存储。这种编码方式，常用于无意义音节的识记。比如，在记忆化学元素周期表时，可以把它编成有节律、有音韵的口诀，减轻记忆负担；在记忆乘法口诀表时同样可以借助这种编码方式帮助记忆。

②双重编码理论由美国心理学家沛沃（A. Paivio）提出，他认为对具体事物的识记可出现表象和语义的双重编码。比如一只小鸟，我们既可以用鸟的形象特征的图像去识记它，也可以用抽象、概括的文字概念来指代它——"小鸟是有翅膀、有羽毛、有喙、骨骼中空的动物"。前者是表象编码，后者是语义编码，这充分说明了双重编码是客观存在的。

（4）长时记忆的提取与遗忘　长时记忆提取的过程，实际上就是"再认"或"回忆"的过程，是记忆过程的第三个环节。信息提取的过程若是顺利，再认或回忆就能顺利进行，记忆就会流畅；但有时候，长时记忆信息提取的过程并不顺利，那么，与记忆流畅相反的，就是"遗忘"（具体内容详见下一小节）。

(五)记忆的基本过程及其规律

记忆的基本过程包括识记、保持、再认或回忆三个环节。

1. 识记

识记就是识别并记住事物。从信息加工理论的观点来看,识记是信息输入和编码的过程。识记是记忆活动的开端,是其他环节的前提和基础。

(1)识记的类型　按识记的目的性和意志努力程度的不同,可以将识记分为无意识记和有意识记。无意识记是事先没有预定目的,也不需要意志努力的识记。比如,听过某首旋律优美的曲子,做过某件好玩的事,虽然当时并没有想过要记住那些经历,但我们的确记住了很多信息,这就是无意识记。有意识记是有预定目的,需要一定意志努力的识记。比如,学生学习某一科目的知识时,不仅要有明确的目的,而且需要一定的意志努力才能记住学习材料,这就是有意识记。

按识记的材料有无意义或者学习者是否了解其义,可以将识记分为机械识记和意义识记。机械识记是依据事物的外部特征,依靠简单重复而进行的识记。机械识记分两种情况:一种是因材料本身缺乏内在联系,只能靠死记硬背的方式识记,如识记电话号码、历史年代、人名、地名和统计数字等。另一种是材料本身具有内在联系,但学习者未能理解其含义,因而也只能死记硬背;如学生不理解某些定理、公式,却又不得不记下来。意义识记是指在理解材料的基础上,根据材料的内在联系,并借助已有的知识经验来进行的识记。

(2)识记的规律

①识记的目的和任务。有无明确的识记目的和任务,对识记效果有着极其重要的影响,有意识记优于无意识记。识记的目的和任务越明确,记忆效果越好。因为明确的识记目的和任务,能够使人把全部的注意力集中到识记的对象上,并采取各种方法去保证记忆效果。

②对识记材料的理解。理解的识记比不理解的识记效果好,意义识记优于机械识记。在理解的基础上识记,能够让人更合理地组织其结构,有利于其在长时记忆中的存储。

③识记材料的性质和数量。关于识记材料的性质和数量与识记效果的关系,相关研究结论是:直观形象材料优于抽象语词材料,视觉性质材料优于听觉性质材料,有意义联系的材料优于无意义联系的材料,有韵律的材料优于无韵律的材料;数量少的材料优于数量多的材料。

④识记的方法。同样的材料,采用不同的识记方法,效果也会不同。因此,采用良好的识记方法,有利于提高识记的效果。识记的方法很多,比如谐音识记法、歌诀识记法、直观形象识记法、特征识记法、列表识记法等。针对不同的识记材料采用与之相适应的方法,并在理解的基础上进行意义识记,能大大提升识记效果。

⑤主体的情绪状态。识记的效果在很大程度上受到识记主体的情绪状态影响。在

积极情绪状态下,识记效果良好;而在消极情绪状态下,识记效果不佳。

2. 保持与遗忘

(1)保持 保持是指经历过的事物(识记的材料和获得的信息)在大脑中巩固和储存的过程。储存在大脑里的信息并非一成不变的,其内容随着时间的推移和后续经验的不断增加而变化,质量和数量也会随之改变,从而影响着经验的形成。

图 2-15:何为保持

(2)遗忘 遗忘与保持相对立,是指对识记过的材料不能再认和重现,或是错误地再认或重现。遗忘分为永久性遗忘和暂时性遗忘、部分遗忘和完全遗忘。永久性遗忘是指难以或者几乎无法进行再认和重现,比如长时间不再复习原有的学习材料,我们就很难、几乎没有办法进行再认和重现;暂时性遗忘是指长时记忆中的内容由于某种原因而导致一时不能被提取,但在条件合适时还可以恢复,比如生活里的"提笔忘字""看着眼前的熟人,却一时叫不上来名字""考试的时候瞬间想不起曾经复习过的知识,离开考场却马上想起来"等;部分遗忘是指识记过的内容在头脑中留下了大部分,只是其中一部分不能回忆或再认;完全遗忘是指时过境迁全部回忆不起来。

人为什么会有遗忘的现象?关于这个问题,一直以来,各家学派众说纷纭,主要有五种假设:衰退说、干扰说、压抑说、提取失败说和同化说。按照各派学者的观点,遗忘是多种因素造成的,包括记忆痕迹的消退、干扰因素的存在、动机情绪等的影响、联想线索的利用等。

图 2-16:遗忘理论

具体而言,影响遗忘的因素归纳如下。

①时间因素——遗忘的进程。德国心理学家艾宾浩斯(H. Ebbinghaus)是最先对遗忘现象进行系统研究的人。为了尽量避免已有经验对学习和记忆的影响,他选用无意义音节作为学习材料。艾宾浩斯依据实验数据资料绘制了著名的遗忘曲线(见图 2-4)。此后,一些心理学家选用无意义材料或有意义材料对遗忘的进程进行了重复实验,结果与艾宾浩斯遗忘曲线的描述基本一致。

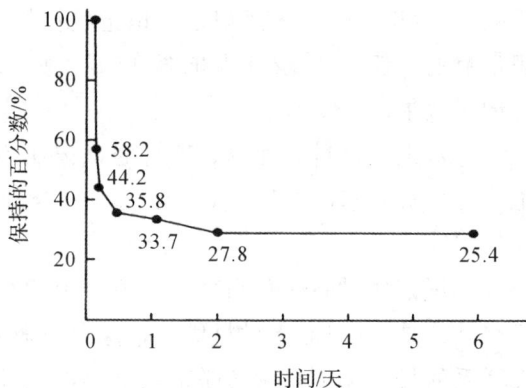

遗忘的进程有如下特点:第一,遗忘

图 2-4 艾宾浩斯遗忘曲线

是先快后慢的,识记材料在头脑中保持的数量随时间的延长而递减,在识记后的短时间内遗忘的速度特别迅速,遗忘最多;第二,遗忘的速度是不平衡的,保持数量随着时间的延长渐趋稳定,遗忘的速度逐渐缓慢;第三,总的趋势是最初忘得快、忘得多,以后忘得慢、忘得少。

②材料的序列位置。序列位置效应实验表明,记忆材料在系列位置中所处的位置极大程度影响着记忆效果。研究表明,在一系列的记忆条目中,人们记忆效果最好的是位于开头和末端的条目,位于中间的条目记忆效果最差。首因效应和近因效应就是最典型的序列位置效应。

③材料的意义和情感价值。一般而言,对于个体有着特殊意义和情感价值的材料,记忆效果更好。

④学习的程度。在一定限度内,学习程度越高,保持效果就越好。当过度学习达到150％时,效果最佳,如图2-5所示。

⑤记忆内容的不同性质。动作性记忆材料保持时间最长久,遗忘速度最慢;形象性记忆材料保持时间较长;文字性材料的记忆遗忘速度较快。

⑥记忆任务的长久性。需要长久记忆的材料,保持效果更好。

3. 再认或回忆

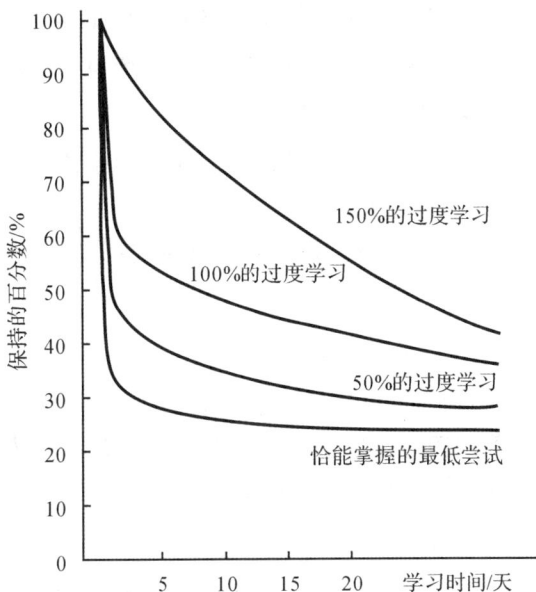

图 2-5　学习程度与记忆保持效率

再认或回忆,从信息加工观点来看就是信息的输出或提取过程。再认与回忆没有本质的区别,但再认比回忆简单一些。从个体心理发展来看,再认比回忆要出现得早。婴儿在出生后半年内便可实现再认,而回忆的发展却要晚一些。

再认是指去识记过的材料、经历过的事物再次出现时,有熟悉感并能够被识别和确认的过程。比如,在考试中做选择题时,学生看到选项时能够知道哪个是课本上出现过的内容。个体识别客观事物的过程包含两个操作:一是对客观事物进行知觉分析;二是从长时记忆中提取有关信息进行比对,比对的结果影响着识别的效果。再认就是识别的产物,因而再认受到关联线索的影响。当再认不能顺利进行时,可以通过尝试寻找有关线索的方式,恢复过去已经建立的联系。

回忆,也称为重现(再现)或者重复,是指经历过的事物不在眼前而能把它重新回想起来的过程。比如,在考试做到简答题和论述题时,学生根据考题回想起学习过的知识;特殊节日的情景,总是容易使人们想起远方的亲人,因而"每逢佳节倍思亲"这样的诗句就特别能打动人心。一般来讲,"重现"比"再认"的效果更好。重现既是识记、保持的目的,也是检验识记与保持效果的唯一指标,同时还是强化识记

2-17:影响重现效果的主要因素

与保持的重要手段。从当前的研究成果来看,影响重现效果的主要因素有信息储存的组织水平、联想线索、干扰的影响、主体的情绪状态几个方面。

（六）记忆的品质

1. 记忆的准确性

记忆的准确性是指对材料的识记是否正确，这是记忆品质的核心。如果一个人的记忆不准确，纵使记忆速度再快、保持的时间再长，也毫无意义。

2. 记忆的敏捷性

记忆的敏捷性是指识记速度的快慢。对同一材料，有的人很快就能记住，有的人却要花很长的时间。记忆的敏捷性是以单位时间内能记住或回忆事物的数量多少为标准的。如果在单位时间内能记住或回忆的数量多，则记忆敏捷性好；反之，记忆敏捷性就差。

3. 记忆的持久性

记忆的持久性是指识记的事物在头脑中保持时间的长短。同一时间记住的事物，在相同的时间间隔后，有的人还记得，有的人已经忘掉了；或者有的人记得多，有的人记得少，这些都是记忆持久性的表现。

4. 记忆的准备性

记忆的准备性是指能否及时地从记忆中提取所需的知识。记忆的最终目的是应用，如果不能及时地把所需的知识提取出来，必定会对工作、学习效率造成影响。

记忆的四种品质相互联系、互为补充，有时候记忆的某种表现体现了某种品质，但有时候则是多个品质的体现。比如，过目成诵，既是敏捷性的体现，也是准确性的体现；记忆如过眼云烟则体现了记忆的持久性欠缺。衡量一个人记忆能力的好坏，不能单看某一种品质，而是要把这四种品质综合起来加以考察。

二、记忆规律在学习及教学中的运用

合理利用记忆规律，将能够在很大程度上提升教师的教学效果和学生的学习效率。记忆规律在学习和教学上的运用，主要指识记和复习方面的策略。具体运用如下。

（一）识记策略

1. 有目的地识记

有无明确的识记目的和任务，直接影响着识记的效果。明确的识记目的和任务，有利于调动个体识记的积极性和针对性，促使个体将识记活动集中在识记对象上并采取多样化的方式去识记，以便达到最佳的识记效果。因此，在同等条件下，有意识记的效果优于无意识记。所以，背诵学习材料的时候，认认真真地识记三两遍的效果比漫不经心地阅读十遍更有效。

2. 先理解后识记

以理解为基础的意义识记,其效果优于机械识记。意义识记可看作理解识记,被理解的知识往往被纳入已有的经验系统中并与原有的知识经验发生内在联系,因此不再是孤立的;而不被理解的知识常常无法与过去的知识经验建立联系,因此是孤立的。显然,对孤立知识的识记是相对比较困难的。虽然能够通过死记硬背的方式暂时记住了,但很快就会遗忘。因此,在学习过程中,应该把所学的知识与已有的知识联系起来,尽量做到理解了再记忆。

3. 识记与操作相结合

实际操作的过程需要个体投入更多的专注力,为了保证操作过程的顺利完成,个体就会有针对性地识别记住各个操作环节的相关信息。本质上而言,操作过程的记忆既包含了有意识记,也包含了理解识记。因此,识记与操作相结合能在很大程度上提升识记效果。

4. 保持良好的情绪

识记效果常常受到个体识记时的情绪状态的影响。一般而言,个体情绪积极的状态下,识记效果好;个体情绪消极的状态下,识记效果差。

5. 保持良好的注意状态

注意力是记忆力的基础,记忆力是注意力的结果;没有良好的注意力就没有良好的记忆力,良好的记忆力建立在良好的注意力基础之上。个体在专心致志、聚精会神的状态下识记材料,大脑皮层会留下深刻的记忆痕迹,从而使得识记材料不容易被遗忘;反之,个体注意力不集中、一心二用,记忆效率就会很低。

(二)复习策略

科学复习,避免遗忘。复习有助于我们理解之前所没有理解的内容,同时为新知识的学习奠定基础,是巩固知识、防止遗忘的有效手段。但复习绝不是对已学知识的简单重复,根据记忆的规律,巧妙复习才能有效提升记忆效果。具体措施如下。

1. 及时复习与经常复习相结合

及时复习能够降低识记材料被遗忘的速度。及时复习能及时强化暂时神经联系,从而增强记忆痕迹,降低遗忘的速度。但若记忆痕迹得不到及时强化,暂时神经联系将会衰退,想要再次建立这一联系,就要花费更多的时间和精力。经常复习实际上就是反复强化神经联系,从而保持记忆痕迹,提升记忆效果。因此,及时复习、经常复习,"趁热打铁""反复践行",将能够事半功倍。

2. 集中复习与分散复习相结合

识记材料的数量影响着识记效果,分散复习的目的在于降低识记材料数量对识记效果的消极影响。同等条件下,分散复习的效果优于集中复习。根据复习材料的性质,合理安排学习任务,可以大大提升学习效率。对于数量少、难度小的材料可以集中复习;数量多、难度大的材料则安排分散复习。

3. 反复阅读与尝试回忆相结合

反复阅读能够加深印象从而更好地强化记忆痕迹,提高记忆效果。尝试回忆则能更好地将识别信息转入长时记忆,从而保证记忆效果。在实际学习过程中,当未能完全熟悉学习材料时,可以反复阅读;等到对学习材料形成了一定的印象,就可以采用尝试回忆的方式进一步识记。反反复复,直到能够熟记材料。

4. 复习方式多样化,多种感官协同活动

记忆效果离不开注意的关注程度,单调的复习方法,容易让人走神,影响识记效果。多样化的复习方式能让学生的注意力长时间保持在学习上,从而提高复习效率。多种感官协同也有利于长时间维持注意力,因此,复习时要充分利用多种感官协同感知的规律,听、说、读、写、练等相结合,通过多种感官协同活动,提升复习的效果。

5. 适当过度学习

学习程度影响记忆保持效果,学习程度越高,保持效果就越好。学习程度达到150%时,保持效果最佳,因此复习过程中要适当过度学习,以有效强化对复习材料的记忆效果。

6. 科学用脑,劳逸结合

学习时间过长,会引起大脑神经疲劳,而且还容易造成学习材料在记忆上的相互干扰,从而降低记忆的效率。注意休息能提高大脑活动的机能,从而防止遗忘。研究表明,早晚两个时段是学习的黄金期。此外,学生如果在课间积极休息十分钟,可以使脑力活动的效率提高 30%。因此要合理安排时间,有效降低抑制干扰作用,科学用脑、劳逸结合,才能提升记忆效果。保障睡眠质量也是科学用脑、提高学习效率的必要措施。

三、记忆的发展及记忆力培养

(一)小学生记忆的发展及记忆力培养

1. 小学生记忆的发展

(1)小学生的记忆在量方面的发展 小学生记忆在量方面的增长,主要指识记和回忆事物的数量增多,保持时间的延长,主要表现在:

①记忆范围(这里指的是记忆内容方面)的扩大。2 岁前儿童的记忆范围十分狭窄,进入小学后,随着动作和言语的发展、活动能力的增强以及与人和物接触的增多,小学生记忆的内容也逐渐从家庭扩展到学校、社会,从日常生活扩展到政治、经济、文化等方面。

②记忆广度的增加。小学生的记忆广度随年龄的增长而不断扩展。初入学的小学生,记忆广度很小,他们在阅读过程中需要用手指对着阅读材料一字一句地去辨认,阅读速度因此很慢。随着年龄增长,记忆广度增加后,他们在阅读时不用再一字一句地去

辨认,阅读速度因此得到了提高。

③记忆保持时间逐渐增长。整体来看,小学生记忆保持的时间随年龄增长而增长,但实际保持效果主要取决于一些影响因素的作用,这些影响因素主要有:对识记对象的感知(关注)程度,对识记对象的理解程度,对识记对象的兴趣,识记时的情绪状态。

(2)小学生记忆在质方面的发展

①在识记态度上,无意识记的发展先于有意识记。有意识记的产生和发展是小学生记忆发展发生质变的标志。一般而言,无意识记和有意识记都随着小学生年龄的增长而递增,但有意识记增长的速度更为明显。

②在识记方法上,机械识记的发展先于意义识记。意义识记的产生和发展是小学生记忆发展又一次发生质变的标志。一般而言,意义识记在小学生记忆发展中所起的作用随着小学生年龄的增长而增大,而机械识记的作用则减小。

③在识记内容上,对词的抽象记忆在形象记忆的基础上迅速发展。由于第一信号系统活动占优势,小学低年级学生更容易记住与第一信号系统相联系的事物的具体形象。随着学生掌握的语词量不断增加,第二信号系统的活动逐渐占优势,到了中、高年级,学生的抽象记忆逐渐占主导地位。但总的来说,整个小学阶段,学生对抽象材料的记忆,主要建立在事物的具体形象基础上,即形象记忆仍起着重要作用。

(3)记忆策略的发展 采用有效的记忆策略是个体记忆发展的重要标志,主要的记忆策略有复述策略、组织策略及精加工策略等。小学生在这几个方面的表现具有如下特点。

①复述策略不断发展。与学龄前儿童相比,小学儿童开始逐渐有效地采用复述策略。随着年龄的不断增长,小学生的复述方式由被动复述模式转向主动复述模式,复述的质量不断增强。

②组织策略欠缺。小学低年级的学生对记忆策略的有效性缺乏清晰的认识,他们无法理解记忆手段和记忆目标之间的关系,在记忆情景下,他们更倾向于使用那些自己熟悉、简单却无效的策略,缺乏关于记忆材料的知识。

③精加工策略逐步提高。研究表明,精加工策略在小学高年级及以后才出现。低年级小学生在使用精加工策略时,所创造出来的关系具有呆板和固定的特点,而高年级小学生所创造出来的关系则是生动而丰富的。除此之外,高年级小学生更容易从自己创造出来的形象或语词关系中获得记忆的帮助,而低年级小学生则更容易从教师指出的关系中受益。

(4)元记忆的发展 元记忆发展是指个体对自身记忆过程的认识、体验和自我监控能力的发展,包括觉察需要进行记忆活动的情境、了解影响记忆任务难度的因素、明确各种记忆策略的有效性等。

在记忆的元认知方面,小学一年级学生几乎不能准确区分不同记忆任务的难易程度,他们通常高估自己的记忆能力。小学三年级和五年级学生已经能够理解不同记忆任务的难易差别,他们对自己记忆能力的估计接近成人水平。小学生的元认知体验随着记忆元认知知识的不断丰富而逐步分化和发展,他们的记忆元认知监控随着记忆的元认知和体验的发展,逐步成为积极、自觉的调控过程。幼儿往往需要成人提醒才能选择并采取有效的记忆策略,并更多地依赖他人监督、小纸条提醒等外在辅助手段。随着年龄的增长与经验的丰富,小学生已经懂得且越来越自觉地选择并采取识记策略,更多地运用联想、分类等内部策略。

2. 小学生记忆力的培养

(1)培养有意识记,充分利用无意识记 一方面,教师要明确学生活动的目的和任务,激发学生为目的和任务而努力的意愿。引导学生自觉、独立地向自己提出识记任务并检查自己的记忆效果,由被动变为主动。另一方面,教师要借助形象生动的材料、激发学生的情感体验、培养学生的学习兴趣,并在日常生活的潜移默化中,充分开发学生的无意识记。有意识记和无意识记相结合,让学生识记轻松、学习不累。

(2)培养意义识记,适当利用机械识记 教师要帮助学生理解识记内容,充分发挥意义识记的作用。对有意义的材料,让学生先理解再识记;对无意义的材料,人为赋予其意义再让学生加以识记,教给学生有效的识记方法和策略。对于未能进入深层学习状态的学生,引导他们适当利用机械识记,拓展他们的知识面,激发他们的学习兴趣,尽最大能力提升他们的记忆效果。

(3)引导学生加强复习、防止遗忘,复习方式多样化,多种感官协同并用 教师要引导学生及时复习、及时强化,以防止学过的知识很快被遗忘。同时,要提倡过度学习,让学生在学习的时候尽可能达到"滚瓜烂熟"的程度。要教导学生学会多样化地复习,集中学习与分散学习相结合,多种感官协同并用,采取多种手段、多种形式进行学习和复习,将知识条理化、网络化,形成知识系统等。

(4)劳逸结合,防止过度疲劳 良好的身体状态有利于记忆效果的提升,因此,教师在教导学生努力学习的同时,也要注意引导学生学会劳逸结合,防止过度疲劳。

(二)中学生记忆的发展及记忆力培养

1. 中学生记忆的发展

(1)识记的有意性发展 对于初中阶段的个体而言,有意识记占据主导地位,但还缺乏一定的自觉性,不会自己提出识记目的和任务,对成人还有一定的依赖性;高中阶段的个体开始能够自觉、独立地为自己提出较为长远的识记目的和任务,并且懂得选择适合自己的识记方法,还能自觉检查自己的识记效果,以及对识记过程进行自我监控。中学阶段的个体其识记的有意性提高,大大提高了识记的效果。此外,这一阶段的学生还善于利用识记的规律来提高记忆效果,这是有意识记发展的一个重要标志。

(2)识记的理解性发展 初中阶段是由机械识记到理解识记过渡的阶段,初二年级是一个转折时期。初一年级的学生由于理解识记尚未发展成熟,他们当中的很多人在识记学习材料的时候还是习惯死记硬背。但随着知识经验的不断丰富、理解识记的发展成熟,初二年级开始,很多学生已经懂得先理解再识记的策略。到了高中阶段,理解识记已经成为学生识记的主要方法。

（3）记忆内容的抽象性发展 初中阶段的个体，抽象记忆的发展水平逐渐超过形象记忆。高中阶段的个体，抽象记忆已经占绝对优势。但在整个中学阶段，具体形象记忆仍然具有重要作用，它为理解抽象材料提供了必要的感性支持，是抽象记忆发展的基础。

（4）记忆策略的发展 中学阶段的学生，记忆策略的发展趋于成熟，他们可以在无人指导的情况下，主动运用记忆策略，并根据具体的任务来调整记忆策略。

2.中学生记忆力的培养

（1）唤起记忆的愿望 在教学过程中，教师要引导学生改变"临时抱佛脚""应付眼前考"的错误记忆方式，通过引导他们制定长远的记忆目标，唤起他们的记忆愿望，培养他们自觉、主动给自己提出记忆任务的能力，以提升他们的记忆效果。

（2）增强记忆的信心 记忆活动是一项复杂的脑力劳动，需要学生具备十足的信心，才能攻克记忆过程中出现的种种困难。在教学过程中，教师要让学生打破自卑感，鼓励他们建立信心，让他们明白，别人能记住的，自己也能记住。另外，还要让学生体验成功记忆的喜悦，及时地给予鼓励，与其分享成功的喜悦，提升他们记忆的信心，让他们逐渐从"害怕"记忆向"喜欢"记忆转变。

（3）教授记忆的方法 在教育教学中，教师要注意教授学生一些有效记忆的方法，引导他们合理复习、及时复习、多样化地复习等。

（4）培养自我检查的习惯 自我回忆、自我复述、自问自答、独立作业、自我测验等都是自我检验的有效方式。教师要教会学生借助各种自我检验的方式，了解自己在记忆过程中的优缺点，及时检查自己的记忆效果，并作出调整，从而提升学习效果。

（5）讲究记忆卫生 教师要引导学生保持稳定而愉快的情绪，多参加课外活动，劳逸结合，作息规律，保证适当的睡眠。

总之，在教育教学的各个阶段都要注重对中学生记忆力的培养，这样才能提高学生记忆力的效率，让学生真正做到主动记忆、快乐记忆。

// 第四节 // 思维

一、思维概述

（一）思维的内涵

1.思维的含义

思维是以个体已有的知识经验为中介，对客观事物概括的、间接的反映，它反映的是事物的本质属性和内在联系。思维是认知活动的

2-18：思维与感知、记忆语言

高级形式,借助语言、表象、概念或动作来实现。思维包括注意、感觉和知觉等低级认知形式,同时兼具其自身的特征,因而能完成低级认知形式所不能完成的任务。比如,我们能回想多年前的某一次经历,也能预想即将到来的假期安排。思维还能使个体的认知超越现实,即使从未见过桃花源,我们也可以想象它的存在。思维的参与使得人们能够在已有知识的基础上,凭借一点点的努力,就能灵活、富有创造性地解决问题。

2. 思维的特征

(1)间接性 间接性是指以已有经验或其他事物为中介来认识事物。思维和感觉、知觉不同,它不是对客观事物外在属性的直接反映,而是建立在过去经验基础上的对客观事物内在属性(本质属性)的反映,因此具有间接性。比如,"朝霞不出门,晚霞行千里",人们根据云的分布及其对阳光的反射情况,就能间接地推断出是否会下雨。再如,"见础润而知雨""见月晕而知风"等这些都是思维过程。思维的间接性使得人们能够超越感觉和知觉提供的信息,认识那些没有直接作用于感官的客观事物的属性,从而揭示出事物的本质和规律。

(2)概括性 概括性是指对一类事物的本质和规律性的认识。思维的概括性是建立在多次实践、多次感知的基础上的。比如,我们对"植物是能进行光合作用,需要阳光、水分和养分的生物"的认识就是来自对花、草、树等多次认识的结果,进而抽取出它们的共同特征——能进行光合作用,需要阳光、水分和养分。

(3)思维的目的性和问题性 思维是以个体已有经验为中介对客观事物本质属性和内在联系的认识,这就决定了思维自身是带着目的性的。此外,思维往往由一定的问题情境引起,而思维的任务就是解决问题,因此不可避免地就会带上问题属性。基于思维的目的性和问题性,心理学家才得以通过分析问题解决的过程来研究思维过程。

(二)思维的分类

1. 根据思维所凭借的对象划分

(1)动作思维 动作思维又叫实践思维,是以实际动作为支撑的思维活动。在动作思维中,对具体事物的直接动作操作是领会事物间关系的手段。动作思维是人类早期和婴幼儿个体的主要思维形式,这种思维活动的过程依赖于对直观物体和直接动作的操作。比如,幼儿及小学低年级的学生在进行加减法运算时,常常需要借助手指数数,一旦这种行为被阻止,他们的思维活动就会随之停止。在一些特定情况下,成人也会借助这种直观思维解决问题。比如,学生在体育老师完成了打篮球的示范动作之后,必须通过真实的篮球运动来感受打篮球的技巧。

(2)形象思维(详见第八章创造性思维的形式) 形象思维是以直观形象和表象为基础的思维活动。比如,画家在下笔作画之前往往会在头脑中反复呈现想要展示的那个画面,在作画的过程中会根据实际情况不断修整画作。这一过程就是形象思维的体现。形象思维是3~7岁儿童的主要思维形式。具体的形象思维与语言结合可以发展出形象逻辑思维,这种思维既带有鲜明的形象,又涉及抽象语言的运用,比具体形象思维更加高级。很多文学作品中描述的各种形象就是形象逻辑思维的产物。

（3）抽象思维（详见第八章创造性思维的形式）　抽象思维又叫逻辑思维，是以抽象概念、理论知识为依据的思维活动。不同于动作思维和形象思维，抽象思维脱离了对感性材料的依赖，以语言为媒介，是人类思维的核心形态。学生解答各门学科问题的过程，就是运用抽象思维的过程。

2. 根据思维过程的指向性不同划分

（1）聚合思维（详见第八章创造性思维的形式）　聚合思维又叫求同思维、集中思维、辐合思维、同一思维，是指人们根据已有的知识经验，利用熟悉的逻辑规则去解决问题的思维过程。聚合思维是一种有方向、有条理的思维方式，是学校教育中学生学习知识的主要思维形式。比如，学生在解答数学几何题的时候，往往会根据题干中提供的各项条件去证明结论的可行性。

（2）发散思维（详见第八章创造性思维的形式）　发散思维又叫求异思维、辐射思维、扩散思维、多向思维，是指人们沿着不同方向思考，通过打破原有规则、重组当前已有的信息，产生出大量独特的新想法从而获得更多解决方法的思维过程。发散思维呈扩散状，它要求思维者敢于打破常规、不墨守成规，不拘泥于传统的做法，具有更多的创造性。一般而言，只有问题存在多种可能的答案，发散思维才能产生。

3. 根据思维的主动性和独创程度划分

（1）习惯思维　习惯思维又叫常规思维，是指人们运用已获得的知识经验，按现成的方案和程序直接解决问题的思维过程。从性质上讲，它类似于聚合思维。这种思维缺乏创造性，只是对原有知识的常规性应用，一般不会产生具有创新意义的思维成果。

（2）创造思维　创造思维又叫创造性思维，是指重新组织已有的知识经验，提出新的方案或程序，并创造出新的思维成果的思维过程。不墨守成规是决定创造思维产生的关键因素。创造思维是人类的高级思维活动，也是推动整个人类社会进步的重要动力。

4. 根据思维的逻辑性质划分

（1）直觉思维　直觉思维又叫直觉，是一种非逻辑思维，是指不经过具有严格意义的逻辑操作过程而直接迅速地认识事物的思维过程。直觉是一种无意识思维，它省略掉了一般思维的中间环节，快速而直接地认识客观事物。直觉可以帮助人们在创造活动中作出预测，引导人们提出新的概念和理论。比如，牛顿在苹果树下看书，苹果掉下来砸在他脑袋上，他因此发现了"万有引力"，提出"万有引力说"，这就是直觉思维。

（2）分析思维　分析思维又叫逻辑思维，是指严格遵循逻辑规律，通过一系列的思维操作，最后得出合乎逻辑的结论的思维过程。比如，警察办案的时候，总是会依据罪犯在现场留下的信息，还原作案的场景，以此找到犯人的作案证据。这就是分析思维。

除了以上划分方式，实际上还有一些其他划分方式。划分标准不同，思维的分类也就不同，在此不再一一列举。

（三）思维的功能

1. 理性认识功能

思维能使人的认识活动减少对具体事物的直接依赖并摆脱具体事物的局限，加深对事物的认识和了解。与感知只是认识事物表面现象的活动不同，思维能够使人突破时空限制、超越现实去认识事物的本质，从对单个事物的认识扩大到对一类事物的认识，由对事物外表现象的认识到对事物内部深层本质规律的认识，由对现在的认识到推知历史和展望未来。感知是低级阶段的感性认识活动，而思维则是高级阶段的理性认识活动。

2. 创造功能

思维是人脑对客观事物间接、概括的认识，这种认识活动决定了其具有创造功能。不同的个体，对于同一事物可以有着不同的看法、观点，在处理问题上也有不同的策略、方式等，这些都体现了思维的创造功能。日常生活中最重要的创造发明，其过程的核心就是创造性思维活动。

3. 控制功能

思维是认知过程的重要构成要素之一，认知过程对于个体的自我控制有着极其重要的作用。思维体现在个体对自身感知、记忆、观察等方式当中，也体现在个体对自我意识的调控当中。个体通过思维活动，调节着自己的活动方式，调节着自身的情绪情感状态以及行为方式等。

（四）思维的品质

每个人的思维都是与众不同的，都有其各自的特点，这些特点就是思维的品质。

1. 思维的深刻性与广阔性

思维的深刻性是思维在程度上的特点，指个体善于透过现象发现本质，揭露问题的根本原因，预见事件发展的进程和后果。比如"一针见血"。思维的深刻性是思想家、政治家、科学家最突出的思维特征，他们能在最平凡的事物中发现重大问题，揭示事物的发展规律。

思维的广阔性是思维在广度上的特点，指个体在思维过程中，善于全面分析问题，通过纷繁复杂的联系和关系去认识事物。比如"面面俱到"。思维的广阔性以个体的已有知识经验为基础。

2. 思维的敏捷性与灵活性

思维的敏捷性是思维在速度上的特点，指个体善于迅速而又正确地发现和解决问题，表现在用词、观念、表达和联想的流畅性等方面。比如"灵机一动、计上心来"。

思维的灵活性是思维在方向上的特点，指个体善于根据事物发展的具体情况随机应变，不固执己见，不拘泥于陈旧的方案，及时地提出符合实际的新假设和新方案。比如"反应机智"。

3. 思维的独创性与批判性

思维的独创性是思维在差异上的特点,指个体能够独立地发现问题、思考问题和解决问题,不依赖现成的结论,不盲从,不武断,不一意孤行。比如"富有见地"。

思维的批判性是思维在态度上的特点,指个体善于根据客观标准,从实际出发,公正地评价一切,明辨是非。善于自我批判是思维批判性的主要特点。比如"辨识真伪、去伪存真"。

(五)思维的心智操作

1. 思维的过程

(1)分析与综合　分析与综合是思维过程的基本部分,从概念形成到创造性思维活动,都离不开大脑的分析与综合。

分析是指把事物的整体分解为各个部分或各种属性,或从整体中把个别部分、个别属性、个别特征分解出来的思维过程。比如,把文章分解成段、句、词。人的思维过程是从分析开始的,分析事物的特征和属性是人们了解事物的基础,离开了分析,就无法正确地认识客观事物。

综合是指把事物的各种属性、各个部分、各个特征结合起来,了解它们之间的联系和关系,形成一个整体的思维过程。比如,把文章的各个段落大意结合起来,就能得到整篇文章的中心思想。综合是在分析的基础上完成的。分析与综合是相互区分而又紧密联系的同一思维过程中不可分割的两个方面。任何一种思维活动都既有分析,又有综合。

(2)比较与分类　比较是在把对象和现象的个别属性、个别部分或个别特征加以对比,以确定它们的异同及其关系的思维过程。比较与分析、综合紧密相连。比较总是对事物的各属性、各部分或各特征加以鉴别与区分,因此,离开分析就谈不上比较,分析是比较的前提。另外,比较的目的是确定事物间的异同及相互关系,因此,比较也离不开综合。比如,把苹果和西瓜放到我们眼前,我们首先会分别了解西瓜和苹果的形状、颜色、气味、质地等,这是分析;然后我们又把西瓜和苹果的属性放到一起进行比较,这是综合。通过比较,我们得到两者的共同点(都是水果)和不同点(西瓜大、苹果小,西瓜绿皮、苹果红皮等)。

分类是指根据事物的共同点和差异点,把它们区分为不同种类的思维过程。比较是分类的前提,先将共同的事物归为一类,再根据更小的差异将它们划分为同一类中不同的属,以此揭示事物的从属关系和等级系统。比如,学生在掌握"食物"这一概念的特征时就涉及分类的过程,先把"食物"分为肉类、蔬菜类和水果类,再把水果类分为南方水果和北方水果,南方水果又分为菠萝、芒果、龙眼等。

（3）抽象与概括 抽象是指在观念里抽出事物的共同属性和本质特征,舍弃其个别的、非本质特征的思维过程。比如,从鹦鹉、麻雀、燕子当中,抽取出它们"有翅膀、有羽毛、有喙、骨骼中空"这一共同的、本质的特征,舍弃那些非本质特征,如颜色、大小等。

概括是指人脑把抽象出来的事物间共同的、本质的特征综合起来,并推广到同类事物中去的思维过程。比如,把"有翅膀""有羽毛""有喙""骨骼中空"的动物都叫作鸟。

抽象与概括紧密相联,概括离不开从无数具体、个别的事物中抽取共同的、本质的特征这一过程。可见,抽象是概括的基础,离开抽象也就没有概括。

（4）具体化与系统化 具体化是指把抽象、概括出来的一般认识应用到具体事物的思维过程。比如,"1+1=2"这个公式,我们可以用来计算"一个苹果再加一个苹果等于两个苹果"。用理论指导实践的过程,把抽象知识生动化、形象化的过程,都是具体化的表现。

系统化是指把各事物归入一定的顺序中,使其彼此发生一定联系的思维过程。在概括的基础上,人们可以对事物进行再概括;在分析的基础上,人们可以对事物进行再分析,这就是对事物进行归纳,使其系统化的过程。比如,生物可以分为动物、植物和微生物,植物又可以分为藻菌类、苔藓类、蕨类和种子类等。

分析与综合、比较与分类、抽象与概括、系统化与具体化等思维过程是密切联系着的。分析、综合是思维的基本过程,它是抽象、概括等思维过程的基础,比较是抽象、概括的前提;系统化、具体化是通过分析、综合将抽象、概括过程中获得的概念运用于实际。人们对客观事物的认识,由简单到复杂,由低级到高级,就是通过这些思维过程实现的。

2. 思维的形式

（1）概念 概念是指人类的认识从感性认识上升到理性认识,把所感知的事物的共同本质特点抽象出来,并加以概括的思维形式。简单说来,概念是人脑对客观事物的一般特征和本质属性的反映。概念是在分析、综合、比较、分类、抽象、概括的基础上形成的,它反映一类事物共同的、一般的、本质的特征,而不包括那些非本质属性。比如,"鸟"这个概念,反映着鸟所具有的本质属性"有翅膀、有羽毛、有喙、骨骼中空",不包括其他非本质特征"颜色、大小"等。因而我们对鸟的概念界定可以表述为"鸟是有翅膀、有羽毛、有喙、骨骼中空的动物"。

（2）判断 判断是指概念与概念之间的联系,是人脑对客观现实的对象和现象之间的本质联系和关系的反映形式。判断实际上就是通过感知或思维获得直接或间接的理解。具体而言,就是对思维对象是否存在、是否具有某种属性以及事物之间是否具有某种关系的肯定或否定。比如,我们说"蝴蝶不是鸟"这句话时,就包含了两个概念的关系反映:"蝴蝶"和"鸟"两个概念之间是否定的关系。

判断是在实践的基础上反映现实的结果,由概念组成。判断总是表现为句子,但并非所有句子都表示判断。比如,"我喝水"这是一个句子,但却不是判断。同一个判断可以用不同的句子来表示,同一个句子也可以表示不同的判断。比如,"蝴蝶不是鸟"和

"蝴蝶和鸟是不一样的"两个不同的句子表示的是同一个判断;"天阴沉沉会不会下雨?"这个句子,可以表示不同的判断:天阴沉沉可能下雨,也可能不下雨。

（3）推理 在逻辑学上,推理是指由一个或几个已知的判断（前提）推出新判断（结论）的过程,包括直接推理、间接推理等。在心理学的研究中,推理包括演绎推理、归纳推理以及类比推理。

①演绎推理。演绎推理是指以一般原理为根据而推演到特殊事例,并得出肯定结论（由一般到特殊）的心智操作。其前提反映的是一般性、蕴涵着结论的知识,因而其结论所断定的知识范围不会超出前提所断定的知识范围。比如,由"鸟儿都有羽毛"得出"鹦鹉是鸟,所以鹦鹉有羽毛"的结论。

②归纳推理。归纳推理是指以观察到的许多事例为根据而推出某个新原理、定理（由特殊到一般）的心智操作。其结论一般超出了前提所断定的范围,其前提和结论之间的联系具有或然性。比如,由"地震前的井水异常、动物异常、气象异常"这些观察到的事例,推出"地震的前兆"这个结论。然而这个结论,很有可能超出了前提条件。比如,观察到井水异常、动物异常、气象异常,却不一定会有地震,毕竟地震的前兆并非只有井水异常、动物异常、气象异常这些现象,还有很多现象有可能我们并没有观察到;反过来,地震来临之前也有可能观察不到井水异常、动物异常以及气象异常等现象。

③类比推理。类比推理是指由两个对象的部分属性相似而推演出这两个对象的其他属性也可能相似（由特殊到特殊）。类比推理的结论并不都是可靠的,必须由实践或实验证明。比如,看到两个学生从穿着打扮到言行举止都很相似,我们就推断出这两个学生的性格特征也会一样。而实际上这两个学生的性格特征是否一样,是需要实践来证明的,单凭我们的观察推测出来的结论未必正确。

二、思维的发展及培养

（一）小学生思维的发展及培养

1. 小学生思维的发展

（1）小学生思维发展的基本特点

①具体形象思维向抽象逻辑思维过渡。小学阶段的学生,其抽象逻辑思维在逐步发展,但仍带有很大的具体性。小学低年级阶段的学生常常只是对自身经历过的或者形象生动的事物感兴趣,形象生动的事物往往能够给他们留下深刻的印象。他们的认知过程总会与具体的事物联系在一起,他们所掌握的概念大部分是具体的、可以直接感知的,他们难以掌握概念中最主要的本质属性。到了高年级,他们才学会区分概念中主要的和次要的、本质的和非本质的属性,但是此时依然离不开直接经验和感性材料的支持。随着年龄不断增长,他们的抽象逻辑思维的自觉性逐渐发展,但是仍带有很大的不

自觉性。小学低年级学生虽然已经学会一些概念,并能进行一定的推理判断,但是还不能自觉地觉察自己的思维过程。

②思维的有效时间短。小学生的思维发展还不成熟,他们的自我控制能力比较弱、注意力集中的时间较短,导致他们有效思维的时间较短。教师需要在教学中经常变换教学方法,吸引学生的注意力,才能够较长时间地维持学生的有效思维时间。

③元思维从不自觉到自觉。小学低年级学生已初步掌握一些概念,并能进行简单的判断、推理,但他们还不能自觉地调节、控制自己的思维过程。而中、高年级小学生,他们在教师的指导下,对自己的思维过程进行反省和监控的能力有了提高,能说出自己解题时的想法,能弄清自己为何出错,这表明他们的元思维有了发展。

④辩证逻辑思维开始萌芽。抽象逻辑思维的发展要经历初步逻辑思维、经验逻辑思维、理论逻辑思维(包含辩证逻辑思维)三个阶段。小学生的思维水平主要处于初步逻辑思维阶段,但他们的思维却具备了逻辑思维的各种形式,并具有了辩证逻辑思维的萌芽。小学一到三年级是辩证逻辑思维的萌芽期,四年级是辩证逻辑思维发展的转折期。整个小学阶段辩证逻辑思维发展水平还较低。

(2)思维基本过程逐渐发展并日趋完善　小学生的分析与综合、比较与分类的能力随着年龄增长而不断提高,三、四年级是分类能力发展的转折点。

小学生概括能力相对还比较弱。低年级的学生抽象概括能力不强,他们对抽象概念的理解总是建立在对直观事物的了解之上,他们只能概括事物形象的、外部的特征或属性,更多地关注事物的外部属性及实际意义;中年级学生掌握概念中抽象本质特征的成分逐渐增多,直观的外部特征的成分逐渐减少,但对事物本质特征的反映仍处于初级阶段;高年级学生已经能对事物的本质属性、内在联系进行概括,思维处于本质抽象水平的概括阶段。

(3)思维形式随年龄增长而不断发展　总的来说,小学生概念的发展逐步深化、丰富,向抽象水平发展;判断的发展从简单到复杂,从反映事物的单一联系到反映事物的多方面联系,从反映外部联系到反映内部联系;推理能力的发展随年龄增长而提高,从直接推理到间接推理,从不自觉到自觉掌握归纳推理和演绎推理,类比推理能力到高年级阶段开始提高。

(4)思维品质不断发展,表现出显著的个体差异性　小学生的思维广阔性与深刻性随着年龄增长及教学的影响作用而不断发展,他们由不懂得抓住问题本质向懂得抓住问题本质发展;思维的灵活性随年龄增长而提升,一题多解的能力增长、灵活解题的准确性增加、综合分析能力不断提高;思维的独创性和批判性随着年龄的增长、教育训练的影响、知识经验的增长以及个体自我意识的发展而不断发展,小学二、三年级是思维独创性发展的加速期。

2. 小学生思维的培养

(1)培养小学生的听力　借助口述的形式,将需要学生解决的问题呈现出来,让学生寻找解决问题的答案,培养他们的思考力,并引导他们形成良好的学习习惯。比如学生常做的"口算题"和"口述应用题"就是很好的训练方式。

（2）培养小学生的语言表达能力 思维能力的发展和语言表达能力的发展密不可分，培养小学生言语表达的能力，有利于发展他们的思维能力。教师在教学过程中，要注意引导学生对词汇、概念的掌握，训练其言语表达的规范性，给他们提供充分的表达和练习的机会。

（3）培养小学生的观察力 在教学过程中，教师要注意给学生提供准确、鲜明、能引起学生兴趣的观察材料，教给学生观察的方法。充分利用小学生求知欲强、想象力丰富的特点，为他们创设想象的情境，启发他们思考。

（4）培养小学生的实践能力 思维操作离不开实践活动，教师要为学生创造实践学习的机会，引导他们在实践过程中学会观察、分析、比较等，使思维能力得到发展和提高。

（5）培养小学生良好的思维品质 在教学过程中，教师要培养小学生思维的深刻性，引导他们透过现象看本质，学会抓重点、抓关键，提升思维概括能力；要培养小学生思维的敏捷性，鼓励他们面对问题时，当机立断进行分析，果断决定解决策略，提升他们思维的综合分析能力；要培养小学生思维的灵活性，引导他们多角度、多层次、多侧面看待问题，提升发散思维能力；要培养小学生思维的独特性，鼓励他们独立思考，敢于用自己特有的方式解决问题；要培养小学生思维的批判性，引导他们善于分析问题解决的影响因素，鼓励他们大胆假设、积极验证，不退缩、不盲从。

（二）中学生思维的发展及培养

1. 中学生思维的发展

（1）中学生思维发展的基本特点

①形式逻辑思维占优势，辩证逻辑思维迅速发展。初中一年级的学生形式逻辑思维已开始占优势。初中二、三年级开始，他们已经能够理解抽象概念的本质属性，逐步学会正确地掌握概念，并运用概念作出恰当的判断，进行合乎逻辑的推理活动。但是这种抽象逻辑思维，仍然具有很大成分的具体形象性，在很大程度上仍然直接与感性经验相联系。辩证思维迅速发展，初中一年级学生已经开始掌握该种思维的各种形式，但水平还不高。初中三年级学生的辩证逻辑思维处于迅速发展的转折期，但尚未处于优势地位。

②抽象逻辑思维占主导地位，并由经验型向理论型转变。中学生的抽象逻辑思维逐渐处于优势地位，但初中学生的抽象逻辑思维在很大程度上还属于经验型。初中二年级是中学生思维发展的关键期，此时他们的抽象逻辑思维开始由经验型向理论型转变，直到大约高中二年级才初步完成这一转变。

（2）中学生思维品质的发展特点 随着知识经验的增长和自我意识的增强，中学生思维的独立性和批判性日益增强，但带有片面性和表面性。中学生的身心随着年龄增长在迅速变化，社会交往的增多，减少了他们对家庭的依附性，他们急于摆脱成人的控制、要求独立的心理与日俱增。他们不满足于家长、教师及其他成年人对事物现象的描绘和解释，不轻信家长、教师和书本上的现成结论，喜欢独立探索事物的根源，敢于发表自己的见解。

2. 中学生思维的培养

（1）启发式教学　启发的实质在于调动学生思维活动的积极性和自觉性。在教学过程中，教师要引导学生明确学习目的，依据教育教学活动的规律，结合学生的兴趣、需要，遵循从已知到未知、从直观到抽象、由浅入深、由表及里的原则开展工作。

（2）培养中学生分析问题和解决问题的能力　在启发式教学的基础上，教师要注意培养学生独立、自主思考的习惯和能力；在讲授新知识的过程中，要善于从学生的实际水平出发，向学生提出新颖的、有一定难度的，同时又是学生通过独立思考可以完成的课题，培养他们分析问题和解决问题的能力。

（3）让中学生多种感官协同参加学习活动　多种感官协同参加学习活动有利于学生获取大量感性材料，建立理性认识。教师在教学中开展需要多感官协同参与的活动，有利于提升学生的思维力。比如，在教学过程中教师可以借助视频展示、互动讨论、实验演示、角色扮演等形式，让学生听、说、看、做、想、读、写等，则其眼、耳、口、手、脑都能协同活动，以激发学生的思维力。

（4）教会中学生在概念系统中掌握概念　深层掌握概念是提升思维力的有效方法。教师要引导学生正确把握各个概念的关系，让他们明白，任何一个概念都不是孤立存在的，只有了解概念之间的联系和区别，才能深层了解概念的确切含义，从而深层掌握概念。

（5）让中学生多练习、多应用　练习和应用是学生借助思维解决问题的过程，在这一过程中，学生对概念和概念系统的理解得以巩固和加深，逻辑思维的准确性和灵活性也得到了锻炼，从而达到锻炼学生思维力的目的。

（6）教给中学生思维的方法和策略　教师要引导学生灵活运用思维规律，打破思维定势的不利影响，掌握思维技巧，有效运用思维的各种方法和策略，促进思维的发展和提升。

// 第五节 //　想象

一、想象概述

（一）想象的含义

想象是对头脑中已有的表象进行加工改造、形成新形象的过程。想象的内容往往出现在现实以前,或者是现实中不可能出现的东西。比如,古时的人想要飞上天,对于当时而言是不现实的。但是今天,我们却可以借助航天设备飞上天。

想象在一定程度上超越现实,但并不是凭空捏造的,而是建立在一定的基础上。比如,《西游记》里的典型人物孙悟空、猪八戒等,都是作者想象出来的人物,但是我们稍微思考就能发现,实际上不论是孙悟空还是猪八戒,现实中是有原型的。

图 2-19:想象、表象和形象思维

(二)想象的分类

根据想象有无预定的目的,是否经过意志努力,可以把想象分为无意想象和有意想象。

1. 无意想象

无意想象又叫不随意想象,是一种没有预定目的、不自觉地进行的想象。比如,看到天上的白云,自然就想到小羊、小狗、小猫等。

梦是无意想象的极端形式,是人们既熟悉而又感兴趣的一种现象。自古以来,人们就对梦有着种种猜测和解释。现代科学研究证明,梦是人睡着后出现的一种心理活动,是心理生活中的正常现象。梦对人不仅无害,而且有益,做梦有助于恢复大脑细胞的功能,有助于调节人的心理平衡,甚至还有助于某些问题的解决。

2. 有意想象

有意想象又叫随意想象,是指有预定目的、自觉地进行的想象。根据创造性水平和新颖程度不同,可以把有意想象分为再造想象、创造想象、幻想和妄想。

(1)再造想象 再造想象是根据他人的描述,在自己的头脑中形成事物新形象的过程。比如,在他人讲述故事时头脑中呈现的人物和场景。再造想象对人的认知和实践都有重要意义,它是学习活动必不可少的条件。形成正确的再造想象需满足两个条件:一是要正确理解描述信息。描述信息包括言词意义、图形或符号标志的意义。若无法正确理解描述信息,就难以正确想象出相应形象。二是必须有丰富的表象储备。表象是想象的原材料,表象储备越丰富,再造想象的内容也就越丰富。缺乏相应的表象,再造想象将无法进行。

(2)创造想象 创造想象是不依据现成的描述而独立创造出事物新形象的过程。比如,鲁迅在《阿Q正传》中塑造的阿Q形象就是一种创造想象。创造想象是创造活动的必要组成部分。

创造想象的产生,除了丰富的知识和表象储备外,还依赖以下三个条件:一是要有创造欲望和动机。这是创造想象的首要条件。二是原型启发。无论是科学家还是艺术家,他们的创造都离不开一定事物的启发,这种起启发作用的事物就是原型。原型越多,越有利于创造。飞机的发明、轮船的制造都是原型启发的结果。三是积极的思维活动。创造想象是一种严密的构思过程,只有在积极思维的参与下,对原有表象进行分析、综合、加工改造,才能创造出符合客观规律的新形象。

(3)幻想　幻想是创造想象的一种特殊形式,是一种与人的生活愿望相联系并指向未来的想象。幻想包括科学幻想、理想和空想。科学幻想即根据一定的科学假设,在不与人类最大的可知信息量(如现有的科学理论、有据可考的事件记录)冲突的前提下,虚构可能发生的事件。幻想有积极与消极之分。凡是符合事物发展的客观规律并能够实现的幻想就是积极的,积极的幻想又称理想。凡是违背事物发展的客观规律和不能够实现的幻想就是消极的,消极的幻想又称空想。

(4)妄想　妄想是一种不理性、与现实不符且不可能实现但却坚信不可动摇的错误信念,是一种病态的判断推理。妄想是精神病人的阳性症状之一。常见的妄想有:①被害或迫害妄想,即在没有任何事实依据的情况下,坚信有人要加害于他;②罪恶妄想,即自责妄想,是对自己道德、行为的贬低;③钟情妄想,指在没有任何依据的情况下,认为别人爱上了他,坚信自己被别人钟情,被异性追求;④疑病妄想,指对自己健康情况的贬低,总认为自己有病,不断求医;⑤夸大妄想,即认为自己聪明过人,认为自己是天才,创造的成果可以改变人类的命运,或者在名誉、地位、权势上加以夸大。

妄想和幻想在本质上不同。妄想是没有任何依据的,根本不能实现;而幻想是以理想或愿望为依据,对还没有实现的事物有所想象,虽然或许暂时还未实现,但其具有一定的现实依据。

(三)想象的综合过程

想象的综合过程是对事物形象的分析综合过程,包括以下几种形式。

1. 黏合

黏合是把两种或两种以上客观事物的部分属性、元素或特征结合在一起而形成新形象的过程。通过这种综合活动,人们创造出了许多神话、童话中的形象,如孙悟空、猪八戒、美人鱼等现实生活中不存在的形象。黏合的过程将客观事物的某些特征提取出来,然后按照人们的要求将这些特征重新配置、综合起来,构成了人们所渴求的形象,以满足人们的某种需要。黏合的形象在内容上,受到历史文化、社会风俗等因素的影响。

2. 夸张与强调

夸张与强调是改变客观事物的某些特征,或者突出某些特点而略去其他特点,使事物的某一部分或一种特性增大、缩小、数量增加、色彩加重等,从而在头脑中形成新形象的过程。如拇指姑娘、格列佛冒险中遇到的各色人物、千手观音、三头六臂以及漫画中的夸张形象等,都是采取这种方式产生的特殊形象。

3. 典型化

典型化是根据一类事物的共同的、典型的特征创造新形象的过程。典型化是文学艺术创作中普遍采用的方式,作品中人物形象的创作,就是作者综合某些人物的特点之后创造出来的。如经典人物形象鲁迅笔下的阿Q、祥林嫂以及老舍笔下的骆驼祥子等。

4.联想

联想是由一个事物想到另一个事物,创造出新形象的过程。想象联想不同于记忆联想,它的活动方向服从于占优势的情绪、思想和意图。比如,文学家在创作时,遇到雨天,在特定情绪的作用下,就会有不同的联想。在积极情绪状态下,文学家就容易联想到"雨中浪漫",再联想到幸福人生;而在消极情绪作用下,就容易想到"雨天悲情",再联想到人生悲剧。

5.拟人化

拟人化是把人类的形象和特征加在客观对象上,使之人格化的过程。比如,《西游记》《封神演义》等古典名著中的许多形象,都采用了拟人化的创作手法。雷母、狐仙、花仙子、各类仙子和妖魔鬼怪等都是拟人化的产物。拟人化也是文学和其他艺术创作的一种重要手段。

(四)想象的品质

1.想象的主动性

想象的主动性是指想象在目的性、意识性上的表现。主动性使得想象有了中心,同时也具有方向性。主动性主要体现在有意想象之中。有意想象占优势的人,能够有目的、有计划地唤起自己的想象并沿着一定的方向展开。而无意想象占优势的人,则不能按照既定目的和计划开展自己的想象,他们的想象往往是无目的、无意识的。

2.想象的丰富性

想象的丰富性是指想象在内容的丰富程度上的表现。想象的丰富性比较突出的人,他们的头脑中往往储备着大量多样化的表象,且他们往往比起常人,对客观事物的理解程度更深,因此造就他们丰富的想象力。

3.想象的生动性

想象的生动性是指想象在活泼鲜明程度上的表现。想象的生动性以表象的直观性为转移。一般而言,表象越生动直观,随之形成的想象就越生动。想象的生动性比较突出的人,他们的视、听、嗅、味、触等各种表象往往是直观生动的,就像直接看到、听到、嗅到、尝到、触到那样真实,因此,他们借由这些表象形成的想象自然就会生动、鲜明。他们头脑中的形象就如同他们所见所闻,如身临其境。相反,缺乏想象的生动性的人,他们头脑中的各种表象往往是呆板生硬的,他们因此很难看到、听到什么,也无法嗅到、尝到、触到什么。这种情况下,他们自然也是很难形成想象的。

4.想象的现实性

想象的现实性是指想象在与现实相符合的程度上的表现。想象的现实性比较突出的人,他们在想象的过程中往往很注重结合现实因素,对头脑中的表象加以构建和修整,使得想象的产物在条件合适的时候得以变成现实。

5. 想象的新颖性

想象的新颖性是指想象在所构成的形象的新异程度上的表现。想象的新颖性比较突出的人,他们敢于打破常规、别出心裁地进行创作,因而他们想象的形象常常显得与众不同、异乎寻常,具有高度的新颖性。

6. 想象的深刻性

想象的深刻性是指想象在所构成的形象揭示事物的主要特征的程度上的表现。人和人之间想象的深刻性的差异主要体现在创造想象中。想象的深刻性比较突出的人,能通过典型、生动的形象把事物的主要特征揭露出来。

二、想象的发展及想象力的培养

(一)小学生想象的发展及想象力的培养

1. 小学生想象的发展

(1)想象的有意性随年龄增长而不断提高　初入学的小学生其想象往往容易离开想象的目的和主题,他们在想象的过程中常常会不由自主地加入一些与主题无关、仅是自己感兴趣的材料。随着智力活动的控制能力发展,以及教师在教学过程中对各种想象任务的反复训练,到了小学高年级阶段,小学生的想象开始带有目的性,能够围绕主题完成想象的任务,他们想象的有意性、目的性得到了迅速发展。

(2)想象中的创造性成分日益增多　由于小学阶段的个体抽象逻辑思维水平较低,小学低年级学生的想象和学龄前儿童差距不大,想象具有明显的模仿性、再现性,他们的想象往往就是简单重现事物的内容。小学低年级学生想象中的创造性成分,随着言语和抽象思维的发展以及教学的影响作用日益增多,想象开始表现出逻辑性。他们不再像学龄前儿童那样只懂得复制、再现别人讲过的故事,而是常常结合自己的经历,对故事情节加以修改,创造出不一样的故事。

(3)想象更富于现实性　与学龄前儿童的想象一样,初入学的小学低年级学生其想象常常与现实事物不相符,不能确切地反映现实事物。比如,小学低年级学生在作画时已经开始有简单的布局和突出的细节,但由于受经验水平所限,他们画作中的事物还具有明显的不完整性,大小比例失调、前后景不区分等。到了高年级阶段,在思维水平提高、经验积累以及教学影响的作用下,他们在作画时开始懂得关注画作的完整性,并且能够借助透视原理来表现事物,使得画作中的事物更真实生动。此外,比起低年级学生,高年级学生对脱离现实的神话虚构的兴趣逐渐减淡,开始表现出对现实生活的幻想。可见,他们的想象已经越发趋于现实。

2. 小学生想象力的培养

(1)创设想象的氛围与环境,鼓励学生大胆想象　给学生创造欢愉舒畅的氛围,让学生能够、敢于尽情想象。面对学生,要面带微笑,让学生感到轻松愉快;尽量使用学生的语言,拉近与学生的距离;要为学生发挥想象力留有足够的时间,鼓励学生大胆想象,尊重学生想象的荒谬性;根据教学目的,充分挖掘教材内容,培养学生的想象力。总之,要为学生创设想象的氛围与环境,激发学生发挥想象力的欲望。

(2)拓展学生的知识面,提供想象的知识基础　丰富的感性材料是想象的基础,因而教师要注意拓展学生的知识面。除了课本上的知识,还要注意教给学生课本外、课堂外的知识,使学生的知识范围在课本知识的基础上有所丰富和拓展。只有这样,才能使学生产生丰富的想象。

(3)教会学生联想,丰富和发展学生的语言表达能力　想象力本质上是对事物形象进行加工的能力,联想有助于提升信息加工的能力。教会学生联想,在很大程度上能够促进想象力的发展。在教学过程中,教师要注意引导学生学会通过相似联想、接近联想、对比联想和因果联想等方式,提升想象能力。注意培养学生的语言表达能力,使他们的想象力从具体直观水平上升到语词的抽象水平。

(4)培养小学生观察事物的习惯,发展他们独立思考的能力　想象的材料来自观察,观察力是想象力的保障,观察力的提升有助于学生获得更多的材料、丰富想象资源。思维是想象的能力基础,灵活的思维力才能促进想象力的丰富多变。可见,观察力与思维力都跟想象力有着密切关系。培养学生的想象力,就要从培养学生的观察力、思维力入手。这就要求教师在教学中,通过直观教具的运用以及借助实际生活中的案例,告诉学生先观察什么,后观察什么,如何确立观察中心等,在此基础上,还要让学生尽可能详细地说出观察到的情况,观察得越仔细,收获的材料就会越多,想象力得到的提升也就越大。

(二)中学生想象的发展及想象力的培养

1. 中学生想象的发展

(1)想象的有意性迅速增长　智力水平的提升、自我控制能力的发展使得中学阶段的学生在想象的过程中较善于控制想象的主题,并且他们遇事的时候常常会自觉地试图借助想象来解决问题。显然,中学生想象的有意性和目的性随着年龄的增长而随之发展。研究表明,初中二年级到初中三年级是学生空间想象力发展的加速期或关键期。教师在教学过程中要特别注意在这个时期发展学生的想象力。

(2)想象的创造性成分不断增加　随着中学生实践活动的日益丰富,他们的想象资源越发多了起来。他们不仅能将看到的或听到的具体事物说出来、写出来,还能借助这些材料"编出"尚未发生的故事。中学生的想象不再只是简单模仿和再现事物,已经具有一定的创造性。当然,这种创造性往往是有限的。

（3）想象的现实性不断发展　知识经验的提升，使得中学生的想象更具有现实性。他们开始渐渐摆脱神话类似虚构内容，想象越来越符合逻辑，内容越来越趋于现实。中学生想象的现实性体现在他们的幻想和理想中。初中阶段的学生，其幻想具有现实性、兴趣性，同时还带有虚构的特点。到了高中阶段，他们的想象变得更加理性，接近现实。

2. 中学生想象力的培养

（1）扩大知识领域，储备丰富表象　人的想象都是建立在表象基础上的。广泛的感知、丰富的经验、渊博的知识是培养想象力的基础。个体接触的客观材料越多、知识越丰富，想象力就越强。因此，教师在教学过程中要引导学生努力扩大自己的知识面，储备更多的学习资源，以便更好地提升想象力。

（2）深入体验生活，不断积累感性材料　想象是对大脑中已有的形象进行加工和改造的心理过程。因此大脑中贮存的形象越多，形象思维越活跃，想象力就越强。感性材料的积累需要借助观察和各种体验。因此，在教学过程中，教师要引导学生在日常生活中多观察、多体会，留意生活，做生活的有心人。学生要学会思考日常生活中的点点滴滴的来龙去脉，从中积累更多的感性材料，以提升想象力。

（3）科学运用联想法　世界上的一切事物虽然形态不同、质量有别，但是任何客观事物都不是独立存在的，而是相互之间有着千丝万缕的联系。因此，在教学过程中，教师要引导学生在学习活动中充分利用不同事物之间的联系，由当前感知的事物联系到其他事物。比如，从"六月飞雪"想到"窦娥之冤"；由"幂函数"想到"指数函数"和"对数函数"；由英语中的"过去时"想到"现在进行时"和"将来时"等。

（4）多途径开发想象区，培养想象力　人的右脑在想象方面具有绝对优势。生理心理学研究表明，人的大脑有四个功能部位，即感受区、贮存区、判断区、想象区。大多普通人在日常生活中，经常动用的只有前三个区，想象区只被动用了 15% 左右。而科学家之所以具有丰富的想象力，就是因为他们大脑中的想象区经常处于一种积极的兴奋状态，因此他们善于想象构思，善于创造新形象。比起科学家，大多普通人对想象区潜力的挖掘远远不够。可见，充分开发大脑想象区对于提升学生的想象力具有着十分重要的意义。所以，学校教育不能单纯传授知识，还要注意开展各种有助于提升学生想象力的活动，不断提高学生的创新精神。学生自身在学习生活中也要注意自觉地加强想象力的训练，不断加强自身创新意识、创新思维、创新精神的培养。

【思考与练习】

1. 简述培养学生的注意力、观察力、记忆力、想象力的方法。

2. 注意的几大品质和注意分散有何不同？

3. 简述利用记忆规律有效地组织复习的方法。

4. 中小学生观察力的发展特点有哪些？

5.注意的规律有哪些？如何在教学过程中利用注意的规律？

6.知觉具有什么特性？

7.如何在教学过程中利用感知的规律？

8.感觉记忆、短时记忆、长时记忆分别具有哪些特点？

9.短时记忆向长时记忆转化的条件是什么？

10.影响遗忘的因素有哪些？

【真题再现】

认知发展

第三章　情绪情感发展

<<<<<<<<<<<<<<<<<<<<<<<<<<<<<<<<<<<<<<<<<<<<<<<<<<<<<<<<<<<<<<<<<<

📖 学习目标

◆ 正确理解情绪与情感的概念，并进一步了解情绪与情感的关系、种类、表现、功能、理论等。

◆ 从整体上把握中小学生情绪与情感的发展特点，帮助学生培养健康的情绪与情感，使学生认识到情绪与情感发展对人生发展的重要性。

笑一笑，是否真的会十年少？愁一愁，是否真的会白了头？爱屋及乌、恨屋及燕为哪般？在认识和改造客观世界的过程中，我们都有过开心与忧伤、喜爱与憎恨等各种体验，而这些不同的体验，似乎又跟不同的身体反应有着某种关系。或许我们也曾经思考过为什么会这样呢？这些体验到底是什么心理现象？这些现象的背后是否有着某种规律？我们能否控制这些现象等。从本质上来看，这些心理现象就是情绪与情感问题，这就是本章探讨的知识点。

// 第一节 //　情绪情感概述

人作为群居动物，在日常生活中总会表现出对事物的某种态度，会作出这样或那样的情绪情感反应。日常生活里的一些事物，有些会让人感到开心、难过，而有些会让人感到焦虑、恐惧等。这些心理表现就是情绪情感。

一、情绪情感的概念

(一)含义

情绪与情感是人对客观事物与自身的需要、愿望和观点之间(符合或者不符合)的关系的体验过程。人对于周围的事物、他人和自己的行为,常常抱着不同的态度,有着不同的体验。有些现象令人愉快,有些现象令人悲伤,而有些现象让人愤怒,还有一些现象则让人恐惧。在我们的日常生活里,情感无法离开情绪,情绪也无法离开情感,同时也影响着情感,情绪和情感常常是不可割裂的,因而在心理学上常常将情绪与情感统称为情绪情感。

情绪情感是一种主观体验,它是对现实的反映。但它所反映的并不是客观事物本身,而是一种关系。这种关系即具有一定需要的主体与客体之间的关系。在主客体的关系中,并非任何客观事物都能引起个体的情绪情感体验。比如,一般情况下,夏日里的蝉鸣不会让我们产生情绪情感体验,但是,当我们面对问题,需要冷静思考时,蝉鸣就会使我们感到厌烦;而若是相爱的那个人远行前曾经说过"等到蝉鸣,

图3-1:情绪情感产生机制

我便归来",那么对于那个等待的人儿而言,蝉鸣却能引起快乐幸福的情感体验。这说明人的需要是客体能否引起人的情绪情感体验的中介。凡是能满足人的需要或符合人的愿望、观点的客观事物,就会引起人开心、愉快等积极肯定的情绪情感体验;凡是不能满足人的需要或不符合人的愿望、观点的客观事物,就会引起人失望、难过等消极否定的情绪情感体验。但同一件事,却能够引起人的不同情绪情感体验,这是因为,在这一过程中,人的认知发挥着极大的影响作用。

(二)情绪情感与认知

1. 情绪情感与认知的联系

(1)认知是情绪情感的前提 情绪情感的产生建立在人们对客观事物的认识、评估之上,离开了对客观事物的认识这一前提,就不会产生任何的情绪情感。首先,只有被认知的事物才能引发情绪情感。比如,同样是面对噪声,大多听力正常的人会感到烦躁不安。但由于听觉障碍者并不能对其进行感知,因而也就不会引发其相应的情绪情感。所以"聋者不觉噪声之讨厌,盲者不知丽色之可喜"。其次,在不同条件下、不同时间里和不同情境中出现的同一事物,我们对其的认识、评价与判断也会有所不同,从而引起不同的情绪情感体验。比如,同样是看到老虎,若是在森林里看到,我们会惊慌失措、惊恐失色,而若是在动物园里看到,我们会觉得老虎有着王者气质、威风帅气。

(2)情绪情感影响认知 情绪情感总是会带上一定的色彩,使得其对认知活动有着不可忽视的影响作用。研究表明,积极的情绪情感是认知活动的动力。另外,伴随着不

同的情绪情感体验,人们对于事物的评价、看法也会不同,因而影响着认知过程。

2. 情绪情感与认知的区别

一方面,认知过程反映了客观事物本身的属性,而情绪情感过程则反映的是主客体之间的需求关系。一般而言,单纯对客观事物的认识并不会引发个体产生情绪情感,只有当客体和主体之间的需求存在一定的关系时,才能引发个体产生相应的情绪情感。比如,同样是考试没考好,都不及格,但是因为两个学生对于考试结果的期待不同,就会使得他们有着不同的反映:一个觉得无所谓,另一个则深感羞愧。在这一事例当中,"考试不及格"作为客体,它跟"两个态度不同的学生"主体之间的关系也就不同,因而引发的情绪情感也就不同。

另一方面,认知过程具有较强的随意性,可随意决定什么时候开始、什么时候停止,还能随意调节和控制。比如,人可以随意决定什么时候开始进行注意、感知、记忆和想象等活动,也可以随意决定什么时候停止这些活动,还能随时调整自己的注意、感知、记忆和想象的状态。而情绪情感过程只有通过认知过程这一中介作用,才能真正发挥作用。

(三)情绪与情感的关系

情绪与情感表示的是同一个心理现象,二者常常可以通用。在不同场合使用时,情感常常表示体验稳定的一面;情绪常常表示体验动态的一面。虽然在不同场合下情绪和情感所表达的内容有所不同,但这种区别是相对的。二者的具体关系如下。

1. 区别

(1)从发生的角度看,发生的先后顺序不同　情绪为人类和动物所共有,发生较早;而情感是人类所特有的,发生较晚,是个体发展到一定阶段才产生的。新生儿只有喜、怒、哀等情绪体验,情感体验需要经历一定的社会实践才能逐渐产生。

(2)从需要的角度看,赖以产生的需要不同　情绪和个体的生理性需要相联系,喜、怒、哀、惧等的产生建立在个体的生理状态上;而情感诸如因交往而产生的友谊感、按社会规范来行事而产生的道德感等都与人的高级社会性需要相联系。

(3)从表现形式看,表现倾向及稳定程度不同　情绪的发生受到一定情境的影响,发生得迅速、强烈而短暂,有明显的外部表现,具有情境性、冲动性和外显性;而人的情感很少受到外部环境的影响,发生缓慢,是经过多次情绪体验概括化的结果,往往不一定表现在外显行为上,具有较大的稳定性、深刻性、内隐性。

2. 联系

情绪与情感虽各有特点,但又相互联系、相互依存、不可分割。一般而言,情感建立在多次情绪体验的基础上,并通过情绪表现出来;反之,情绪的表现和变化受制于已形成的情感。情绪与情感是个体感情活动过程的两个不同侧面,二者在个体的生活中相互交融,难以严格区分。从某个角度来说,情绪是情感的外部表现,情感是情绪的本质内容。

二、情绪情感的维度与两极性

情绪情感的维度是指情绪情感所固有的某些特征,主要指情绪情感的动力性、激动性、强度和紧张度等方面。这些特征的变化幅度又具有两极性,每个特征都存在两种对立的状态。比如,肯定和否定、激动和平静、强和弱、紧张与轻松等。情绪情感的两极性具体表现在以下几个方面。

(一)从性质上看,情绪情感的两极性表现为肯定和否定的对立性质

当个人的需要得到满足时,会产生肯定的情绪情感,如开心、快乐、喜爱等;而当个人的需要得不到满足时,则产生否定的情绪情感,如焦虑、痛苦、悲愤等。肯定的情绪情感是积极的、增力的,能够提高人的活动能力;否定的情绪情感是消极的、减力的,会降低人的活动能力。客观事物之间的联系是极其复杂的,某一事物对人的意义也可以是多方面的。因此,构成肯定或否定两极的情绪情感并不是相互排斥的,两极对立的情绪情感可以在同一事物中同时出现。

(二)从激动性上看,情绪情感有激动与平静之分

激动的情绪情感,是强烈的、短暂的、爆发式的态度体验,如震怒、惊骇、悲怆等;与之相对立的一面,是相对平静的情绪情感。大多情况下,情绪情感是相对平静的,这是人们进行正常的生活、学习和工作的基本条件。

(三)从强度上看,情绪情感有强弱变化等级

从不安到激昂,从开心到狂热,从好感到痴迷等,在情绪情感中还存在着由弱到强的程度上的差异。比如,从好感到痴迷的发展过程为好感→喜欢→爱慕→爱恋→迷恋→痴迷;从不安到激昂的发展过程是不安→紧张→焦虑→激动→激昂。情绪情感的强度取决于引起情绪情感的事物对人的意义的大小,意义越大,引起的情绪情感也就越强烈。

(四)从紧张程度上看,情绪情感有紧张和轻松之别

情绪情感紧张和轻松的两极特点往往在活动中的最关键时刻表现出来。比如,遇到重大考试,考前学生往往会感到高度紧张,考试结束的时候,学生的紧张状态就会逐渐消失,随之而来的是轻松的情绪体验。情绪情感的紧张程度,既取决于当时情境的紧迫性,也取决于人的应变能力及心理准备状态。一般情况下,紧张状态将促进人的积极行为。但过分紧张的状态,也会让人感到不知所措,甚至无法正常行动。

三、情绪的种类

（一）情绪的原始形式

人的情绪多种多样，该如何划分？我国古籍《礼记》记载有"七情"（喜、怒、哀、惧、爱、恶欲)，亦有"六情"（喜、怒、哀、乐、爱、恶）、"五情"（喜、怒、哀、乐、怨）的说法。但近代关于情绪分类的研究，通常把它分为快乐（喜）、愤怒（怒）、悲哀（哀）、恐惧（惧）四种基本形式。

1. 快乐

快乐，即喜，是指期盼的目标顺利实现或需要得到满足时产生的情绪体验。比如，亲人相聚时的"喜悦"，学习获得好成绩时的"开心"，工作取得成就时的"欣慰"等，都是快乐的情绪。

引起快乐情绪的原因很多，愿望实现、和好友相聚、获得成就等都能让人感到快乐。快乐的程度取决于愿望的满足程度。一般而言，可以分为满意、愉快、欢乐、狂喜等。如果愿望或理想的实现具有意外性或突然性，快乐的程度将会得到加强。

2. 愤怒

愤怒，即怒，是指由于外界的干扰导致愿望的实现受到阻碍，无法顺利达成目的时产生的情绪体验。比如，周末补课会阻碍学生周末出游愿望的实现，因而容易让学生感到愤怒。

引起愤怒的原因很多，恶意的打击、遭遇不公、感情不顺等都会让人感到愤怒。愤怒是否产生，取决于人对干扰因素和事件与个人关系的认识程度。愤怒的程度取决于干扰和阻碍的程度、次数及愿望和目的对于个人意义的大小程度。根据程度的不同，可以将愤怒划分为不满意、生气、愤怒、狂怒等。

3. 悲哀

悲哀，即哀，是指心爱的对象失去或期待幻灭时产生的情绪体验。比如，失恋时的"灰心丧气"，失业时的"萎靡不振"等。

引起悲哀的原因也很多，至亲至爱的人离去、考场失意、心爱之物遗失等，都能让人感到悲哀。悲哀的程度取决于失去对象对于个人的意义。另外，主体的个性特点等也影响着个人的悲哀程度。根据程度不同，可以将悲哀划分为遗憾、失望、难过、悲伤、极度悲痛等。个体感到悲哀时，有时会伴随哭泣的行为，哭泣能让个体释放紧张情绪，从而使得心理压力得到缓解。悲哀程度很强的时候，个体甚至会出现焦虑、失眠等心理反应。

4. 恐惧

恐惧，即惧，是指个体企图摆脱、逃避某种情境而又苦于无力应对时产生的情绪体验。比如,一个害怕狗的人,在面对一条狗的追逐而无处可逃时就会感到恐惧。

引起恐惧的原因很多,比如,突发的巨响、无边的黑暗、陌生的空旷场景都可以引发恐惧体验。恐惧的程度取决于个体对于紧急情况的应对能力。

在传统研究中,人们认为喜是一种积极肯定的情绪体验,具有增力作用;而一般而言,怒、哀、惧是一种消极的情绪体验,对个体的学习、工作、身心健康具有消极的作用。但实际上,所谓积极或消极都是人为划分的类型。事实上,不论是喜还是怒、哀、惧,超过一定的程度都不利于个体的身心发展,因而应当将它们控制在适当的水平上。

(二)情绪状态

1. 心境

心境是个体微弱而持久的、使自己的内心体验和活动都受到感染的情绪状态。心境有三大特点:第一,发生缓和而微弱,以致有时让人甚至觉察不出它的发生。第二,持续时间较长。少则几天,长则数月。第三,具有非定向的弥散(弥漫)性。它使得人的心理蒙上一层相应的色彩,就好比蒙上了一层纱雾,从而影响了人对客观事物的认识和评价,也影响了人的行为举止。比如,"人逢喜事精神爽,闷上心来瞌睡多""感时花溅泪,恨别鸟惊心"就是心境的典型例子。

心境产生的原因多种多样。生活中的重大事件或比较有代表意义的事件,如健康状况的好坏、人际关系的亲疏、事业的成败等都在很大程度上影响着个体的心境。

心境有消极和积极之分。积极的心境能使个体愉快振奋,提高个体的工作与学习效率,激发个体的主动性与创造性;消极的心境则会让个体颓废悲观,降低个体的工作和学习效率,抑制个体的积极性。充分发挥主观能动性,正确认识和评价自身心境,利用心境的积极影响,消除心境的消极影响,能够促进个体健康积极地发展。

2. 激情

激情是一种强烈的、爆发式的、持续时间短暂的情绪体验。比如,肝胆欲裂、怒火中烧等。激情有四大特点:第一,爆发性和冲动性。激情一旦产生,个体就会完全受控于情绪,言行冲动和盲目,缺乏理智。第二,维持时间短暂。冲动劲一过、事过境迁,激情就随之弱化或消失。第三,明确的指向性。激情通常由特定对象引起。第四,明显的外部表现。激情状态下的个体往往有着明显的外部表现,比如,开心时"眉开眼笑",生气时"面红耳赤",难过时"垂头丧气",惊恐时"目瞪口呆"等。

激情一般由对个体具有重大意义的强烈刺激引起。从生理上看,激情是外界的超强刺激使大脑皮层对皮下中枢的抑制减弱甚至解除,从而使皮下的情绪中枢强烈兴奋的结果。情绪中枢强烈兴奋的结果使得激情状态下的个体自我意识降低,理解力和自制力显著下降,导致无法正确评价自身的行为意义及结果,对自身失去了约束力,因而很容易做出蠢事。庆幸的是,由于大脑皮层在强烈的情绪中仍能起主导作用,有的人在激情状态下仍然能够保持清醒、没有失去理智。对于在神经或生理上存在病态或不正常的人,在激烈的情绪下,则很可能会失去意识的控制,这是病理性的、不正常的情况。

可见,激情虽然会降低个体的自制力,但并非完全不能自制。正因如此,一个正常人不能以自己处于激情状态为借口,逃避责任。

激情也并非都是消极的,激情也有积极的一面。积极的激情总是与理智及意志相联系,因而对个体起到激励作用,成为巨大动力。因此,我们要正确看待激情,充分发挥激情的积极作用,促进自身积极健康发展。

3. 应激

应激是在突发的、出乎意料的危急情况下引起的高度紧张的情绪状态。应激状态下个体可能出现的两种表现:或者目瞪口呆,不知所措,陷于混乱之中;或者急中生智,沉着应对,脱离险境。

应激有积极的一面,也有消极的一面。应激的积极一面表现为:调动个体的特殊防御机制,使个体精力旺盛,思路清晰,动作敏捷,促使个体能够顺利克服困难。应激的消极一面表现为:应激状态下的个体可能会兴奋过度、注意狭隘,言语不顺、行为紊乱,严重影响正常生活。强大的意志力和行为经验是个体在应激条件下顺利摆脱困境的重要条件,责任感、思想觉悟和献身精神对个体有效地应对困境也有着重要作用。

3-2:挫折

应激很多时候有利于个体面对、解决突发状况,然而,当个体在活动中无法克服困难时,很容易就会形成挫折状态。

(三)情感的种类

1. 道德感

道德感是人们运用一定的道德标准评价自身或他人的行为时所产生的一种情感体验。比如,羞耻感、愧疚感、责任感等。

人们在社会交往的过程中,常常会依据一定的社会道德标准约束自己的行为,并总是会依此标准去评价自己和他人的意图和行为。由于每个人对道德标准的理解和掌握程度不同,就会出现不同的道德水平。比如,面对当街随地大小便的孩子,道德水平较高的人会认为这种行为是不文明的,会表现出羞耻感和愧疚感;而道德水平较低的人则会认为无所谓。

道德感受社会背景制约,在不同的社会背景下,道德标准有所不同。比如,爱国主义情感、国际主义情感、集体主义情感为当今社会所提倡,封建社会的道德伦理纲常已不再适合作为人们的行为法则。道德感虽然具有社会制约性,但是人类社会当中不乏共同的道德标准。比如,全世界都在宣传和倡导热爱自己的国家、承担社会义务、帮助老弱病残等;抵制一切吸毒、叛国等不良行为。

2. 理智感

理智感是人们认识和追求真理的需要是否得到满足时产生的一种情感体验。具体表现为:对新奇事物表现出的好奇心,取得成就时表现出的欣慰感,面对矛盾事物表现出的怀疑,对知识、真理表现出的热爱和追求,对获得成功表现出的自豪等。

理智感和个体认识活动的成就获得、需要的满足、对真理的追求及思维任务的解决相联系。人的认识活动越深刻,求知欲望越强烈,追求真理的兴趣越浓厚,人的理智感就越深厚。理智感产生于认识活动之中,是推动人们探索、追求真理的强大动力。

3. 美感

美感是人对客观事物美的特征的情感体验。它是人借助一定的审美观点对外界事物美的特征进行评价时所产生的一种情感体验。美感体验的两个特点:第一,对审美对象的感性面貌进行感知。如对颜色、线条、形状、音韵等这些信息进行感知,这是产生美感的基础。第二,对审美对象的感知与欣赏能引起情感的共鸣并给人以鼓舞和力量。

美感也受社会背景所制约。在不同的民族文化的影响下,每个人的审美标准都不一样,因而就会有不同的美感体验。

美感虽然具有民族性,受社会背景所制约,但对于全人类而言,美感还是具有共性的。比如,大自然的美景、蓝天白云、青山绿水,总是能让大多数人产生美感体验,感到赏心悦目。

3-3:热情

四、情绪的表现

(一)情绪的外部表现

情绪的发生往往伴随着某种可以观察到的外部行为变化,即外部表现,主要体现在以下几方面。

1. 面部表情

面部表情是指通过眼部、面部和口部肌肉来表现人的各种情绪状态。俗话说,眼睛是心灵的窗户,人可以借助眼神表达各种不同的情绪。比如,高兴时"眉开眼笑",悲伤时"两眼无光",气愤时"怒目而视",惊恐时"目瞪口呆"等。眼睛不仅能传情,还能交流思想、交流过程,那些不便言传、只能意会的内容,可以借助眼睛来传递。因而观察人的眼神,可以了解人的内心状态,推知人们对事物的态度。美国心理学家埃克曼(P. Ekman)研究发现,人的面部表情由7000多块肌肉控制,人借助这些肌肉的不同组合就能够表达不同的情绪,正因如此,人的面部表情才会显得很丰富。

2. 体态表情

体态表情也叫身段表情,是指主要依靠身体姿势和动作来表达各种情绪,人借以表达情绪的主要身体部位就是头、手和脚。比如,开心时人会"手舞足蹈",羞怯时人会"扭扭捏捏",恐惧时人会"手足无措",懊悔时人会"捶胸顿足"等。日常生活中,人的情绪总是会通过体态表情不经意地流露和表达出来,体态表情常常带有暗示性。

3. 言语表情

言语表情主要指借助语音、语调、语速等的变化来表达各种情绪。一般而言,婉转的语音表达愉快情绪,低沉的语调、缓慢的语速表达悲伤。用不同的语音、语调和语速表达同一句话,就会传递出不一样的情绪。

在情绪的外部表现中,面部表情在传递表情当中作用最明显,体态表情和言语表情一般作为辅助手段。

(二)情绪的内部表现

内部表现也叫生理表现。情绪是在大脑皮层的主导作用下,皮层和皮下中枢神经协同活动的结果。它们发生时除了产生独特的喜、怒、哀、惧等主观体验外,还伴随着一系列呼吸系统、循环系统、消化系统以及内、外腺分泌等的生理变化。比如,紧张时,人的肾上腺活动增强,肾上腺分泌增多,血糖增加,同时呼吸加快,心率加速,血压升高,皮肤电阻降低,唾液腺、消化腺和肠胃蠕动减少等;而高兴时,人的肾上腺活动正常,肾上腺分泌适当,呼吸适中,血管舒张,血压下降,皮肤电阻上升,唾液腺、消化腺和肠胃蠕动加强等。

人们充分利用了情绪的这种独特的生理特性,研发了测谎仪、生物反馈仪等。

五、情绪情感的功能

(一)适应功能

适应功能,是指情绪情感能够使个体针对不同的刺激事件产生灵活自如的适应性反应,并调节或保持个体与环境间的关系。比如,面对突如其来的险情,恐惧感会使人产生"应激反应",引起体内一系列生理机能的变化,从而逃避危险,使人更好地适应变化的环境;羞怯感使人不断调整自身行为,以符合社会准则的要求;内疚感使人更多地学会考虑他人感受,从而促进社会公平。每一种情绪情感都能让个人学会调节自身的行为,以便更好地去适应环境。情绪情感的适应功能有提高个体的社会适应能力的作用。

(二)组织功能

组织功能也可以理解为调节功能,是指情绪情感对个体的活动具有协调、促进或破坏、瓦解的作用。具体表现为:积极的情绪情感对活动具有协调、促进作用,消极的情绪情感对活动具有破坏、瓦解作用。20世纪80年代,我国心理学家孟昭兰以婴儿为被试者研究了情绪状态对智能操作的影响,结果发现,婴儿在快乐、感兴趣和无愤怒等正情绪状态下进行的智能活动的操作效率明显高于在痛苦、惧怕和愤怒等负情绪下的智能活动的操作效率。

(三)动力功能

动力功能也叫动机功能,是指情绪情感对人的行为活动具有增力作用,它能够驱使个体进行某种活动。比如,一个人在情绪高涨的状态下会全力以赴,克服困难,以实现自己的目标。情绪情感的动力功能和组织功能很多时候很容易让人混淆,二者的区别在于:动力功能影响的是活动的意愿,主要是在活动前起作用;而组织功能影响的是活动的效率,主要是在活动过程中起作用。

(四)信号功能

信号功能,是指个体借助情绪情感的表现方式表达自己的想法和意图。人的各种情绪情感无不具有特定的表情、动作、神态及语调,这些信息构成了表达人的内心世界的信号系统。个体可以借助这些信息的传递,让他人识别自己正在体验着的情绪状态,也可以借此向他人呈现自己的内心状态,从而使自己对事物的认识和态度具有鲜明的外显特征,更容易为他人所感知、接受。

(五)感染功能

感染功能,是指一个人的情绪情感能够对他人的情绪情感造成影响。人与人之间感情的沟通正是基于情绪情感可以相互传递和感受,因此才能"以情动情""以情感人""以情动人""以情育人"。

(六)迁移功能

迁移功能,是指一个人对某一对象的情感,会影响他对与之有关的其他对象的情感。一个人对某个人有感情,就可能对与其有关的一切也产生好感。俗语常言"爱屋及乌、恨屋及燕",这正是迁移功能的表现。

六、情绪情感与身心健康的关系

情绪情感与个体的身心健康密切相关。《内经》记载"喜伤心、怒伤肝、思伤脾、忧伤肺、恐伤肾",可见我国古人就知道情绪情感与身心健康有着不可忽视的关系。

事实上,现代医学也证明,许多疾病如溃疡、偏头痛、高血压、哮喘、月经失调等与情绪失调有关,有些人患癌也与心情长期压抑有关,80%的溃疡患者有情绪压抑病史,急躁者易患高血压、冠心病。究其原因,是因为情绪变化往往伴随着生理变化。比如,人在恐惧时,瞳孔变大、口渴、出汗、脸色发白等。在正常情况下,生理变化可以使身体各部分积极地动员起来,以适应外界环境变化的需要,具有积极作用;而过度的消极情绪,会抑制胃肠运动,影响消化机能。因此,情绪消极、低落或过于紧张的人,很容易受到各种疾病的困扰。心理学、医学和公众健康领域中,越来越多的研究都表明了积极情绪对健康的作用。"笑一笑,十年少;愁一愁,白了头",正体现了情绪情感与我们身心健康的关系。

3-4:情绪调节的方法

整体而言,传统的观点认为,积极的情绪情感有益于身心健康,消极的情绪情感对身心健康不利。但严格来说,情绪情感对身心发展的作用不是绝对的。情绪情感对身心健康的发展既有积极作用,也有消极作用。有效管理我们的情绪,充分发挥情绪情感的积极作用,才能促进我们的身心健康发展。

// 第二节 // 小学生情绪情感的发展及培养

一、小学生情绪情感的发展

(一)情感内容的丰富性不断提高

从步入校门开始,小学生的活动就变得日益复杂起来:要跟更多的小伙伴交往,要跟不同的老师打交道;要学习,要游戏,要劳动,还要参加各种各样的社会活动。复杂的社会活动使得小学生产生了各种各样的情绪情感体验,他们的情感内容也随之变得丰富起来。

(二)情感的深刻性不断增加

随着交往经验和知识经验的不断累积,小学生的社会性情感迅速发展起来。他们开始形成责任感、义务感、集体感等。同时,他们也渐渐产生了求知欲,对于学习的效果有了不一样的体验。除此之外,他们对人、对事、对物的评价标准也发生了明显的变化,不再像学龄前儿童那样,只根据表面现象来评价好与坏。他们开始渐渐懂得内在品质的重要性,把内在品质作为评价好坏的标准。

(三)情绪的可控性不断增强

自我意识的不断发展使得小学生随着年龄的增长越发明白,自己的不同情绪情感表现及表达方式将会产生不同的后果。他们很清楚,随意乱发脾气将会被身边的小伙伴们疏远,而那些不随便发脾气的人更受欢迎。自我意识的不断发展和交往经验的不断累积,让小学生渐渐学会了控制情绪,而这促进了他们情绪可控性的不断增强。

(四)情绪的稳定性不断发展

随着小学生情感深刻性的不断增加、情绪可控性的不断增强,他们的情绪稳定性也在不断发展。他们渐渐地不再像学龄前那样,容易受到外界环境和外在因素的影响,他们的情绪冲动性和易变性日益减少,情绪的稳定性日渐增强。

二、小学生健康情绪情感的培养

(一)将小学生的各种活动与其积极的情绪体验相结合

情绪情感体验与实践活动关联密切,活动结果与个体需要之间往往会存在多种关系,因而在活动过程中个体难免会产生各种情绪情感体验。小学生情绪情感发展的水平较低,缺乏可控性,更容易在活动过程中产生各种情绪。尤其在遭遇挫折时,他们往往容易被消极情绪控制。因此,在教育教学过程中,教师要抓住并创造机会让学生产生积极的情绪体验,增加他们的自信心,从而让他们能够以饱满的情绪面对学习,提升学习效率。

(二)加强对小学生高级情感的培养

1. 提高小学生明辨是非的认知能力,发展其道德感

认知水平和道德观念是决定小学生道德感发展的重要因素,因此,教师在教育教学过程中要注意引导学生明辨是与非、好与坏,让他们形成正确的道德观。学校方面要注意营造良好的校风、班风,为学生的发展提供良好的环境氛围。

2. 激发小学生的探索欲、求知欲,培养其理智感

求知欲的扩大和加深体现了小学生理智感的发展水平,激发小学生的探索欲、求知欲,有利于理智感的发展。在教育教学过程中,教师要善于设置各种问题,唤起小学生的好奇心,激发他们的探索欲和求知欲,鼓励他们在探索活动中排除干扰、克服困难,让他们能够在探索活动中获得成功体验,增强探索知识、追求真理的欲望,从而促进理智感的发展。

3. 借助各种教学和学生活动,发展其美感

健康的美感既有利于传播精神文明,反过来也有利于学生的积极成长。在教育教学过程中,教师要通过各种教学活动的组织,发展学生的美感。比如,可以通过音乐、绘画及舞蹈等教学活动,以及艺术创作、美化教室、参观、郊游等学生活动,培养小学生高雅的审美情趣,发展他们的美感。

(三)重视培养小学生控制和调节情绪的能力

1. 帮助小学生提高自我认识,学会自我欣赏与自我接纳

自我接纳是指个体对自身所持的一种积极态度。自我接纳是学生健康成长的前提,作为教师,要让学生明白:每个人都是独一无二的,每个人都有着自身的优缺点,人无完人。应当尊重自己的特性,学会扬长避短,不需要按照别人的意愿去强迫自己改变;不要苛求自己,允许自己犯错,允许自己不完美,并且学会用赏识和微笑的眼光看待自己。

2. 教育小学生严于律己、宽以待人，建立良好的同伴关系

教师要为学生营造宽松的环境和气氛，并教给他们有效的交友技巧。引导学生正确认识社会交往，为他们创设交往情境，让他们在创设的情境中学习和掌握交往的方法，并运用到实际生活当中。

3. 适时地教给小学生调控情绪的策略和手段

小学生的情绪情感发展水平较低，缺少自我控制能力。在教育教学过程中，教师要教给学生情绪调节和控制的方法，比如，向人倾诉、记日记、合理宣泄、转移注意力等，以便让他们能在遭受情绪困扰时通过有效的方法调节自己的情绪。

// 第三节 // 中学生情绪情感的发展及培养

一、中学生情绪情感的发展

（一）情绪发展特点

青春期作为人生的"第二次断乳期"，这一时期的个体，情绪体验跌宕起伏、波动剧烈，因而这一时期也被称为"危险期"。处于青春期的中学生，其情绪发展特点如下。

1. 情绪兴奋性高且易冲动，表现出爆发性和冲动性

自我意识的高涨，使得处于青春期的中学生对人、对事都比较敏感。经历相同的事件，成年人表现得气定神闲，而中学生则会反应激烈，他们的情绪常常一触即发。由于缺乏自控力，对中学生而言，情绪的爆发常常带有明显的冲动性。他们敢爱敢恨，爱憎分明。

2. 情绪具有不稳定性和两极性

由于情绪的不稳定性和两极性，中学生常常会因一时的成功而沾沾自喜，因一点挫折就灰心失望、垂头丧气，情绪很容易从这一极端到另一极端。他们对事物的看法比较片面，容易走进死胡同。他们很容易莫名其妙就情绪波动，给人感觉变化无常。

3. 情绪表现出心境化和持久性

情绪的爆发性和冲动性使得中学生的情绪一触即发，但与此同时，这种情绪并没有因为爆发猛烈而一带就过。相反，中学生的情绪还具有持久性，表现为两个方面：一是情绪反应延时。比如，中学生在经历某件事的时候，当场或许没有产生相应的情绪体验，过后才后知后觉地产生情绪体验。二是情绪反应过程延长/反应时间延长，指的是某一情绪体验持续的时间延长。比如，中学生的某一次考试获得优异成绩，能让他们持续很长时间感到快乐。事实上，不论是情绪反应的延时还是情绪反应过程的延长，中学生的情绪都表现出明显的心境化。所以，中学生很容易因为成功而使快乐情绪体验延长为积极心境,因为失败而使不快情绪体验延长为不良心境。

4. 情绪的外露性(开放性)和内隐性(掩饰性)并存

年龄的增长、认知范围的扩大、知识经验的积累以及自我意识的逐渐成熟,推动中学生情绪的自我认识、自我体验、自我监控的能力不断发展、日渐增强,他们逐渐学会控制自己的情绪表现和行为反应。一方面,他们对外界事物的看法喜形于色,情绪具有典型的外露性;另一方面,他们逐渐学会用理智控制自己的情绪反应,情绪的表露常常带有很大的内隐性,出现表里不一的现象(文饰现象)。比如,中学生会表现出明明内心很难过,但却面带微笑;明明很得意却装作若无其事。文饰现象使得中学生的情绪变得复杂化,令人难以捉摸。

社会意识和自我意识的发展使得中学生情绪的外露性和内隐性并存,这看起来似乎是矛盾而不可思议的,其实这恰恰是个体从儿童向成人过渡过程中,情绪由不成熟向成熟发展的表现。一方面,他们很注意特定社会情境中情绪表达的适当性,以维护形象;另一方面,他们借助自我控制的能力,调节强烈的情绪反应。

(二)情感发展特点

自我意识的逐渐成熟不仅使得处于青春期的中学生对情绪的自我认识、自我体验、自我监控的能力逐渐增强,也使得这一时期的中学生的情感表现出与其他时期不一样的特点。

1. 自尊感强烈、敏感而易波动

(1)自尊感强烈　中学生的自尊感位于其他一切情感之上,当自尊感与其他情感发生冲突时,他们可以为了维护自尊感而毫不犹豫地牺牲其他情感。

(2)自尊感过分敏感　一件小事就能让中学生耿耿于怀,为了所谓的自尊,他们常常会不惜武力应对。

(3)自尊感极易波动　中学生遇到顺境则优越感倍增,遭遇逆境又一蹶不振。在日常生活中,他们会因某一次考试成功、受到了表扬等,而骄傲自大;也会因学业一时落后、受到了批评而顿感自卑、悲观消极。

2. 社会性情感得到长足发展

进入中学阶段后,随着个体社会性发展和教育影响的积累作用,学生的道德感、理智感和美感这些高级情感得到了长足发展,达到较高水平。当然,在道德感的各个方面,不同的个体发展水平也不尽相同。

二、中学生健康情绪情感的培养

(一)树立正确人生观,确立远大志向

人生观不仅影响个体的行为,也影响和支配着个体情绪情感的发展。在教育教学

过程中,教师要加强学生的思想品德修养,鼓励他们树立正确的人生观、确立远大的志向,立志为崇高理想奋斗,关注那些与社会意义有关的大事,为伟大事业孜孜以求,从而形成豁达大度、积极向上的情绪情感。

(二)组织各种活动,丰富人生阅历

情感深刻性的提高,有助于学生情绪情感的控制能力提升。情感深刻性的提高依赖于个体的认识水平和社会经验的发展,实践活动是发展个体认识水平和社会经验的有效途径。因此,教师在教育教学过程中要组织和鼓励学生积极参加各种社会活动,引导学生深入体验生活,了解自己对社会的责任和义务,让他们形成对人、对事的正确态度,以促进他们的情绪情感不断加深和发展。

(三)进行相关知识学习,掌握控制和调节情绪情感的方法

1. 努力从学习和个人成长中获得满足,增加愉快的情绪体验

在人生的追求中,成功的概率相对来说总是低于失败的概率,所以每个人在一生中难免都会尝到甜、酸、苦、辣等各种滋味,因而我们要学会平淡看待每一次成败。与此同时,要学会给生活增添情趣,为自己创造更多愉快情绪的体验机会。比如,按照自己的意愿布置自己的住所,通过美化环境给自己带来愉快体验;根据自己的兴趣爱好和能力,参加各种适合自己的体育、文娱、创作等课余活动,借助各种活动陶冶性情,给自己带来积极体验。

2. 培养幽默感,养成积极的人生态度

幽默感是生活的一剂良方,具有幽默感的人善于化解烦恼、摆脱烦恼,从而产生愉悦体验。幽默感强的人,他们的情绪情感往往具有很强的感染性,能够轻松带动周围人的情绪,表现出特别的魅力和风度。幽默感来自乐观、积极的人生态度,所以,我们应当让自己变得积极乐观起来,而不能总是悲观消极。

3. 理智引导,让情绪得到适当释放

(1)情感升华 俗话说"化悲痛为力量",面对悲伤和痛苦,在教育过程中,教师要引导学生学会将悲痛化为动力,积极投身到有意义的各种活动当中,用全部的精力和心血去换取显著的成就。《少年维特的烦恼》正是歌德遭遇了失恋的悲痛,为了走出消沉困境,而将满腔的热情倾注于文学创作最终收获的成果。化悲痛为力量,既能让我们获得成功,又能让我们减轻和消除消极情绪,是缓解悲伤和痛苦的一剂良药。

(2)自我暗示 自我暗示对个体的行为能产生巨大的力量,积极的自我暗示能让个体提升自信心,从而不再畏惧困难和挫折。在教育过程中,教师要教会学生面对消极情绪的困扰,可以通过积极的自我暗示来调节自己的情绪。比如,借助言语暗示自己"闹情绪无济于事,要静下心来想对策""没事,有情绪也不是什么大事,人之常情,会好起来的"等,给予自己安慰和鼓励。通过积极自我暗示,提升应对困难和挫折的信心。

(3)寻求周围人的帮助 每个人的抗挫能力、承受能力以及调节能力都不同,有时

单独凭借个人的力量并不足以对抗困难和挫折,要学会借助他人的力量,增强抵抗困难的能力。向他人倾诉是最简单而有效的求助方式,当我们无法承受压力的时候,可以及时向身边的人求助,寻找适合的倾听者,将不良情绪及时、合理地发泄出来。倾诉不仅能及时宣泄情绪,还有可能让我们得到开导以及获得更多解决问题的有效方法。

（4）自我宣泄　情绪乃人之常情,闹情绪并不是可怕的事。受到情绪困扰时,我们要学会自我宣泄,不要长时间压抑在心里。可以通过合理的方式直接宣泄情绪,比如,悲伤时放声大哭,憋屈时大声呐喊,愤怒时猛击沙袋、枕头,或者来一场酣畅淋漓的运动,踢球、跑步、骑车、游泳等。但宣泄情绪时应注意时机、场合和方式要适当,以不伤害自己、不影响他人为前提。

（5）环境调节　环境对人的情绪有着极其重要的调节作用,宁静温馨的环境使人心情平静,而繁乱嘈杂的环境却使人心烦意乱。因此,改变环境能够有效调节不良情绪。大自然有着很好的治愈能力,心情压抑时,多到户外走走,蓝天白云、清新的空气、美丽的山川、清幽的森林都能让人心旷神怡、精神振奋,从而忘记烦恼,让精神得以放松。

【思考与练习】

1. 请简要说明情绪与情感二者的区别与联系。
2. 请简要说明情绪情感与认知之间的关系。
3. 情绪情感的两极性指的是什么？
4. 请简要说明中小学生情绪情感的特点。
5. 简述培养中小学生良好情绪情感的方法。
6. 请简述各情绪情感理论的基本观点。

【真题再现】

情绪情感发展

第四章　意志过程

<<<<<<<<<<<<<<<<<<<<<<<<<<<<<<<<<<<<<<<<<<<<<<<<<<<<<<<<<<<<<

学习目标

◆ 对意志的含义、意志行动的特征、意志的过程及意志的品质形成清晰的认识。

◆ 了解中小学生意志发展的特点,并在此基础上,掌握对中小学生进行意志教育的基本方法。

"世上无难事,只怕有心人",这句俗语说明了"决心"对于"成事"的重要性。这个"决心"在心理学研究中则是指一个人的意志。那么,意志在人的成长、成事、成才过程中到底有什么样的作用呢? 本章我们就一起来学习意志的相关知识。

//第一节//　意志概述

如第二章中所述,意识聚焦就产生了注意这个第一产物,而当意识发挥能动作用,就产生了意志。简言之,意志是意识的能动性的体现。在一切心理过程当中,认知过程的感知和思维是外部刺激经由意识内化(成为内部信息)的过程,而意志过程与之相反,是内部信息经由意识外化(成为外部刺激)的过程。意志往往支配着个体的行为,但并非所有行为都是意志行动。

一、意志的含义及其行动特征

(一)意志的含义

意志是指人为了一定的目的,自觉地组织自己的行为,并与克服困难相联系的心理过程。在意志力的支配下,人为了实现目标,就会想方设法调节自己的行为,使得自己的行为能够利于目标的达成。人对客观世界的反映常常是积极能动的,表现为两个方面:一方面,接受内外刺激的作用,产生一定的情绪情感;另一方面,在认知和情绪情感的作用下,采取一定的行动反作用于客观世界。这一行动的过程往往不是漫无目的的,相反,人在行动之前会先确定行动的目的,并以此支配自己的行为,在后续的行动中还能不断调节和控制自己的行为,以达成目标。意志对行动的调节和控制表现在发动和制止两个方面,由意志支配的行动称为意志行动。

图 4-1:意志之义

(二)意志行动的特征

1.意志行动是自觉确立目的的行动

自觉地确定目的是人的意志的首要特征。不同于动物无法意识到自身行为的目的和后果,人在活动之前就能明确自己的行动目的,并以观念的形式存在于大脑之中,同时,还能借以调节、支配自己的行为。行动目的明确,是意志行为得以存在的前提。意志行动的目的越明显、越高尚、越远大,意志水平就越高,行为的盲目性和冲动性也就越小。

2.意志行动以随意运动为基础

人的行动都由动作组成,动作分为不随意动作和随意动作。不随意动作是指诸如眨眼、吞咽、咳嗽等这种不受意识支配、不由自主的运动。随意动作是指受人的意志调节和控制、具有一定目的性的运动,它建立在不随意动作的基础上,通过有目的的练习而形成。随意动作是意志行动的必要条件。

3.意志行动是与克服困难相联系的行动

意志的核心价值就在于克服困难。意志是为了达成目标而自觉组织自身行为,以便克服困难的过程。没有困难,也就不需克服,不需克服困难的行动也就谈不上意志行动。一个人意志的强弱体现在需克服的困难的难易程度上,克服的困难越大,意志就越坚强;反之,意志就越薄弱。因此,衡量意志强弱的指标之一就是人在活动中克服困难的程度。

二、意志与认知、情绪情感的关系

(一)意志与认知的关系

1.意志的产生以认知活动为基础

目的性是意志的特征之一,离开目的性谈意志毫无意义。目的性体现在认知活动过程中,人的认知过程往往反映着客观世界与自身行为的关系,而这就决定了意志行动存在与否。人的认知越丰富、越深刻,就越能清晰地反映客观世界与自身的关系,也就越能形成明确的行动目标,从而克服困难的决心、力量就越强,意志也就越坚决。

2. 意志过程可以调控人的认知活动

意志可以调控人的认知活动,是认知活动的强有力支持。意志坚定的人,能更好地坚持自己的主见,独立地认识客观世界,而不会因为受到外界影响就放弃或改变对世界的认识。坚持主见,能让一个人的行动目的更加清晰而明确,因此能够推动认知活动更加深入和持久。

(二)意志与情绪情感的关系

1. 情绪情感对于意志,既是动力也是阻力

意志与情绪情感密切相关。情绪情感既可以成为意志行动的动力,也可以成为意志行动的阻力。当某种情绪情感对人的活动起推动和维持作用时,这种积极的情绪情感就会成为意志行动的动力;当某种情绪情感对人的活动起阻碍或削弱作用时,这种消极的情绪情感就会成为意志行动的阻力。

2. 意志对情绪情感有调控作用

意志对情绪情感具有调节和控制作用。意志作用使得积极的情绪情感得以持久巩固和发展,而消极的情绪情感也可以依靠意志来克服和控制,并用积极的情绪情感取代它。意志坚强的人,可以借助理智克服和消除情绪情感的消极影响,发挥情绪情感的积极作用,而意志薄弱的人则会屈从于消极的情绪情感。

三、意志品质

作为心理过程的重要组成部分,意志品质对于个体发展的意义不言而喻。然而,关于意志品质,不同的学者有着不同的观点。有些学者将意志品质分为独立性、果断性、坚定性和自制性;有些学者分为自觉性、果断性、坚定性和自制性。为了更全面地论述意志品质这一知识点,本教材在论述上将意志品质分为自觉性和独立性、果断性、自制性以及坚持性。

(一)意志的自觉性和独立性

意志的自觉性是指一个人充分地(深刻地)认识/觉察行动的目的和意义,尤其是认识到行动的社会意义,从而能够随时(自觉)控制自己的行动,使之符合正确的方向的心理品质。自觉性是意志的首要品质,贯穿于意志行动的始终。自觉性强的人,能够广泛地听取他人的意见并进行取舍,吸收有益的成分,主动地确立合乎实际的目标,自觉克服困难,执行决定,自觉反思和评价行动过程及结果。与意志的自觉性相反的品质是武断性(乱自觉)和易受暗示性(不自觉):武断性是指不根据实际情况,只凭主观做事(从"环境"的角度考虑,做事考虑不周全);易受暗示性是指很容易受到他人的影响,容易从众随大流、朝三暮四、动摇不定。

意志的独立性是指一个人有自己的认识和信念，不会随大众的压力"人云亦云"，也就是个人的意志不易受他人的影响，有较强的作出重要决定并执行这些决定的能力。意志的独立性反映了意志的行为价值的内在稳定性。意志独立的人，遇事有主见，善于按照自己的想法确定行为目的，并找出达到目的的手段，不易受他人观点的影响。与意志的独立性相反的品质是独断性（乱独立）和易受暗示性（不独立）。独断性是指个体盲目自信，对自己的决定深信不疑，一概拒绝他人的意见和建议，一意孤行、固执己见做自己想做的（从"人"的角度考虑，认为自己高人一等）。

如前所述不难发现，无论是自觉性还是独立性，都强调个体在能接受外界的有益建议的同时也有着自己的想法和见解。所不同的是：自觉性强调个体对行为的目的和意义有充分和深刻的认识，独立性强调个体自身的认知和信念。而与意志的自觉性和独立性相反的品质，实际上是，因为对活动和事物认识不深刻，缺乏清楚的意识，或因为自身的认知和信念不合理，而导致分不清是非曲直，没有真正意识到自己行动的正确性，不能自觉地依据目的有效支配自己的行动，最终选择遵循盲目的倾向，因而表现出盲目性。总的来说，自觉性和独立性很多时候并没有清晰的划分标准，所以在一些教材当中时常把二者等同看待。

（二）意志的果断性

意志的果断性是指一个人善于迅速地辨明是非，并能及时合理、坚决地作出决定和执行决定。果断性强调的是速度，以自觉性和独立性为前提。果断性强的人，当需要立即行动时，能迅速地作出决策，使意志行动顺利进行；而当情况发生新的变化，需要改变行动时，能够随机应变，毫不犹豫地作出新的决定，以便更加有效地执行决定，完成意志行动。比如，司马光看到小伙伴掉到缸里时当机立断、毫不犹豫地搬起石头砸缸。

与果断性相反的意志品质是优柔寡断（不果断）和鲁莽草率（乱果断）。优柔寡断的人遇事犹豫不决，患得患失，顾虑重重，在认识上分不清轻重缓急，思想斗争时间过长，即使执行决定也是三心二意。鲁莽草率的人则相反，在没有辨明是非之前，不负责任地作出决断，凭一时冲动，不考虑主、客观条件和行动的后果。

（三）意志的自制性

意志的自制性也叫自制力，是指善于控制和支配自我的能力，表现为一个人善于控制自己的情感和言行，能够根据自己的原则指挥自己、控制自己。意志的自制性本质上反映的是个体抗干扰的能力。自制性强的人，在意志行动中，不受无关因素的干扰，能控制自己的情绪，制止自身不利于达到目的的行为，坚持完成意志行动。意志的自制性，基于自身原则而行动，因此，行动过程强调的是克服主观上的困难（偏向于内部的干扰因素）。比如，拾金不昧体现出的是道德感很强的人，面对金钱的诱惑，选择制止（与自身道德感不符的、主观上的）贪念，上交捡来的钱。

与自制性相反的意志品质是任性（不自制）和怯懦（过分自制/自制到委曲求全）。

任性的人自我约束力差,不能有效调节自己的言论和行动,不能控制自己的情绪,行为
常常为情绪所支配;怯懦的人胆小怕事,过分控制自己导致自己畏首畏尾,不敢行动,遇
到困难或情况突变时往往惊慌失措。

(四)意志的坚持性

意志的坚持性也叫坚定性、坚韧性、顽强性,是指一个人长时间地相信自己的决定
的合理性,并坚持不懈、百折不挠地克服困难和障碍,为完成既定目的而努力。坚持
性是最能体现人的意志的一种品质,是意志品质的综合表现。坚持性强的人能根据
目的和要求,在长时间内毫不松懈地保持身心的紧张状态,在任何情况下,都坚持不
变,直至达到目的。在遇到困难时,意志的坚持性能激励人们树立克服困难的信心,
始终如一地完成意志行动。坚持性更多地强调个体的意志在时间维度上的体现,因
此行动过程强调的是客观上的困难(偏向于外在的干扰因素)。"锲而不舍,金石可
镂""绳锯木断""水滴石穿",正是意志坚持性的表现,都在于强调长时间坚持,面对的
都是客观困难。

与坚持性相反的意志品质是顽固执拗(乱坚定)和动摇性/见异思迁(不坚定)。顽
固执拗的人对自己的行动不作理性评价,执迷不悟,或者明知不可为而为之,所谓"不撞
南墙不回头";见异思迁的人则是行为缺乏坚定性,容易发生动摇,随意更改目标和行动
方向,"这山望着那山高""三天打鱼两天晒网",庸庸碌碌,终生无为。

回过头认真分析意志的几大品质很容易发现它们之间的联系与区别:意志的自觉
性/独立性和果断性都是从作决定上来说的,意志的自制性和坚持性都是从执行决定上
来说的(都说的是执行决定的时候是否能做到从一而终);自觉性/独立性与果断性的区
分在于自觉性/独立性侧重在自觉主动,果断性侧重在速度快慢的问题;自制性和坚持
性的区分在于自制性侧重在制止与自身原则不符的行为(克服主观困难),坚持性侧重
在长时间坚持目标(克服客观困难)。实际上,意志的几大品质之间是相互联系的,它们
之间并没有鲜明的界限,如表4-1所示。因此,判断一个人的意志力水平时应当综合来
看待。

表4-1 意志品质

意志品质	基本内涵	相反品质	联系	区别
自觉性和独立性	有自己的认识,自主行动	易受暗示性(盲从,缺乏主见) 武断性(凭主观做事) 独断性(一意孤行,固执己见)	都是从做决定上来说	侧重在自觉主动
果断性	迅速辨明是非,及时合理地采取决定	优柔寡断(犹豫不决,患得患失) 鲁莽草率(不负责任地作出决断)		侧重在速度快慢

意志品质	基本内涵	相反品质	联系	区别
自制性	善于根据自己的原则控制自己	任性(自我约束力差) 怯懦(畏首畏尾,不敢行动)	都是从执行决定上来说	强调制止与自身原则不符的行为,强调主观困难
坚持性	坚持不懈、百折不挠,完成既定目的	顽固执拗(执迷不悟) 动摇性/见异思迁(随意更改目标和行动方向)		强调长时间坚持目标,强调客观困难

四、意志过程

意志过程是指意志对行为的积极、能动的调节过程。意志行动过程分为两个阶段：采取决定阶段,包括动机斗争和确定行动的目的;执行决定阶段,包括行动方法、策略的选择和克服困难实现所做出的决定。

(一)采取决定阶段

采取决定是意志行动的初始阶段,它决定意志行动的方向及动因。具体过程如下。

1. 动机冲突

动机是引发意志行动的主要因素,它是激起或抑制个体行动的愿望和意图,是引起个体行动的内部原因和推动力量。当动机之间相互矛盾时,个体就要权衡各种动机的轻重,评价其社会价值及作出决策。这一过程就是动机冲突,也称动机斗争。

(1)从内容上划分　从内容上看,动机冲突可分为原则性动机冲突和非原则性动机冲突。

原则性动机冲突指的是涉及个人愿望与社会道德准则相矛盾的动机冲突。比如,当国家、集体利益与个人利益冲突时,个人该如何抉择。这一过程就体现了原则性动机冲突。非原则性动机冲突指的是不与社会准则相矛盾,单纯属于个人兴趣、爱好和习惯等方面的动机冲突。比如,明天就要考试了,但是自己一直追的剧今晚要大结局,到底要不要追剧。这一纠结的过程体现的是非原则性动机冲突。

(2)从形式上划分　从形式上看,动机冲突可分为双趋冲突、双避冲突、趋避冲突和多重趋避冲突。

①双趋冲突。双趋冲突又称为接近-接近型冲突,当两个或两个以上的目标同时吸引人们,但只能选择其一时就会出现这种冲突。孟子曰:"鱼,我所欲也;熊掌,亦我所欲也;二者不可得兼,舍鱼而取熊掌者也。生,我所欲也;义,亦我所欲也;二者不可得兼,舍生而取义者也。"比如,毕业班的学生找工作时常常会面临这样的选择:同时被两家单

位录用,且两家都是自己很想去的单位,但是只能选择一家。怎么选,这就成了问题。这一过程,学生经历的就是双趋冲突。

②双避冲突。双避冲突又称为回避-回避型冲突,当两个或两个以上的目标都是人们力图回避的事物,而又只能回避其中一个时就会出现这种冲突。比如"牙痛和拔牙"的问题,拔也痛,不拔也痛,显然,此时"牙痛"和"拔牙"都让人力图回避,但又不得不选择其一,到底拔还是不拔,这是个问题。

③趋避冲突。趋避冲突又称为接近-回避型冲突,当同一物体对人既有吸引力又具有排斥力时就会出现这种冲突。比如应考期间复习很累了,想休息,但是又没复习完,所以又不敢休息,就产生了这种冲突。这种"又爱又恨"的感觉,在人的心理上引起的矛盾冲突往往后果最严重,它会让人长时间处在对立的冲突中,难以自拔。

④多重趋避冲突。多重趋避冲突又称为多重接近-回避型冲突,当一个人面对两个或两个以上的目标,而每个目标都具有吸引和排斥两方面的作用时,就会出现这种冲突。应对这种冲突,就不再是选择某一目标、回避另一目标那么简单了。为缓解冲突,个体往往需要进行多重考虑,才能作出最后抉择。冲突的程度取决于多个目标之间吸引力和排斥力的差距,二者差距越大,解决冲突就越简单;二者差距越小,解决冲突就越困难。

2. 行动目的的确定

通过动机冲突,心理矛盾解决后,行动往往由优势动机决定,行动的目的也就确定下来了。但行动的目的是有层次的,远大的目标需要分成一个个小目标来依次实现。

3. 行动方法的选择

行动的目的确定后,接下来就要为实现目的选择合适的方法了。实现目的的方法必然不会只有一个,因而就得借助思维操作,选择最有效、最经济、最优化的方法。

4. 行动计划的制订

采取决定阶段的最后一步就是,根据确定的目的和选择的方法制定行动计划,以便按计划行动,顺利实现行动目的。接下来,就进入下一环节——执行决定的阶段。

行动方法的选择和计划的制订,需满足两个要求:第一,实现预定目的的行为设计合理;第二,选用的方法合适,且符合客观事物的规律和社会准则及要求。

(二)执行决定阶段

行动计划确定后,接下来就要采取行动,把计划变成客观现实。在执行决定的过程中不可避免会遇到各种困难,积极的意志努力是克服内心冲突和外界干扰的有效因素。意志努力在执行决定的过程中主要体现在六个方面:一是,在作决策的过程中必须承受巨大的体力和智力的压力;二是,必须克服原有经验及内心冲突对执行过程的干扰;三是,在新状况、新问题与预定目的、计划及方法等发生冲突时必

■ 4-2:意志行动中的期望和抱负水平

须果断决策；四是，遇到不可预料的外部突发状况时要咬牙坚持；五是，克服个性品质和个人情绪对执行活动的影响；六是，执行活动中要善于结合实际情况作出调整。

在执行决定阶段，个体的意志行动过程常常会受到多种因素的影响，尤其是个体的期望和抱负水平，在很大程度上影响着意志行动的执行力度和效果。

// 第二节 // 小学生意志发展及意志力培养

一、小学生意志发展

（一）小学生意志力发展的基本特点

1. 意志由简单发展到复杂，由软弱发展到坚强

小学生的意志由简单逐步发展到复杂，由软弱发展到坚强。小学生意志的简单与软弱主要体现在三个方面：一是愿望的不稳定，生活经验的欠缺、认知水平的不足等因素使得小学生的愿望常常发生改变，缺少稳定性；二是情绪行为易冲动，缺乏自制性；三是易受暗示，容易跟风模仿。

随着年龄的增长，在家长和教师的教育影响下，儿童意志的各种品质都得到了一定的发展。

2. 意志调节作用的控制源发生变化，由外部控制为主转向由内部控制为主

小学低年级学生意志调节的控制源以外部控制为主，他们的行为动机和目的往往由家长、教师等人提出，还不能自觉、独立地确定行为动机和目的。随着年龄的增长，到了小学中年级，学生意志调节的控制源开始由外部转向内部。小学中年级的学生已经具备自觉、主动约束自身行为的能力，他们开始能够独立地为自己确定行为动机和目的。到了小学高年级阶段，有些学生已经具有自我规划的能力。

（二）小学生意志品质发展的特点

1. 自觉性较差，做事盲目跟风

小学生的自觉性较差。他们不善于自觉、独立地确定行动动机和目的，行动的动机和目的受外界影响较大，看到别人做什么，感觉有趣，自己也就跟着去做，盲目跟风。所以小学生当中经常会发生做什么都一窝蜂的现象。

2. 独立性发展迟缓，易受暗示

小学生的独立性发展比较迟缓，他们往往需要依赖成人的帮忙才能明白活动要求。他们往往容易被他人的意见所左右，不相信自己行为的正确性，因而不敢坚持自己行动

的方向和结果,缺乏主见。小学生意志的受暗示性较为明显,低年级时尤为突出,三年级以后意志的受暗示性才逐渐变弱。到六年级时,他们开始想要独立,渴望摆脱成人的控制。整体而言,整个小学阶段,小学生意志的独立性持续发展。

3.果断性不成熟,缺乏稳定性,但随年龄增长而发展

小学生的果断性还不成熟,缺乏稳定性。他们不善于全面、仔细地分析问题,也不善于通过理智思考来决定自己的行为,常常未经深思熟虑就作出决定,显得冲动和情绪化,表现得比较鲁莽和轻率。随着年龄的增长、年级的升高,小学生的果断性才得以发展起来。

4.自制性发展较快,随年级升高而逐步发展

小学生的自制性随年级升高而逐步发展,1～3年级迅速发展,3～4年级平稳发展,4～5年级迅速发展,5～6年级再度平稳发展。随着小学生自制性的逐步发展,他们抵制内外诱因干扰的能力逐渐增强,内外诱因干扰对他们的影响逐渐减弱。

5.坚持性发展较好,随年级升高而迅速发展

小学生的坚持性发展较好,一年级学生已经表现出一定的坚持性。但由于小学低年级阶段的学生,无意注意占主导、有意注意发展较晚、情绪缺乏稳定性,导致他们自制性较弱,一旦遇到困难和挫折就轻易放弃,意志行动缺乏坚持性。到了中高年级,小学生开始学会有意识地抵抗无关因素的干扰,能够长时间地专注于活动本身,表现出一定的坚持性。整个小学阶段,学生的坚持性发展趋势表现为:1～3年级发展最为迅速,3～5年级发展较为缓慢,5年级以后再次迅速发展。总的来说,小学生意志的坚持性随着年级的升高而迅速发展。

二、小学生意志力培养

(一)开展理想教育,提高小学生行动的自觉性

初入学的小学生由于对规则的意义并不了解,再加上意志水平较低,他们的行为常常显得毫无章法、太过随意,学习目的不明确、行动缺乏自主性。行为目标的缺乏导致小学生如无头苍蝇,行动没有方向,因此,在教育教学过程中,教师可以开展理想教育,引导学生树立理想,用以指导自己的学习和生活,让他们学会为了实现自己的理想而自觉地制定明确的学习计划,从而提高他们行动的自觉性。将大道理融入学生的学习活动当中,让学生明白各种学习活动的意义,从而自觉主动地去完成每一种学习活动。比如,将学生最基本的学习任务,如按时上课、专心听讲、不迟到、不早退、独立完成作业等,与学生的理想联系起来,通过这样的方式,让学生学会确立行动目标,增强自身行动的自觉性。

(二)加强养成教育,培养小学生的自制力

生活环境和教育状况影响着个体的习惯养成和个性形成,在进入小学之前,小学生不同的行为习惯和个性特征就已经形成了。入学前形成的不良生活习惯和个性特征大大影响了他们的校园生活质量。比如,初入校园,小学生对学校生活还感到比较陌生,他们还习惯按照以往的生活模式来应对学校生活,不懂得控制和支配自己的行为,也无法理解学校的规章制度和课堂纪律。面对基本的生活要求,他们甚至都感到生疏,尤其当学校的要求与他们以往懂得的生活经验有所不同时,他们会感到很不习惯,甚至难以适应,表现出一定的适应困难。为了让初入学的小学生能尽快融入校园生活,加强养成教育显得迫切而必要。在教育教学过程中,教师要结合学校的规章制度,灵活地对不同的小学生提出不同的要求。比如,大到要求他们遵守学校纪律、团结友爱、讲文明、有礼貌、讲究卫生、爱护公物等,小到课前要准备好学习用具、上课要专心听讲、不做小动作、发言要先举手等。在自觉遵守学习和生活纪律的过程中,小学生自制的能力也就得到了锻炼。

(三)进行挫折教育,培养小学生的抗挫力

在生活和学习中,学生不可避免会遭遇诸如跟同学闹别扭、考试成绩不理想等挫折,由于知识经验欠缺、自我意识水平低下,小学生往往不能正视日常生活中的挫折。他们缺乏分析挫折产生的原因的能力,不能正确归因,因此常常影响他们的后续行为。整体来看,小学生的抗挫力较弱。因此,在教育教学过程中,教师要引导学生正确分析挫折产生的原因,教给他们有效应对挫折的方法,鼓励他们勇敢面对挫折,同时培养他们调节和控制自身心理和行为的能力。

(四)创设困难情境,锻炼小学生的意志力

良好的意志只有通过真正的实践活动才能体现出来,反过来,实践活动也可以促进良好意志品质的形成。因此,教师在教育教学过程中要善于结合各种实践活动锻炼学生的意志力。比如,教师要向学生提出具有一定难度,但又是他们力所能及的任务;当学生在行动过程中遇到困难时,教师要给予他们鼓励和必要的指导,但不能代替他们去解决问题。

// 第三节 // 中学生意志发展及意志力培养

一、中学生意志发展

(一)自觉性有所提高,但还有一定的"跟风"现象

由于认识能力的局限性,中学生的自觉性和幼稚性仍处在错综矛盾的状态中。但

是由于他们对客观事物的认知能力比起小学时期已经大大提升,他们的自我调节能力得到了很大提高。中学时期的学生能在一定程度上自觉确立目标、制定计划,并支配和调节自己的行为,他们能够把个人目的和社会价值联系起来,使个人目的自觉地服从于社会利益。中学生的自觉性随着年龄的增长而发展,不同年级的个体表现出不同的特点。初中阶段的学生,自觉性还缺乏一定的稳定性,在行动上还或多或少受到外界影响,在某种程度上还存在"跟风"现象。但是跟小学阶段相比,他们显得更有自己的想法,没有那么盲目。到了高中阶段,他们已经有了自己的思想,不再盲目跟风。他们常常能够根据自己的想法确立行动目标、制定行动计划,并自觉支配和调节自己的行为。

(二)独立性迅速发展,但还有一定的易受暗示性

中学生的独立性品质迅速发展。初中阶段的学生在独立行事上比小学阶段增强了很多,他们已经开始处处表现出独立、能干、勇敢的品质。但是同时,他们对于家长和教师还具有一定的依赖性,尤其在制定学习目标上,他们往往很难自己作出决定,往往需要家长和教师的指导。他们更倾向于选择制定短期目标而非长期目标,教师或者他人的暗示对于他们的行动还具有一定的影响力。到了高中阶段,他们的独立性得到了更大的发展。高中阶段的学生在很多事情上已经能够独立拿定主意,他们开始懂得为自己确立明确的学习目标(通常包括短期目标和长期目标),并为实现学习目标而自觉制定各种学习计划,同时,还能自觉采取各种措施克服学习上的困难。

(三)果断性有所发展,由轻率到深思熟虑

初中阶段的学生,果断性水平较低,行为还比较轻率。由于他们反应快、行动快,容易把冒失当成行为果断。同时,由于他们的认知水平较低,常常使得他们在行动上缺乏自信,不敢贸然行事,表现得优柔寡断。到了高中阶段,随着学生认知能力的迅速发展并趋于成熟以及社会和生活经验的不断积累,他们处事时表现得深思熟虑。他们对新事物、新情况表现出反应快、行动快的特点,意志的果断性方面大大提升。他们能及时解决学习过程中发现的问题,能够积极对待并果断处理现实生活中的各种矛盾。

(四)自制性有了质的提高,但仍然较差,偶有失控现象

中学阶段的学生,在自制性上比小学阶段的学生有了质的提高,但仍然较差,这是由他们的身心发展特点决定的。初中阶段的学生正处于青春发育期,身体的急剧变化,引起身心发展上的各种不平衡,导致他们情绪波动大,对自己的行为举止缺乏一定的控制力,有时还表现出一定的冲动性,表现为意志失控。因而品行不良的学生往往多出现在初中阶段。到了高中阶段,学生的情绪已经变得相对稳定,道德意识也逐渐成熟,因而开始懂得有意识地控制和调节自己的行为举止,表现出较好的自制性。总体来说,中学阶段的学生,自制性品质虽然有了质的提高,但还是较差。

(五)坚持性大大提升,但仍有一定的动摇性

中学阶段的学生,随着行动目的的明确和自我意识的发展,他们表现出更强的自我调节能力。比起小学阶段的学生,中学阶段的学生坚持性有了很大进步。但相对而言,初中阶段的学生坚持性不如高中阶段的学生。初中阶段的学生对自己感兴趣的事物,才能表现出一定的坚持性,一旦碰到困难就会败下阵来。高中阶段的学生责任感比较强,这使得他们的坚持性比起初中学生进步了很多,他们在学习遇到困难时不会立刻退缩,而是努力解决问题。

二、中学生意志力培养

(一)设定任务是培养学生意志力的重要方式

合理的任务能让学生的实践动手能力和意志力都得到锻炼,促进他们意志水平的提升。因此,教师在教育教学过程中要根据学生的实际情况,给他们安排切实可行的任务,任务的设定以"有一定难度,但力所能及"为标准。学生完成任务后应给予他们一定的表扬,使他们有成功感,然后在此基础上调整任务目标,适当提高对学生的要求标准,循序渐进,在不断地设定任务中促进学生的意志力发展。

(二)形成习惯是培养学生意志力的基础

良好的行为习惯有利于学生自觉形成克服困难的品质,有利于他们自制力的提升。教师可以结合学校的规章制度,培养学生的纪律观念,要求他们坚持不懈地遵守学校的各种行为准则和制度,让他们明白哪些应该做、哪些必须做、哪些不能做,还要让他们知道怎样做是正确的、怎样做是错误的。这样,在坚持遵守学校规章制度的过程中,他们的意志力得到了一定的锻炼,意志力水平也就得到了一定的提升。

(三)参与实践是磨炼学生意志力的有效途径

"宝剑锋从磨砺出,梅花香自苦寒来"充分说明了只有历经磨炼才能提升意志力,只有让学生在各项活动中苦苦求索才能增长他们的见识和才干,锻炼意志,有所创造。在教育教学过程中,教师在学生身心发展的基础上,设计形式多样的实践活动,让学生在参与活动的过程中锻炼意志。比如,小组长轮值活动、班主任体验活动等。在各种体验活动中,学生的自觉性和独立性等都将得到提高,从而促进意志力水平的提升。

(四)情境磨炼是提高学生意志力的重要手段

都说"空口无凭,实践出真知",可见,只有真正体验,才能增长见识。意志力的培养,也是如此。因此,在教育教学过程中,教师要善于利用各种资源,创设困难情境,磨炼学生意志力。比如,开展体育运动或拉练活动,锻炼学生的坚持性和自制性;设计动

手、动脑的活动任务,锻炼学生的独立性和自觉性。通过各种活动设计,锻炼学生的各种意志品质,从而促进他们意志力水平的提升。

(五)树立榜样是提升学生意志力的催化剂

榜样对于个体行为的影响具有着不可忽略的意义,在意志力培养上更是如此。因此,在教育教学过程中,教师要为学生树立良好榜样,借助榜样的力量,促进学生良好意志品质的形成。教师要以身作则,严格要求自己,做事有始有终,积极应对困难,努力完成任务,通过自己的言行举止去感染学生,这样更能使学生的意志受到正向鼓舞,并使其意志力得到更好发展。

(六)自我教育是发展学生意志的可靠保障

我们常说"皇帝不急太监急——没用",古人云"授人以鱼,不如授人以渔"。可见,引导学生学会自我教育比强行灌输他们各种大道理更有效。因此,在教育教学过程中,教师要教会学生掌握提升意志力的方法,让他们学会自觉提升自己的意志力。

【思考与练习】

1.通过本章的学习,你对意志有了哪些新的认识呢?
2.请简述意志过程中动机冲突的类型。
3.意志的品质有哪些?
4.中小学生意志发展的特点有哪些?
5.如何培养中小学生的意志?

【真题再现】

◉ 意志过程

第五章 个性和社会性

‹‹‹

📖 学习目标

◆ 了解个性和社会性的含义,理解个性的特征,掌握个性和社会性的影响因素。

◆ 从整体上把握气质、性格和能力,并在此基础上明确需要的含义、分类、理论及中小学生需要的发展特点和培养方法。

◆ 了解自我意识的含义、心理成分,掌握中小学生自我意识的发展及培养的方法。

◆ 正确理解中小学生社会性发展的内容,并进一步了解性别角色发展,掌握中小学生人际交往的发展特点和培养方法。

真的是"江山易改、本性难移"吗?"三岁看大、七岁看老"是否科学?"人心不同、各如其面"是为何?有人"聪明早慧"、有人"大器晚成"为哪般?有人为了一点私利就损人利己、假公济私,有人却为了人民利益而克己奉公、为政清廉,人和人之间为什么会有这样的不同?以上的种种问题,实际上是心理学研究中的个性和社会性问题。那么,个性和社会性到底是什么?个性和社会性在每个人身上又是如何体现出来的?本章我们一起来学习。

// 第一节 // 个性和社会性概述

一、个性和社会性的概念

(一)个性的含义

个性(personality),指的是个体的心理特征。"personality"一词来自拉丁文"persona",

原意是指演员所戴的"面具"。在我国的特定文化中,"面具"与京剧中的"脸谱"同工异曲。基于国人的思维习惯和观念影响的作用,国内学者将"面具"引申为人物、角色及其内心的特征或心理面貌。事实上,在西方的专著中,由于"personality"又译作人格,所以西方学者往往将个性与人格等同看待。但由于历史文化的影响作用,国内学者在对"personality"进行本土化释义时往往存在不同的理解。部分学者认为"personality"应该译作"个性",而部分学者则认为应当译作"人格",因此,在国内的心理学资料中关于个性和人格的关系就往往存在不同的理解。事实上,结合我国的历史文化背景和特点来看,人格既有哲学意义上"做人的样式(即以什么样的状态做人)"之义,又有伦理学意义上"做人的尊严、做人的资格"之义。比如,日常生活中我们常说的"我以人格做担保"实际上指的就是人格在伦理学上的意义。如何理解个性和人格的关系,那么就只能见仁见智了。简单来说,我们可以认为个性有广义和狭义之分。广义的个性可以看作是人格,指的是个体在先天和后天因素的相互作用下形成的相对稳定和独特的心理行为模式。狭义的个性,指的是个体心理行为模式中与共性相对的个别性,即个体独具的心理特征。

个性在结构上包含三个子系统:

(1)个性心理特征 个性心理特征是个性心理的特征系统,指的是个体各个特征的结合。所谓特征,就是用以区分不同个体特征的指标,包括气质、性格和能力。气质指的是心理活动的动力特征;性格指的是对客观现实和行为活动的态度特征;能力指的是完成某种活动的潜在性特征。

(2)个性倾向性 个性倾向性是个性心理的动力系统,指的是那些对个体行为和活动具有动力作用的成分,包括需要、动机、兴趣、价值观、理想、信念等。个性倾向性决定着个体对现实的态度,影响着个体对认识活动对象的趋向和选择,因而常常能对个体行为产生一定的动力作用。

(3)自我意识 自我意识是个性心理的监控系统,指的是那些对个体行为能够起到监察、调节和控制的成分,包括自我认识、自我体验、自我调节等。

(二)个性的特征

1. 整体性

个性的整体性是指构成个性的各种心理成分和特质,如气质、性格、能力、需要、动机、兴趣等,对于个体而言是密切联系的完整功能系统,并非孤立存在。任何行为活动都是各个成分协调运作的结果,而非某一成分的产物。

整体性本质上就是完整性,完整性是衡量个性心理健康与否的指标。精神疾病患者的个性心理往往不具备完整性,他们或在感知、或在记忆、或在思维等方面存在缺陷或丧失,使得他们没有基本的自制力,导致行为失常,甚至不知道自己是谁、在哪里、在做什么。总之,正常个体的心理是多种成分的统一,是一个有机的整体。

2.稳定性和发展性

个性的稳定性是指个性特征总是经常地、一贯地表现在一个人的心理和行为之中，而不会轻易发生改变。比如，个性阳光的人，无论何时何地，总是会表现得开朗、热情、活跃；个性内向的人，则常常会随时随地都表现得安静、内敛，少言寡语。所以我们常说"江山易改，本性难移"。借助个性的稳定性，我们可以反推一个人的成长经历，也能预测一个人的未来发展，俗语所说的"三岁看大、七岁看老"正是这一体现。

稳定性是衡量个性心理健康与否的另一指标。一个正常人，个性特点不会轻易发生改变。一个人的个性特点一旦发生明显改变，很有可能是精神状态出了问题。因此，我们要多加留意生活中那些个性特点突然发生明显改变的人。当然，稳定性并不意味着人的个性特点在一生中是一成不变的。在生理成熟和环境的影响下，个性也能在一定范围内发生改变，这体现了个性的发展性。比如，人生重大事件往往会在很大程度上影响着一个人的个性变化。个性的稳定性和发展性决定了一个人的个性特点不会轻易发生改变，但又能在一定范围内发生变化。而这种变化是积极的还是消极的，主要取决于这种变化是促使个体更好地适应环境（积极变化），还是让个体更难以面对环境（消极变化/病理性变化）。

3.独特性和共同性

个性的独特性是指人与人之间的心理和行为特点是各不相同的。个性组合结构的多样性，使得每个人的个性都有其自身特点。比如，我们常说"人心不同，各如其面""龙生九子、各有不同""一种米养百种人"，这些都是个体独特性的体现。

作为群居动物，人和人之间除了具有与众不同的特性（独特性），还有着大众共同具有的特性，这就是个性特征的共同性。个性的共同性是指在共同的社会文化影响下，同一民族、同一地区、同一阶层、同一群体的个体之间具有的共同的典型心理特征。可见，个性是差异性和共同性的统一。

4.生物性和社会性

个性的形成是先天的自然生物因素和后天的社会环境因素相互选择、相互渗透的结果，可见，个性的形成既受个人生物因素的影响，又受社会历史文化因素的制约。个性的生物性是指个体因受到生物因素（如遗传、成熟）影响而形成的特征。比如，不同年龄阶段的个体，会有不同年龄阶段的特点。三岁儿童跟十八岁的个体就表现出不一样的特点。

个性的社会性是指个体因受到社会历史文化因素影响而形成的特征。比如，由于中西方文化背景不同，中西方的个体就会形成不同的价值观。中国人以国家利益为重，而西方人以个人利益为重。

5.倾向性和功能性

在个性形成的过程中，每个人时时处处都表现出对客观事物特有的需要、动机、兴趣、价值取向等，并发展为各自的态度体系和内心环境，形成个体对人、对事、对物的独特行为方式和倾向。这就是个性特征的倾向性。倾向性使得个性决定着一个人的生活方式,甚至决定着一个人的命运。正如我们常说"性格决定命运"。面对挫折和失败,坚强者选择迎难而上,懦弱者选择逃避退缩,这是个性的功能性的体现。

(三)社会性的概念

社会性是个体在生物因素作用的基础上,与社会环境相互作用的过程中形成的心理特性。在这一过程中,个体掌握了社会规范、形成了社会技能、扮演着不同的社会角色,并获得了社会性需要,发展了社会行为。同时,个体在这一过程中常常以自己独有的个性与他人交往、相互影响,并逐渐适应了社会环境,最终完成了由自然人发展为社会人的社会化过程。

自然人指的是生物学意义上的人,是指人作为自然生物体而存在,只具有自然属性。社会人指的是具有自然和社会双重属性的个体。人的自然属性,也称为人的生物性,它是人类在生物进化过程中形成的特性。人的社会属性是人作为群体活动的个体,或作为社会的一员而活动时所表现出的特性。所谓社会化过程,简单来说,就是适应社会生活的过程。

二、个性和社会性发展的影响因素

无论是个性还是社会性,都是个体在生活实践过程中形成的心理特征,其形成过程不可避免会受到多种因素的影响。总的来说,影响个性和社会性发展的因素主要有内在的生物遗传因素,以及外在的家庭、学校教育、社会文化和自我意识等因素。

▣ 5-1:影响个性和社会性发展的因素

三、个性发展理论

(一)弗洛伊德的性心理发展阶段理论

奥地利精神分析学家弗洛伊德关于个性发展特点的论述,体现在其提出的性心理发展阶段理论中。在弗洛伊德的学说中,人格被看作控制行为的一种内部心理机制,这种内部心理机制决定着个体在一切给定情境中的行为特征或行为模式。弗洛伊德认为,完整的人格结构由三大部分构成,即本我、自我和超我,三者之间相互作用、相互联系。本我是人格结构中最原始的部分,由先天的本能和欲望构成,体现着个体"动物性"的一面。本我遵循"快乐原则",不顾现实要求,只图自己欲望的满足、快乐的获得。超我是人格结构中最高层次的部分,由良知/良心和理想构成,是"道德化的我",遵循"道德原则/至善原则",超越了现实。由于超我和本我遵循的原则不同且相互冲突,超我和本我常常会"打架"。这时,"调节者"就出现了。自我,是介于本我和超我之间的人格

▣ 5-2:弗洛伊德的性心理发展阶段论

成分,起到协调本我和超我的作用。自我遵循"现实原则",它既要满足本我的需要,又要考虑超我的要求。在通常情况下,自我能够很好地协调本我和超我的冲突,使得本我、自我和超我处于协调和平衡的状态。一旦自我的力量不足以协调本我和超我的冲突,三者的平衡状态被打破,个体就会产生心理障碍,人格发展将面临威胁。

图5-3:奥尔波特的特质论

弗洛伊德把人格发展的顺序,依次分为口腔期(0~1岁)、肛门期(1~3岁)、性器期(3~6岁)、潜伏期(7岁至青春期)以及两性期(青春期以后)五个时期。

(二)艾里克森的心理社会发展阶段论

20世纪40—50年代,随着新精神分析学派的兴起,不少学者开始提出新的理论和学说代替并修正弗洛伊德的学说,最具代表性的人物就是美国的著名精神分析理论家艾里克森(E. H. Erikson)。艾里克森在其提出的心理社会发展阶段论中认为,社会对不同阶段的个体有着不同的要求,当个体自身的需要及能力与社会要求存在不平衡现象的时候,心理危机/心理冲突就会产生。艾里克森根据不同阶段心理危机的特点,归纳出八对积极和消极的心理品质,这八对心理品质对应着个体人格发展的八个阶段。具体内容如表5-1所示。

表5-1 艾里克森的心理社会发展阶段论

发展阶段	心理危机	发展顺利	发展障碍
婴儿期 0~1.5岁	对人信任←→缺乏信任	信赖他人,有安全感	与人交往,焦虑不安
儿童期 1.5~3岁	活泼自主←→羞怯怀疑	能自我控制,行动略有信心	自我怀疑,行动畏首畏尾
学龄初期 3~6岁	自发主动←→退缩内疚	有目的方向,能独立进取	被动退缩,无自我价值感
学龄期 6~12岁	勤奋进取←→自卑自贬	具有求学做人、待人接物能力	生活难料,充满失败感
青春期 12~18岁	自我统一←→角色混乱	自我观念明确,追寻方向肯定	生活缺乏目标,时感彷徨迷失
成年早期 18~25岁	亲密友爱←→孤独疏离	感情生活顺利,奠定事业基础	孤独寂寞,与人难处
成年期 25~65岁	精力充沛←→颓废迟滞	热爱家庭,栽培后代	自我恣纵,不顾未来
成熟期 65岁及以上	完美无憾←→悲观绝望	随心所欲,安享天年	悔恨旧事,徒呼负负

艾里克森认为,在人的一生中,人格是不断发展的,这八个阶段的顺序是不变的,而且普遍存在于不同的文化背景之中,但每个阶段能否顺利度过,则取决于社会环境因素。前一阶段任务完成的好坏,直接影响到下一阶段,而后一阶段的成就又可以补偿前一阶段的失败。

5-4:艾里克森心理社会发展阶段论

// 第二节 // 心理特征

心理特征是指个体进行心理活动时经常表现出来的本质的、稳定的特点。比如,在观察力上,有的人入木三分,有的人走马观花;在思维力上,有的人巧出匠心,有的人千篇一律;在情绪自控力上,有的人温文尔雅,有的人喜怒无常;在行动力上,有的人雷厉风行,有的人慢条斯理等。这些心理特征的差异,主要体现在气质、性格和能力上的不同。

一、气质

(一)气质的含义

在现代心理学的研究中,气质是指个体在心理活动的强度、速度、灵活性与方向性等方面所表现出来的典型而稳定的心理特征,即我们平常所说的"脾气、秉性"。气质使个体的全部心理活动,如认知、情感、意志等活动都染上个人独特的色彩。比如,有的人性情急躁、有的人性情温和,有的人遇事心如止水、有的人遇事心如乱麻,有的人待人和颜悦色、有的人待人冷若冰霜等。

5-5:气质学说

(二)气质的特性

1. 天赋性

气质的天赋性首先表现在它是与生俱来的。婴儿自出生开始就表现出不同的气质特点,比如,有的婴儿哭闹不止,难以安静下来,外界刺激能轻易引起他们的反应;有的婴儿不哭不闹,安安静静,外界刺激很少会引起他们的反应。这种先天不同的心理活动特点,往往贯穿于个体发展的过程,体现在个体活动的方方面面。当然,气质的天赋性还表现在遗传因素对气质特性具有极大的影响作用。在双生子气质特点的观察实验中,研究者发现同卵双生子比异卵双生子的气质特点更相近,即使抚养环境不同,也难以改变他们的原有特点。

2. 稳定性

气质的稳定性表现为它的不易改变性,气质是依赖个体的生物性特点的人格特征。个体在生物性上的特点常常是稳定的,因而使得气质也具有稳定性,轻易不会因为活动的情境变化而变化。在环境和教育的影响作用下,气质可以发生一定程度的改变,但这种变化对于其他心理活动来说,几乎可以忽略不计。俗话所说的"禀性难移"就是气质稳定性的典型体现。事实上,个性的稳定性跟气质的稳定性有很大的关系。

3. 可塑性

正如个性具有发展性一样,气质特点并非固定不变的,它也具有一定的可塑性。在生活过程和教育实践过程中形成的个性特征的影响作用下,气质会得到一定程度的发展和改造,这体现了气质的可塑性。

(三)气质的类型及其表现

1. 胆汁质

胆汁质,又称不可遏止型或兴奋型。胆汁质的人感受性低,耐受性高,不随意反应强,外倾性明显,情绪兴奋性高,控制力弱,反应快但不灵活。

其典型表现:在情绪反应上,情绪发生强烈且迅速,易激动、心境变化剧烈;在行为表现上,直率、热情,反应迅速,行动敏捷。工作特点带有明显的周期性:积极性高时干劲十足、不知疲倦,积极性低时消极倦怠、无精打采。

适合职业:管理工作者、医生、律师、外交工作者、新闻记者、军人、运动员、演员、驾驶员、服装纺织从业者、餐饮服务从业者、冒险家等。

2. 多血质

多血质,又称活泼型。多血质的人感受性低,耐受性高,不随意反应强,具有可塑性,情绪兴奋性高,反应速度快而灵活。

其典型表现:在情绪反应上,情绪发生迅速、不稳定,情感变化外露、喜怒形于色;在行为表现上,活泼好动,机灵敏捷,适应性强,善于交际,热衷集体活动,工作效率高。

适合职业:外事接待人员、演讲者、节目主持、监督员、导游、演员、推销员等。

3. 黏液质

黏液质,又称安静型。黏液质的人感受性低,耐受性高,不随意反应低,外部表现少,情绪具有稳定性,反应速度不快但灵活。

其典型表现:在情绪反应上,情感的发生缓慢而微弱,不易激动,情感变化不外露,不易受到外界影响;在行为表现上,动作缓慢,沉默寡言,注意力稳定,态度持重,交际适度,不作空谈,做事坚持不懈。

适合职业:教师、外科医生、法官、管理人员、会计、出纳员、调解员、播音员、话务员等。

4. 抑郁质

抑郁质,又称抑制型或弱型。抑郁质的人感受性高,耐受性低,随意反应低,情绪兴奋性高,反应速度慢,刻板固执。

其典型表现:在情绪反应上,情感的发生缓慢但持久有力,情感的感受力强,敏感,易动情,易恐惧,内心体验深刻;在行为表现上,胆小,安静,不爱说话,想象力丰富,观察力较强,能觉察到微小的细节,优柔寡断。

适合职业:科学家、哲学家、校对员、排版员、打字员、检察员、机要秘书、刺绣工作者、雕刻工作者、保管员、艺术工作者等。

(四)气质与实践

1. 气质类型不决定人的智力水平和社会价值

气质类型不决定人的智力水平和社会价值,没有好坏之分。气质属于人的心理过程的动力方面的特征,它不决定人的智力发展水平,也不决定人的性格、品德,更不决定人的社会成就的大小。

2. 气质的职业适应性

一般而言,不同气质类型的人经过实践和锻炼,都能适应普通职业工作的需求。但在社会分工较细、职业选择性加大的今天,了解气质与不同职业的适应性特点,对于指导就业、选择人才及提高工作效率有着积极意义。

3. 气质与教学风格

不同气质的教师,在教学上表现出来的风格可能有较大的差异。当然,这并不是绝对的。但是作为教师,可以充分了解自身气质类型的优缺点,并加以充分利用,扬长避短,形成自己的教学风格。

4. 气质与学生培养

(1)尊重学生的气质差异,要认识到每一个学生的气质都有优点和缺点　作为教师,要尊重学生的气质差异,不能对某一种气质类型的学生带有偏见。要认识到每一个学生的气质都有优点和缺点,都有可能掌握知识技能,形成健康人格,成为有价值的社会成员。教师的任务在于通过教育,正确引导学生,让他们能够扬长避短,最大限度地发挥自身气质特点的优势,促进他们更好地发展。

(2)依据学生不同气质类型特征采取不同的教育策略

①对胆汁质的学生:以柔克刚,感化为主。要讲明道理,疏通思想,耐心说服,晓之以理,动之以情;要温柔相待,以免触怒他们,激化矛盾;要和蔼可亲,肯定他们的优点,培养他们的理性。

②对多血质的学生:刚柔并济,多管齐下。要严格要求,培养良好习惯,发展稳定兴趣;在发扬他们热情、机智品质的同时,也要注意坚韧、专心品质的培养;优点要肯定,缺点要指出,引导他们正确面对缺点,有错就改。

③对黏液质的学生:循循善诱,诲人不倦。在态度上,要理性、热心、耐心相待;在方法上,任务要求要细化,鼓励他们独立完成、勇敢进取、大胆创新、主动探索;给予活动空间,创设表现机会,鼓励他们积极参与,提高交往与合作能力;注意防止墨守成规、谨小慎微、固执己见等不良品质的发展。

④对抑郁质的学生:推心置腹,以情换情。鼓励他们发挥自身善于思考的优势,肯定他们的独立见解;多关心,多帮助;避免公开批评和指责,多鼓励、多赞赏;放大优点,缩小缺点;发展交往合作能力,消除胆怯和害羞心理,树立自信,防止疑虑和孤僻品质的形成。

(3)教育学生善于认识并充分利用自身的气质优势　人的气质虽较为稳定,但仍具有可塑性。教师要教会学生认识自身气质的特点,懂得自身的优点和不足。引导学生加强自我修养,充分利用自身的气质优势,扬长避短,不断完善,促进自身更好地发展。

二、性格

(一)性格的含义

性格是指一个人在生活过程中形成的,对现实稳固的态度和与之相适应的习惯化的行为方式。性格的形成源自人与客观环境相互作用的过程。社会环境中的每一个人都作为社会成员与周围的人和物发生各种各样的联系,在这一过程中,每个人都会对周围的人和物形成一定的态度,并表现出与之相适应的行为方式。比如,一个人发现打球是一项有趣的活动,那么,他就很容易表现出打球的行为。

当一个人对客观事物的态度及与之相适应的行为方式经过不断重复而得以保存和巩固下来时,就会形成个人所特有的、稳定的态度和习惯化的行为方式,形成一个人的性格特征。那种偶尔表现出来的行为表现不属于性格特征的内容,只有经常性和稳定性的表现才算得上是性格特征的一部分。比如上述例子,随着一个人反复打球的行为固定下来,爱打球,就成了他性格特征中的一部分。但是,如果一个人只是偶尔打打球,十天半个月也不见打一次球,那么爱打球就不属于他的性格特征。随着年龄的增长,生活范围的日益扩大,知识经验越来越丰富,独立意识越来越强,一个人的性格特征也就越趋稳定。

性格是典型性和个别性的统一体。一方面,人作为群体中的一分子,会表现出该群体中的成员共有的、本质的、典型的性格特征,这是性格的典型性体现。比如,同一民族群体中的人,会表现出典型的民族性格特征。另一方面,人作为群体中的某一特定个体,每个人都会表现出不同的性格特征,这是性格的个别性体现。比如,同一个班的学生,有的学生活泼开朗,有的学生多愁善感;有的学生胆大心细,有的学生有勇无谋等。

■5-6:性格与气质等概述

(二)性格结构

性格包含着不同的特征内容,一般认为性格结构包括以下四个方面。

1.性格的态度特征

性格的态度特征指的是个体对待生活各个方面的态度表现,主要包括三个方面。一是,对社会、集体和他人的态度。比如,爱祖国、爱社会、爱集体、团结友爱、乐于助人、正直、真诚、有礼貌等;与此相反的如自私自利、冷漠无情、虚伪、无礼等。二是,对学习、劳动和工作的态度。比如,勤奋上进或不思进取,认真负责或敷衍搪塞,勤俭节约或铺张浪费等。三是,对自己的态度。比如,谦虚谨慎或骄傲自负,严于律己或放纵自我,自信大方或自卑羞怯等。

2.性格的意志特征

性格的意志特征指的是个体在自觉调节自身行为的方式和水平上表现出的心理特征,主要包括四个方面。一是,对行为目的明确程度的特征。比如,独立或依赖,自觉或盲目,自律或散漫等。二是,对行为自觉控制水平的特征。比如,主动或被动,自制或任性等。三是,在贯彻执行决定上表现出来的特征。比如,持之以恒或见异思迁,坚韧不拔或举棋不定,谨慎细致或粗心大意等。四是,在紧急或困难条件下表现出来的特征。比如,镇定自若或手足无措,当机立断或优柔寡断,临危不惧或临阵脱逃等。

3.性格的情绪特征

性格的情绪特征又称为性情,指的是个体在情绪的强度、稳定性、持久性和主导心境方面的表现。

(1)情绪强度方面的性格特征 这种特征表现为个体受情绪的感染和支配的程度,以及情绪受意志控制的程度。比如,有的人情绪高涨,神采奕奕,精力充沛;有的人情绪淡漠,无精打采,力倦神疲。

(2)情绪稳定性、持久性方面的性格特征 这种特征表现在情绪的起伏和波动的程度及情绪保持时间的长短上。比如,有的人情绪平稳,心平气和,持续时间长;有的人情绪不稳,忽冷忽热,持续时间短。

(3)主导心境方面的性格特征 这种特征表现为不同主导心境在个体身上稳定表现的程度。比如,有的人朝气蓬勃,怡然自得;有的人则萎靡不振,郁郁寡欢。

4.性格的理智特征

性格的理智特征指的是个体在感知、记忆、思维、想象等认知过程中表现出的个别差异。

(1)表现在感知方面的性格特征 这方面的特征表现为:主动型和被动型,分析型和概括型,描述型和解释型。主动型的个体在认知过程中不易受外界刺激干扰,能根据自己的任务和兴趣完成认知活动;被动型的个体则易受外界刺激影响。分析型的个体注重细节;概括型的个体更注重整体和轮廓。解释型的个体不善于进行持续性的认知活动,容易急于下定论;描述型的个体在认知活动中表现出敏锐而精细的判断力。

(2)**表现在记忆力方面的性格特征** 这方面的特征表现为:直观形象记忆型和逻辑思维记忆型,识记快型和识记慢型,信息保存持久型和信息保存短暂型等。

(3)**表现在思维方面的性格特征** 这方面的特征表现为:独立思考型和依赖思考型,分析型和综合型,深刻型和肤浅型等。

(4)**表现在想象方面的性格特征** 这方面的特征表现为:主动想象型和被动想象型,狭窄想象型和广阔想象型,创造想象型和再造想象型,现实幻想型和空想型等。

(三)性格的表现

1. 在外表上的表现

不同性格特征的人,很容易通过其面部表情、姿态和衣着打扮等信息在第一眼给人不同的感受。面部表情常常能够表现出不同的性格特征。比如,外向的人比起内向的人,面部表情会更丰富多变。哪怕同样是笑,不同性格的人,笑的方式也有所不同。有人笑得纵情,有人笑得甜美等。在一切面部表情中,眼神更是了解人不同性格特征的重要线索。我们常说"眼睛是心灵的窗户",眼睛的神态是一个人心理和情绪的晴雨表。不同的眼神,反映着人不同的内心世界和性格特征。此外,衣着打扮也可以直观地反映一个人的性格特征。外向的人更喜欢颜色鲜艳、线条富于变化的服装;内向的人更喜欢素雅清淡、花色简单的服装。有时候,仅需要一些小小的饰物就能传递出一个人的性格特征。另外,姿态也能反映出一个人的性格,一个人的站姿、坐姿、走姿等都会表露出他的性格特征。比如,外向的人常常"走路生风",内向的人则显得更安分等。

2. 在言语上的表现

言语的表现包括一个人说话的内容方式、态度倾向、语量、语速、语调等。比如,外向的人相对内向的人而言语调更高、语速更快,话量也相对更多;传统、保守的人说话内容方式常常更显老套,新潮的人说话常常带有时代性,喜欢使用热门词汇等。

3. 在活动中的表现

性格在活动中形成,也借助活动得以表现。一个人的性格特点常常会在游戏、学习以及劳动中体现出来。比如,外向的人更喜欢热闹型的游戏,而内向的人更喜欢安静型的游戏。在典型的"过家家"游戏中,不同的扮演角色透露着不同的性格特点。具有领导欲望的人,往往喜欢扮演父母的角色,而喜欢被照顾的人则更喜欢扮演弟弟妹妹的角色等。

(四)性格形成的影响因素

一个人的性格形成,受到多种因素的影响。有内在因素,也有外在因素。总的来说,主要有生物遗传、自然(如气候、环境等)、社会、家庭(如父母的观念、思想、职业、性格、文化水平、对子女的态度、教养方

5-7:影响性格形成的因素

式等）、学校教育以及自我教育等因素。

（五）良好性格的培养

1. 建立良好的班级氛围

在教育教学过程中，教师要民主管理班级，尊重学生的主人翁意识，发扬学生的主人翁精神，形成良好的班级心理氛围，关心、热爱、公平对待每一个学生，通过各种集体活动、社会实践活动，增强学生的集体责任感和荣誉感，提升班级凝聚力，促进学生归属感的产生，促进他们良好性格的形成。

2. 教师要发挥榜样作用

"向师性"决定了小学生自然而然喜欢亲近教师尤其是班主任，他们信任教师胜过信任自己的父母，总认为教师说的绝对是正确的，他们常常喜欢模仿教师的言行。小学阶段的学生，对教师还没有表现出选择性。到了初中阶段，他们对教师才渐渐表现出有所选择，而且随着年龄的增长，这种选择性越来越明显。他们喜欢那些经常关心自己的教师，热爱那些公正、言行一致的教师，尊敬那些知识渊博的教师。因此，教师要在人格表现方面严格要求自己，注意自己的言行举止，做到真诚、热情、正直、公正、平等地对待学生，以利于学生良好性格的形成。

3. 教师对学生要多欣赏肯定，少批评指责

教师评价对学生的心理有很大的影响，教师不要只关注学生成绩的好坏，要善于发现学生的优点，对学生多欣赏鼓励、少批评打击，帮助他们建立自信，培养他们良好的性格。

4. 培养学生良好的学习和生活习惯

良好的学习和生活习惯有利于学生形成良好的习惯化的行为，促进他们良好个性的形成。因此，在教育教学过程中，教师要把培养学生良好的行为习惯作为教育的着力点。

5. 引导学生进行自我教育

自我教育既是一种意识，又是一种能力，更是一种动力。当学生有了自我教育的意识，他们就会自觉培养自己的良好个性，克服不良品质，发展优良品质，这对于他们良好性格的形成和发展有着极大的意义。

6. 引导学生互相尊重、互相帮助

一名好教师除了个人要起表率作用，在班级中还要引导学生尊重其他同学、团结友爱、帮助有困难的同学，让他们在一个彼此尊重、互相帮助、和谐共处的班级中健康成长，以促进学生良好性格的形成。

三、能力

（一）能力概述

1. 能力的内涵

（1）含义　能力是个体顺利地完成某种活动所必须具备的那些心理特征。简单而言，能力是一种关于活动结果的特征。在与个体学习相关的能力因素中，智力和创造力是其中最重要的两个影响因素。

（2）能力、知识与技能　能力是直接影响活动效率，并保证个体顺利完成某种活动所必备的心理特征。知识是人类智慧的结晶，是人脑对客观事物的主观表征。每个人在生活、学习的过程中，都不断地掌握并积累人类生活的知识经验，比如，课程知识、社交知识等。技能是人们通过练习获得的动作方式和动作系统，分为操作技能和心智技能。比如，骑车、打拳、攀岩等是操作技能，统计、识记、阅读等是心智技能。

能力与知识、技能之间是辩证统一的关系，它们既有区别，又有联系；既相互促进，又彼此制约。知识和技能不等于能力，知识和技能是能力的基础，但并非所有知识、技能都可转化为能力，只有那些能够广泛应用和迁移的知识和技能，才能转化为人的能力。能力不仅包含了一个人现在已经达到的成就水平，而且包括了一个人具有的潜力。

能力与知识、技能之间的区别具体表现在：第一，范畴不同。如上所述，能力与知识、技能的含义不同，它们分属于不同的范畴。第二，来源不同。能力与知识、技能在来源上有区别，个体的知识、技能完全是后天的；能力则除了要受后天的环境教育等因素的影响外，还要受个体先天遗传因素的影响。第三，发展不同步。知识和技能是随着一个人不断学习和实践而日益增长和积累的，能力在人的一生中则是逐渐形成、发展然后衰退或者停滞的。第四，迁移范围不同。从迁移的特点来看，知识和技能的迁移范围相对较窄，它们只能在类似的活动、行为或情境中发生迁移；而能力则有广泛的迁移范围，可以在很多场合（即使它们并不很相似）发生作用。第五，掌握速度不同。与能力的发展相比，知识与技能的掌握速度更快一些。第六，三者不能等同。掌握的知识与技能多，能力也不一定强。

能力与知识、技能之间的联系具体表现在：第一，能力的形成依赖于知识的获得和技能水平的提升。增加知识量和提升技能水平，才能促使能力不断提高。知识量增加越多、技能水平提升越高，能力的发展越好。第二，能力的高低反过来又会影响知识的获得和技能水平的提升，能力是掌握知识与技能的前提。人的能力发展水平，通常是决定掌握知识与技能的快慢、深浅、难易和巩固程度的重要原因之一。总之，能力既是掌握知识与技能的前提，又是掌握知识与技能的结果，两者是相互转化、相互促进的。

2. 能力的基本种类

人类所从事的活动多种多样，完成这些活动所必需的能力也各不相同。根据不同的标准,可以把能力划分为不同的类型。

(1)一般能力和特殊能力 根据能力所表现的活动领域不同,可以划分为一般能力和特殊能力。

一般能力是指个体顺利完成各种活动所必须具备的基本能力,是人们共同具有的最基本能力。比如,观察力、记忆力、思维力、想象力等都是人人具有的能力,只是强弱不同而已。我们通常所说的智力指的就是一般能力,智力是人们完成任何活动都不可缺少的,是能力中最主要和最基本的部分。

特殊能力是指个体顺利完成某项专业活动所必须具备的能力,是涉及专业领域的能力。比如,色彩鉴定能力、音乐绘画能力、旋律区分能力等。

(2)模仿能力和创造能力 根据能力是否能够帮助人们创造出新事物,也即根据创造性大小,可以划分为再造能力和创造能力。

再造能力也叫模仿能力,是指在活动中顺利掌握他人积累的知识和技能,并按现成的模式进行活动的能力。比如,孩童模仿成人的行为、学生模仿教师的举止、青少年模仿明星偶像的装扮等。正因为模仿能力的影响作用,父母和教师要做到以身作则,明星偶像也应当注意自身的言行举止,否则就会给孩子起到负面作用。

创造能力是指在实践活动中创造出具有社会价值的、独特的、新颖的产品的能力。比如,科学家通过研究,研制出新的产品;作家通过构思,创造出某一人物形象等。

模仿能力与创造能力不同而又密切相关。模仿往往建立在已有基础上,只按现成方式解决问题;而创造则不受前提基础的影响,往往能够以新的形式与途径解决问题。

模仿是创造的前提和基础,个体通过不断模仿并积累相关经验,能够促进创造能力的提升。

(3)认知能力、操作能力和社交能力 根据能力的功能不同,可以划分为认知能力、操作能力和社交能力。

认知能力是指个体获取和保存知识的能力,主要包括观察力、记忆力、思维力等。

操作能力是指个体通过外显动作来完成各种活动的能力,比如各类运动能力。操作能力和认知能力相互联系,操作能力的发展离不开个体借助认知能力积累的知识与经验;认知能力的提高也离不开个体依靠操作能力所形成的感性观念的支撑。

社交能力是指个体在社会交往活动中所表现出来的能力。比如,人际融合能力、洞察理解能力、沟通协调能力等。社交能力中往往包含着认知能力和操作能力,比如,沟通协调能力,既需要借助认知能力积累的沟通理论知识的指导,又需要借助操作能力形成的沟通动作来实现。

3. 能力形成的原因和条件

能力是一个人在活动过程中形成的心理特征,它的形成,既受到内在因素的影响,也受到外在因素的影响。总的来说,能力主要受到遗传作用、环境和教育、实践活动以及个人主观努力等因素的影响。

■ 5-8:影响能力
形成的因素

4.中小学生能力的培养

（1）把握关键期，循序渐进地培养学生的不同能力　所谓关键期，指的是发展的快速期或加速期（详见第六章第一节）。相关研究表明，四五岁以前是个体能力发展的关键期，不同能力的发展关键期有所不同。在能力发展的关键期，相应能力若得不到循序渐进的发展，个体的能力发展就会受到阻碍。因此，在教育教学过程中，教师要依据能力发展的阶段性，把握关键期，循序渐进地培养学生的不同能力。

（2）在培养智力因素的同时，强化学生的非智力因素　智力因素即认知能力的总和，包括注意力、观察力、记忆力、思维力和想象力等；非智力因素是相对智力因素而言的，指的是智力因素以外的一切不参与认知过程的心理因素，包括需要、动机、兴趣、情感、意志、个性等。智力因素是与个体学习相关的能力因素中的重要成分，能力的发展离不开智力因素的发展。但与此同时，非智力因素对个体能力的发展而言也是强大的推动力。同等智力水平的个体，在不同非智力因素的作用下，其发展结果也不尽相同，有的人能成才，有的人却不能。因此，教师在培养学生智力因素的同时，还应强化学生的非智力因素。

（3）创设活动化教学环境，促进学生能力的提升　能力的形成离不开个体的实践活动，创设能力发展的环境是培养学生能力的有效方法。在教育教学过程中，教师要注重创设活动化的教学环境，以激发学生的学习兴趣、提高学生的实践能力、培养学生的合作精神以及解决问题的能力。创设活动化教学环境的具体措施有：设计实践活动、创设实践场景、引导学生思考和讨论、提供反馈和评价等。

（二）智力

1.智力的含义

智力作为心理学中最复杂的概念之一，虽然有众多学者对其进行研究，但至今仍没有一个统一的界定。比如，美国心理学家桑代克（E. L. Thorndike）认为，智力是一种适当反应的能力，表现为学习的速度和效率。法国心理学家比奈（A. Binet）和美国心理学家推孟（L. M. Terman）等人认为，智力是适应环境的能力。而美国医学心理学家韦克斯勒（D. Wechsler）则提出，智力是一个人有目的地行动，合理地思维和有效地处理环境的综合的整体能量。瑞士心理学家皮亚杰（J. Piaget）则把智力定义为"适应性地思考或行动"。美国发展心理学家加德纳（H. Gardner）主张，智力是一种在文化情境中有用的技巧和发现问题、解决问题的能力。

可见，智力的界定确实比较复杂。但是综合各派观点不难发现，关于智力的界定，至少包括了五个特征，即适应环境的能力、抽象思维的能力、学习的能力、综合的能力及先天遗传和后天环境相互作用发展而成的能力。很显然，这些特征不仅体现了智力在我们的生活、学习以及工作当中的作用和意义，还说明了智力与我们的先天因素和后天条件都有着至关重要的联系。

5-9：智力与能力、创造力

综合以上观点,我们可以这样界定智力:智力也叫智能,是人们认识客观事物并运用知识解决实际问题的能力。智力包括多个方面,如注意力、观察力、记忆力、想象力、思维力、判断分析能力、应变能力等,其核心是思维力。智力的高低通常用智力商数来表示,用以表示智力发展水平。特别需要指出的是,智力不指代智慧,两者的意义有一定差别;智力也不等同于能力,两者之间有所区别。

2. 智力理论

如何衡量评定一个人的智力,这是人们所关心的问题。一直以来,各派学家就智力问题展开了各种论述,主要包括经典智力理论和当代智力理论。

图 5-10:智力理论

(1)经典智力理论

①斯皮尔曼的二因素论。英国心理学家斯皮尔曼(C. E. Spearman)认为,智力主要是一种普遍而概括的能力,他称这种因素为 G 因素(即普通因素)。G 因素存在于各项智力活动中,人的所有智力活动,比如知识学习、解题答题、计划制定等,都离不开 G 因素。而在特殊智力活动中,除了 G 因素发挥作用,更多的还是依赖于 S 因素(即特殊因素)。S 因素是指在某些特殊方面表现出来的能力,代表个人的特殊能力。比如,数学计算能力、绘画能力等。

②瑟斯顿的群因素论。美国心理学家瑟斯顿(L. L. Thurstone)的群因素论(也叫基本能力论)认为,个体的智力可分析为几种基本能力因素,即语词理解能力(V)、语词流畅能力(W)、数字运算能力(N)、空间关系能力(S)、联想记忆能力(M)、知觉速度能力(P)、一般推理能力(R)。这些基本能力因素的不同搭配便构成每一个人独特的智力整体。

③吉尔福特的智力三维结构论。美国心理学家吉尔福特(J. P. Guilford)否认一般因素的存在,在对创造力进行因素分析的基础上提出了"智力三维结构论"。他认为智力由内容、操作和结果三个维度构成,这一结构类似于具有长、宽、高的立方体,每一个维度都由若干个因素组成。

④弗农的智力层次结构理论。英国心理学家弗农(P. E. Vernon)以一般因素为基础,设想出因素间的层次结构,提出智力层次结构理论。弗农认为,智力的最高层次是一般因素;第二层次为大因素群,包括两大因素群,即言语和教育方面的因素、机械和操作方面的因素;第三层次为小因素群,包括言语、数量、机械信息、空间信息、用手操作等;第四层次为特殊因素,即各种各样的特殊能力。

⑤卡特尔的流体智力与晶体智力理论。美国心理学家卡特尔(R. B. Cattell)等人主张,智力由流体智力与晶体智力两种成分构成。流体智力是指主要受先天生物因素影响的智力,受后天社会教育和文化因素影响较少。流体智力与个体通过遗传获得的学习和解决问题的能力有关,是人的一种潜在智力。晶体智力是指主要受后天社会教育和文化背景影响的智力,与知识经验的积累有关。流体智力是晶体智力的基础,所有智力活动都同时包含着流体智力和晶体智力。研究结果表明,流体智力与晶体智力的发

展有所不同。流体智力随生理成长曲线而变化,到十四五岁时达到高峰,而后随年龄增长逐渐减退;晶体智力不受生理成长状态影响,一直呈发展趋势,25～30 岁以后发展速度渐趋平稳,直到老年才逐渐衰退。由于流体智力主要受先天生物因素的影响,因而人和人之间的流体智力差异不大;而由于晶体智力主要受到后天因素的影响,因而人和人之间的晶体智力会存在巨大差异。因此,只有不断地改善环境和教育条件,才能让每个人的晶体智力得到很好的发展。

(2)当代智力理论

①加德纳的多元智能理论。美国哈佛大学教育研究院的心理发展学家加德纳(H. Gardner)于 1983 年在《心智的结构》一书中首次提出多元智能理论。加德纳认为,智力的内涵是多元的,并不是一个容易"被测量"的东西,智力总是以组合的方式来进行的,在不同的文化背景或社会中,智力的表现形式有所不同。加德纳认为,构成智力的能力有八种:语言智力、逻辑-数学智力、空间智力、身体-运动智力、音乐智力、人际智力、自我认识智力(内省智力)、自然认知智力。

②斯滕伯格的三元智力理论。美国耶鲁大学心理学教授斯滕伯格(R. J. Sternberg)认为,完备的智力理论应当说明智力的内在成分、智力的内在成分与经验的关系以及智力成分的外部作用三个方面,这三个方面构成了智力成分亚理论、智力经验亚理论及智力情境亚理论。智力成分亚理论阐明智力与其内在活动的关系,主要表现在元认知、操作和知识获得三种活动当中;智力经验亚理论阐明智力与其经验之间的关系,主要体现在个体对新问题的解决上;智力情境亚理论阐明智力与其环境之间的关系,主要体现在个体对环境的适应、选择和塑造上。斯滕伯格的智力理论也被称为智力三元论,三元即指成分、经验和情境。

3. 智力测验的操作

智力测验是心理测量的重要内容之一,是有关人的普通心智功能的各种测验的总称,又称普通能力测验。编制这类测验的目的是综合评定人的智力水平。早期编制的智力测验多采取个人测验的形式,这是单独评估心智功能的最好方法。有效可靠的测验结果离不开科学的测验问卷,测验问卷编制的基本原则主要包括测验项目的选择、测验项目的标准化、常模的科学规定、测验质量指标(如测验的信度、测验的效度、测验的难度、测验的区分度)的设定。

图 5-11:智力测验各要素及常见智力量表

4. 智力的发展变化

个体智力的发展随年龄的增长而发生变化,其发展速度并不是等速进行的。总的来说,智力的发展先快后慢,随着年龄增长渐趋停止,到了年老开始下降。

在心理学的研究中,存在多种关于智力的发展假说。美国心理学家桑代克绘制的学习能力与年龄的关系曲线表明,23 岁左右学习能力发展达到最高峰,45 岁以后呈显著下降趋势。美国心理学家宾特纳(R. Pintner)的智力生长说认为,0～5 岁是个体智力增长的加速期,5～10 岁是个体智力增长的平稳期,10～15 岁是个体智力增长的减速期,16～18 岁是个体智力发展的高峰期。美国心理学家布鲁姆(B. S. Bloom)的智力年龄曲线(见图 5-1)表明,若把 17 岁个体的智力发展水平看作 100%,那么,5 岁前的个体其智力发展水平就可达到 50%,5～8 岁时又增加 30%,剩余的 20%则在 8～17 岁时获得。美国发展心理学家贝利(N. Bayley)的智力增长曲线最具代表意义。贝利的智力增长曲线(见图 5-2)表明,个体智力发展的趋势是:13 岁前智力发展水平直线上升,13 岁以后开始缓慢发展,25 岁达最高峰,26～36 岁稳步发展,36 岁后呈下降趋势。

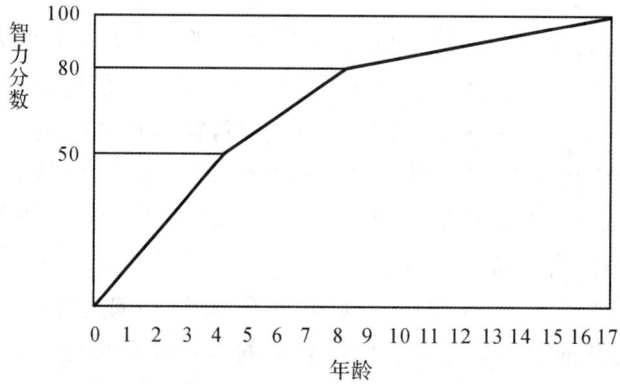

图 5-1　布鲁姆智力年龄曲线

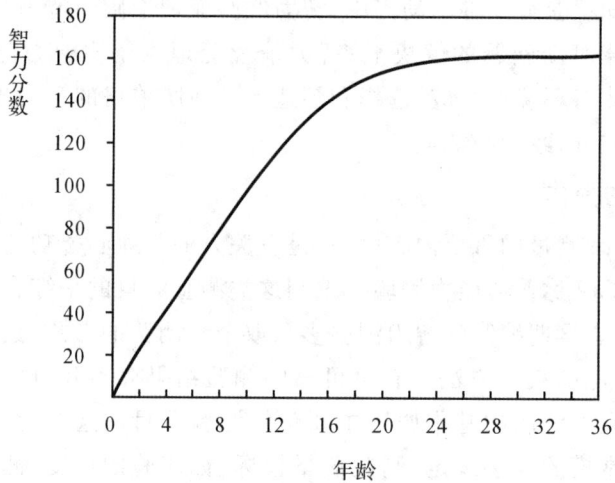

图 5-2　贝利智力增长曲线

5. 智力发展的个别差异

智力发展的个别差异也是能力的个别差异体现,主要表现在时间、类型及水平等方面。

(1)时间差异　时间差异指的是个体智力在表现时间早晚上的差异。有的人早早就表现出智力水平,年纪轻轻就大有作为、富有才华,这叫“人才早熟”,俗称“早慧”。比如,曹植 7 岁就能作诗、王勃 10 岁即能作赋等。有的人到了较晚的年龄才表现出智力水平,这叫“大器晚成”。比如,齐白石 40 岁才显露出绘画才能,60 岁才形成独特的绘画风格;达尔文 50 岁才开始有研究成果,写出名著《物种起源》。还有的人,智力表现的时期正值年华,这叫中年成才。相关研究表明,35岁左右是展露才华的最佳年龄段,所以我国自古有着"三十而立"的说法。可见,人的一生当中,在各个年龄阶段都有可能取得重大成就。

(2)类型差异 类型差异指的是个体智力成分(如知觉、表象、记忆、思维等方面)在构成方式上的差异。比如,有的人善于观察、但记忆力不好,有的人善于记忆、但观察力较差;有的人善于想象,有的人善于模仿等。

(3)水平差异 水平差异指的是个体智力在水平上的差异,即我们常说的人的能力有大小。比如,有的人聪明,有的人愚笨,而大多数人属于中等水平。一般认为,IQ分数在140及以上的属于天才,IQ分数为130～140的属于智力超常,IQ分数为120～130属于智力优秀,IQ分数为90～110的属于智力中等,IQ分数低于70的属于智力低下(智力缺陷)。相关研究表明,全人口的智力水平呈正态分布(两头小、中间大),又称常态分布,即智力超常及以上或智力低下的人占极少数,大多数人属于智力中等水平,如图5-3所示。

5-12:能力差异与因材施教

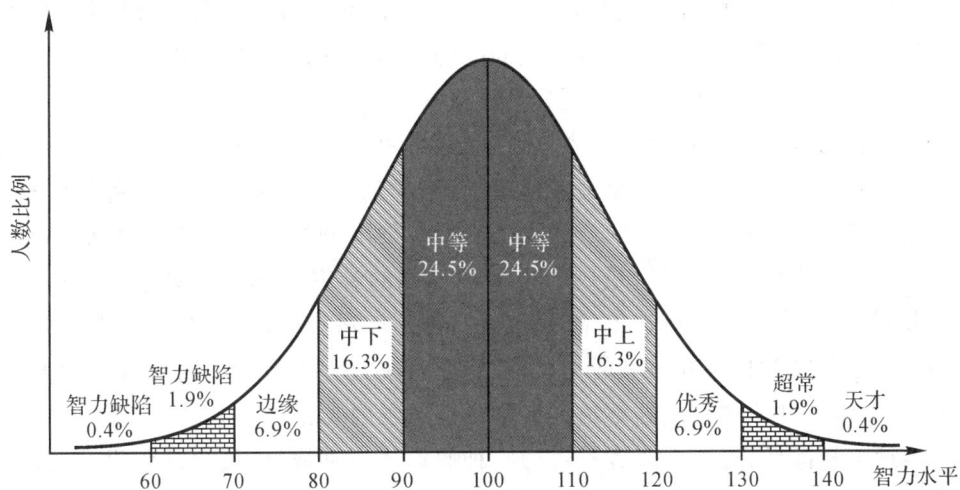

图 5-1 布鲁姆智力年龄曲线

6.智力活动在形式上的差异

(1)学习方式的差异

①知觉方面。知觉方面的差异体现在分析型、综合型与分析-综合型三种类型上。分析型的个体能清晰地感知物体细节,具有较强的分析能力,但概括性和整体性较欠缺;综合型的个体具有较强的整体感知事物的能力,但容易忽视事物细节信息,缺乏分析性;分析-综合型的个体,兼具上述两种类型的特点,既具有较强的概括能力,又能关注事物细节,是三种知觉类型中最为理想的类型。

②记忆方面。记忆方面的差异体现在视觉型、听觉型、运动型、混合型四种类型上。视觉型的个体善于记住看到的信息;听觉型的个体善于记住听到的信息;运动型的个体

善于记住有动作参与的信息;混合型的个体善于记住多感觉通道参与的信息。

③言语和思维方面。言语和思维方面的差异体现在形象思维型、抽象思维型、中间型三种类型上。形象思维型也叫艺术型,这种类型的个体,第一信号系统(物理性刺激物)占相对优势,在感知方面具有印象鲜明的特点,擅长识记形状、颜色、声音等直观材料,想象力丰富,情绪易受感染。抽象思维型的个体,第二信号系统(语词)占相对优势,在感知方面更善于记忆概念、字词、数字等抽象材料,思维富有逻辑性、推理性。中间型的个体,两种信号占比均衡,没有特别明显的优势,也没有特别明显的劣势。

(2)认知方式/认知风格的差异

①场独立型与场依存型。所谓场,就是环境,指的是外界信息。美国心理学家威特金(H. A. Witkin)认为有些人较多地受到外界信息的影响,有些人则较多地受自身内部线索的影响。较多地依赖自身内部线索、不受外界信息影响、能够独立对事物作出判断的个体,属于场独立型个体;较多地依赖外界信息、易受环境因素影响、不能独立对事物作出判断的个体,则属于场依存型个体。

②冲动型与反思型。冲动型的个体,反应快、精确性差。冲动型学生在分析与解决问题的过程中缺乏全面性和精确性,急于求成。反思型也叫沉思型,沉思型的个体,反应慢、精确性高。这类学生在分析与解决问题的过程中往往喜欢考虑周全再做反应,不求速度,比起解决问题的速度,他们更看重质量。

③辐合型与发散型。辐合型的个体,在问题解决的过程中喜欢搜集、综合各类信息与知识,借助逻辑规律一步步缩小思考范围,直至找到最终唯一答案。这种将信息由面集中到点上的认知方式,表现出辐合思维的特征。发散型的个体,在问题解决的过程中喜欢沿着不同的方向扩展思维,最终产生多种可能的答案而非唯一答案。这种将信息由点发散到面的认知方式,表现出发散思维的特征,容易产生新颖、有创意的观念。

④同时型与继时型。同时型的个体,在问题解决过程中喜欢采取宽视野的方式,同时考虑多种假设,并兼顾到问题解决的各种可能。继时型的个体,在问题解决过程中能一步一步地分析问题,每一个步骤只考虑一种假设或一种属性,提出的假设在时间上有明显的前后顺序。达斯等人关于脑功能的研究表明,左脑优势的个体表现出继时型加工风格,而右脑优势的个体表现出同时型加工的风格。

7. 中小学生智力的开发

(1)重视家庭教育,促进学生智力发展

①利用环境资源,激发学生智力。个体的智力发展源自对现实生活的探索,杜威曾主张"做中学",强调活动对于个体智力的重要作用。因此,在教育教学过程中,教师应当重视环境资源的利用,布置各种利于激发学生智力的环境,设计各种能够促进学生智力开发的活动。在活动中少限制、多鼓励,让学生在自由的活动中探索学习,以促进他们智力的发展。

②多沟通、多交流,启发学生思维。思维的表达,离不开语言的运用。语言是思维的工具,语言的发展有利于思维力的发展,而思维力是智力的构成要素之一。因此,与

学生多沟通、多交流,发展他们的语言表达能力,促进其思维能力的发展,有利于提升他们的智力发展水平。

③多渠道资源"轰炸",多重熏陶发展。学生智力活动的发展离不开文化资源的刺激,比如文学阅读、艺术作品欣赏等,这些文化资源能够让学生了解各种有趣的知识和故事、丰富多彩的生活情形,丰富他们的智力资源,刺激他们的智力发展。因此,在教育教学过程中,教师要注意给学生提供多种渠道的文化资源,拓展他们的知识面,激发他们的思维发展,促进他们的智力发展。

④多思考、多想象、多创新,促进智力发展。思考、想象及创新是智力活动的直接推动力,因此,在教育教学过程中,教师要教会学生在仔细观察事物的同时善于发现问题并注意思考,引导他们从不同的、全新的角度去看待问题、发现问题,鼓励他们充分发挥自己的想象力,以促进智力的发展。

(2)改革学校教育,保障学生智力发展

①激趣教学,启发思考。智力的发展离不开思维的运用,思维的运用离不开发现问题、提出问题、解决问题的过程。因此,教师要改变传统的再现型教育,实施启发式教育,创设问题情境,激发学生探索问题的好奇心,启发他们思考,培养学生发现问题、提出问题、解决问题的能力,让学生在自主学习的过程中发展智力。

②借助学科教学,全面培养学生能力发展。学科教学的过程,是发展学生各种能力的过程,而能力的发展有利于学生智力的发展。在学科教学过程中,教师要注意培养学生的能力发展,而不能仅仅注重学生的知识量提升。比如,语文可以培养学生的听、说、读、写基本能力,还可以培养学生的深刻、灵活、独立、批判和敏捷的思维能力;数学可以培养学生的运算能力、空间形象能力、逻辑思维能力等。结合各学科特点,充分培养学生的各种能力,才能更好地促进学生的智力发展。

③重视非智力因素,智力与非智力因素相结合。非智力因素对智力因素的发展有推动作用,在教育教学过程中重视非智力因素的开发,有利于提升学生的智力发展水平。因此,在实际教学过程中,教师要注重激发学生的学习动机、成就动机,培养学生的学习兴趣及顽强意志,发展学生的积极情绪情感,以促进学生智力水平的发展。

(三)创造力

1. 创造力的含义

创造力是指产生新思想、发现和创造新事物的能力,是顺利完成某种创造性活动所必需的心理品质,是知识技能、智力、能力以及优良的个性品质等多种复杂因素综合优化的产物。

创造力与一般能力的区别在于其新颖性和独创性,它的主要成分是发散思维。发散思维一旦表现为外部行为,就显示出个体的创造能力。创造力要求个体的全部体力和智力高度紧张,并将创造性思维维持在最高水平上。创造力是区分人才的重要标志。

2. 创造力发展的影响因素

创造力是个体的特有综合性本领,一个人的创造力是在实践过程中在内外因的作用下发展起来的。总的来说,创造力的发展受到外在的环境和内在的认知、人格、动机等因素的影响。

5-13:创造力

3. 中小学生创造力的发展及培养

(1)中小学生创造力发展的特点

①小学生创造力发展的特点。整体来看,小学生想象的创造性有了较大提高,以独特性为特色的创造想象日益发展起来。初入学时,低年级小学生的再造想象占比很大,创造想象占比较小。随着年龄增

5-14:影响创造力发展的因素

长,小学生的知识经验逐步丰富、认知能力不断提高,他们大脑中的表象增多,想象的创造成分随之增加起来,想象的内容变得更加细致、丰富,他们开始能够在词的水平上进行生动、形象的联想,初步具有了创造想象的能力。与此同时,随着小学生思维的创造性不断发展、敏捷性和灵活性逐步提高,独创性也渐渐发展起来,促进了他们创造力的提升。

②中学生创造力发展的特点。

第一,形式新颖、独特,创造力表现出独创性。能以新颖的方式处理问题、别出心裁、不为习俗所束缚,是创造力的特征之一。当然,评判中学生思维是否新颖独特,需要以其知识经验范围为依据。比如,由于知识经验有限,对中学生来说属于创新的思维活动,对成人来说未必是新颖的。随着知识经验的不断增长,中学生越来越有自己的思想和主见,他们敢于向传统挑战,提出自己不同的见解,思维新颖独特,表现出一定的创造力。

第二,勇于大胆想象,创造力富有灵活性。敢于想象是创造力发展的前提基础。想象是创造力的翅膀,一切创造性活动都源自创造想象。想象力丰富的人,创造力也丰富;缺乏想象力的人,创造力则会低下。建立在客观现实的需要与发展基础上的"定向"想象,是现实、可行的,能够保证想象的科学价值和实践意义。知识经验和生活实践经验的不断增长,不仅让中学生开始敢于向传统、向权威挑战,更让他们的思维变得越来越灵活,他们敢于想象,仿佛天马行空一般。但是随着知识经验和生活实践经验的继续增长,他们的想象开始趋于现实,表现出以现实需要为导向的特征。但同时,也富有灵活性。

第三,好奇心强、观察敏锐,善于提出问题,创造力表现出一定的流畅性。好奇心和观察力是创造力的必要前提。随着中学生生活圈子的不断扩大,他们接触的资源越来越多。一方面,他们的生活经验还有所欠缺,但接触的资源却愈加丰富;另一方面,他们正处于精力最旺盛的青春期,因而他们对于生活中的很多新鲜事物感到好奇,急于想要探个究竟。强烈的好奇心使得他们能在人们熟视无睹的大量重复出现的现象中有所发现。青春期的个体精力旺盛,对于自己感兴趣的事物总是表现出"打破砂锅问到底"的势头。为了获得他们想要的结果,他们观察敏锐;求异思维与求同思维的高度协调又让

他们善于思考和提问,最终使得他们收获了更多的资源,为创造力提供了更丰富的加工信息,促使他们的创造力表现出一定的流畅性。

（2）中小学生创造力的培养

①改变阻滞学生创造力发展的教育观念,最大限度地发扬课堂民主,调动学生的参与性和积极性。在教育教学过程中,教师要为学生创设生动活泼、民主和谐的氛围,以利于学生主动探索、大胆质疑,从而促进学生创造性思维的发展。

②鼓励学生大胆质疑和创新,拓宽思维空间。大胆质疑,能让学生由被动接受变为主动探索,积极主动探索是创造力发展的重要前提。学生的学习是对新知的探求和创造的过程,教师要充分鼓励、启发、诱导学生多提问、多质疑,从而培养学生的探索精神,使学生学会不放过任何一个疑点,敢于发表自己的想法。

③培养学生利于创造性发展的个性品质,鼓励学生敢于标新立异。创造力不仅与个体的智力水平有关,还与个体的创造性个性品质发展有关。培养学生自信、进取、敢于标新立异的个性品质,有利于学生创造力的发展。

④结合实践活动,提升学生创造能力的水平。培养中小学生的创造能力不能只停留在理论层面,要组织他们参与各项实践活动,如科技活动、发明创造活动等,让他们的创造能力在实践活动中得到提高。通过各种实践活动,既能够丰富学生的感性资源,为创造力提供更多的加工信息,又能够影响学生对问题情境的感知和表征,同时,还能影响学生对问题解决策略的选择,促进创造力的发展。

第三节 动力倾向

一、需要

（一）需要的含义

需要是由一种个体的某种缺乏状态而引起力求获得满足的内心状态,是个体自身或外部条件的需求在头脑中的反映,这种需求常常包括了生理性和社会性的需求。简言之,需要是人脑对生理需求和社会需求的反映。

人作为具有生命的个体,维持生命和延续种族是一项基本任务。为了达成这项基本任务,就会产生补充养分、躲避危险、繁衍后代的需求,这种为了满足基本任务而产生的需要就是生理性需要,也称生理需要。生理需要包括吃、喝、拉、撒、睡、繁衍后代等需求,是人和动物共有的需要。人不同于动物,人除了有生理性需要,还有社会性需要。社会性需要也即社会需要,指的是除了生理性需要外,那些能够提高生活质量的需求。比如,人和人之间交往的需要、探索世界本源的需要等。

事实上,对于人类而言,每一个体的需要常常同时包含了生理性和社会性的特点。

比如,同样是对衣服的需要,对于寒冷受冻的个体而言,更多的是生理性需要。而对于柜子里都是衣服却还想不断买买买的人而言,很多时候更多的只是为了通过穿衣打扮让自己看起来更加美好,显然,这是社会性需要,而非生理性需要。社会性需要往往受到社会历史因素的影响,而反过来,个体的社会性需要又常常能够推动社会的发展。

5-15:
需要的作用

(二)需要的分类

人的需要是多种多样的,可以从不同的角度进行分类。

1. 生理性需要

生理性需要是指个体为了生存和延续种族而产生的需要,包括吃、喝、拉、撒、睡、繁衍后代等需求。

2. 社会性需要

社会性需要是指个体在物质和精神上的需要。物质需要是指个体对物质对象的需求,比如,对空气、阳光、食物、水以及衣物、书籍、装饰品等的需要。物质需要既包括生理需要,也包括社会需要。如上文所述,一个人对衣服的需要,既可能是出于生理需要,也可能是出于社会需要。精神需要是指个体对社会精神生活的需要。比如,人与人之间交往的需要、认识事物本质的需要、创造新事物的需要、审美的需要、道德规范的需要等。

事实上,需要的分类只是相对的。正如上文所述,每一个体的需要既包含着生理性的特点,也包含社会性的特点,生理需要、物质需要和社会需要的划分并没有绝对的界限。

(三)马斯洛需要层次理论

1943 年,美国人本主义心理学家马斯洛(A. H. Maslow)提出了需要层次理论,他认为人的需要包括由低到高排列的五个层次,如图 5-4 所示。

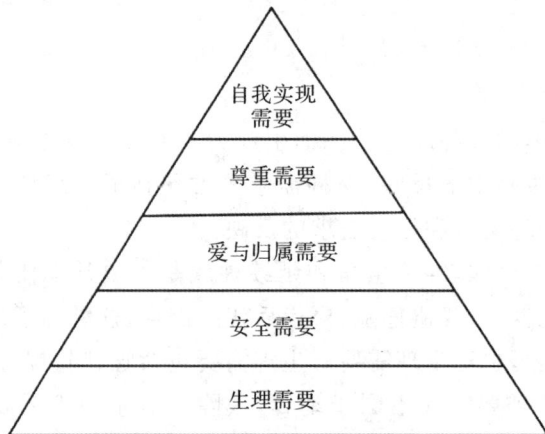

图 5-4 马斯洛早期需要层次理论

1. 生理需要

生理需要是指与个体的生存有直接关系的需要,包括吃、喝、拉、撒、睡(休息)、防寒避暑和性(繁衍后代)等需要。生理需要是人和动物所共有的需要,这些需要是可以得到完全的满足并可以重复产生的。生理需要在人的所有需要中是最基本的,也是最强烈的。其中,吃、喝、拉、撒和睡(休息)的需要是必须且急需满足的,而性(繁衍后代)的需要并非必须满足的需要,它可以通过其他层次需要的满足来弥补。总的来说,生理需要若得不到满足,会影响个体的生存和延续。

2. 安全需要

在生理需要得到一定满足后,安全需要就成为主要需要。安全需要是指对安全、稳定、秩序、受保护的需要,包括身体健康、人身安全、收入有保障、财产保险、职业稳定、年老后的生活保障等。安全需要若得不到满足,个体就会感到焦虑不安。

3. 爱与归属需要

爱与归属的需要也叫社交需要,是指个体希望从属于一定的群体,成为群体的一员,希望在群体中与同伴有深厚的关系,表现为个体希望得到亲人、朋友、同学、老师或同事等的关心、爱护和理解等。这类需要若得不到满足,个体就会感到空虚、孤独,变得怀疑人生、冷酷无情。

4. 尊重需要

尊重需要包括内部尊重和外部尊重的需要。内部尊重即自尊,是指个体对自强、独立、自信、胜任力等的需求;外部尊重即个体渴望得到他人尊重的需求,表现为个体希望获得一定的社会地位、有威信,个人的能力和成就能够得到社会的承认,简言之即个体需要他人的肯定、赞赏、接受、支持等。这类需要若得不到满足,个体就会产生软弱、自卑和无能感。

5. 自我实现的需要

自我实现的需要是指个体对于自我进步的愿望,表现为个体要求充分发挥自己的潜力和才能,对社会作出一些自己觉得有意义、有价值的贡献,实现自己的理想和抱负,将个人的能力发挥到最大限度。自我实现的含义是"能成为什么样的人,就必须成为那样的人",只有这样,人才能感受到最大的快乐。这类需要若得不到满足,人就会缺少挖掘自身潜力、将自身能力发挥到最大限度的动力。

马斯洛认为需要的满足由低层向高层不断发展,高一层需要的产生和发展建立在低层需要的基本满足基础上。生理需要是其他各种需要的基础,自我实现的需要是人类需要发展的顶峰。高一层需要的满足,可以适当弥补低层需要的不满足。需要的层次越低,越为大多数人所共有;需要的层次越高,越少人能够产生并获得满足。在不同的发展时期,个体的主导需要有所不同。

　　研究后期，马斯洛把需要层次改为七层，即在"尊重需要"之上加上"认知需要"和"审美需要"，如图5-5所示。认知需要也称为认知与理解的需要，是指个体对世界的探索、理解以及解决问题的需要。人对世界的探索欲就是典型的认知需要。审美需要是指个体对美的生理、心理等的需求。在七大层次的需要中，生理需要、安全需要、爱与归属需要及尊重需要是缺失性需要，它们对个体的生理和心理健康起着重要作用，必须得到一定的满足；认知需要、审美需要和自我实现需要是成长性需要，它们很少能够得到完全的满足。

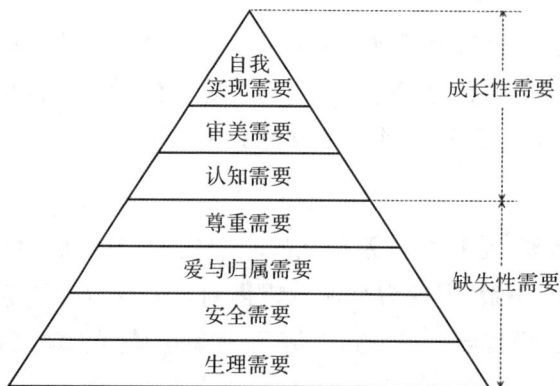

图 5-5　马斯洛后期需要层次理论

5-16：马斯洛需要层次理论在教育教学中的应用

（四）中小学生需要的发展及培养

1. 中小学生需要的发展

　　（1）小学生需要的发展　小学生的需要呈多元发展的特点，是具有多角度、多层次的统一体，各类需要层次的强度趋向处在不断变化发展中，总的来说，呈由低向高的发展趋势。

　　①小学生活动需要的发展。小学生活动需要的发展包括游戏活动需要和智力活动需要。贪玩，是孩子的天性。在整个小学阶段，小学生有着强烈的活动需要。他们开始注重活动的结果，更喜欢对抗性、竞争性的活动，并对智力活动日益感兴趣。小学生对活动的强烈需要，是儿童身心发展的固有特点。

　　②小学生认知需要的发展。认知需要是小学生的主导需要。小学生认识需要的发展表现为由低向高的趋势，其内容随年龄的不断增长而变化。小学生的生活范围越来越大，接触的领域越来越多，生活中的很多人、事与物都会引起他们强烈的好奇心。随着认知水平的不断提升，小学生对这个世界的探索欲望越来越强烈，他们急于了解这个世界的本质，表现出强烈的认知需要。教师和父母可以充分利用小学生这一需要的发展特点，激发他们的学习积极性，培养他们的学习兴趣。

　　③小学生交往需要的发展。交往的需要是人最基本的社会需要，小学生交往需要

的发展主要包括教师和同伴两个方面的发展。与教师交往需要的发展,是小学生与父母交往需要的延续。随着进入学校开始校园生活,小学生与父母相处的时间越来越少,但与此同时,其对父母的依恋程度并没有减少。于是,很自然地,小学生就把对父母的这种依恋转向了教师,与教师交往的需要实际上是小学生与父母交往需要的延续。

随着年龄不断增长,以及与周围同伴接触的时间越来越多,小学生开始越来越发现同伴交往的重要性,他们与同伴交往的需要日益强烈起来。小学生与同学交往的需要,是促进同伴关系发展的重要内因,也是保证他们个性形成的重要条件。

④小学生成就需要的发展。成就需要在小学生群体中表现为想要克服障碍、施展才能、力求尽好尽快解决某一难题的需要,主要表现在对学业成绩的期待上。小学生入学的最初几年对于成就需要的发展尤为明显,表现为:随着年龄的增长,小学生的期望变得更加现实,他们越来越多地使用社会标准评价自己的成绩,他们的抱负水平有所提高,对学业失败的焦虑越来越明显。

(2)中学生需要的发展　中学生既有对物质上的需要,也有对精神上的需要。中学生社会性需要的发展尤为显著,他们往往认为自己已经"长大了",不仅要求独立,而且希望得到他人,尤其成人的重视与尊重。具体表现如下。

①肯定的需要。中学生的自我意识正处于从社会自我过渡到心理自我的发展期,他们的行为价值总是与师长和同伴的评价相关联。积极、肯定的评价能使他们获得成功感和满足感,产生愉快和欣喜的体验,从而鼓舞着他们做出新的行为,并萌发新的期待。

②自主的需要。随着中学生的自我意识不断高涨,"成人感"的出现让他们在潜意识中认为自己与父母和老师是平等的。他们期待着能跟父母和老师平等交往,希望自己的观点、主张和兴趣等能够得到尊重,以感受到自我价值的实现。过度的干预会激发他们强烈的逆反心理,不利于有效教育。因而,教师和家长要表现出对他们的理解、尊重和信任,并愿意放手,让他们能够在自主实践的过程中认识并完善自我。

③参与的需要。生理的剧变和自我意识的高涨,让中学生认为自己从身体到心理都已经跟成人一样成熟、独立,他们朝气蓬勃、自信满满、跃跃欲试,他们渴望能够参与一些问题的决策,以显示自己的价值。但不少家长和教师忽视学生的这种需要,对他们不够信任,不肯给予他们表现的机会,导致学生的参与需要得不到满足,最终使他们对自己的价值感到怀疑。不法分子则会利用中学生的这种心理,为他们创造一切表现机会,而是非善恶观念尚未成熟的学生很容易迷失方向、误入歧途。

④轻松愉快的需要。中学生的心理尚未成熟,长期的紧张和焦虑状态很容易导致他们心理功能失调。因此,对学生学习生活时间的安排应张弛有度,以减轻他们的精神负担;教学要求应灵活掌握,根据学生的实际情况,因人而异地提出不同的要求,让每个学生都有信心面对自己的学业;另外,开展丰富的集体活动、布置优雅的环境等,也能够给学生营造轻松愉快的氛围,促进他们身心健康发展。

⑤友善的需要。友善的需要,实际上是爱与归属需要的一种形式。中学生的自我

意识高涨,特别在意他人的评价和态度,他们特别渴望能被人接受,希望他人能够友善地对待自己,以此来肯定自己的价值。

2.中小学生需要的培养

(1)满足学生的合理需要,抑制其不合理的需要 需要是个体感到某种欠缺而力求获得满足的内心状态,需要的满足与否,直接影响着个体的情绪状态。个体的需要长时间得不到满足容易产生消极情绪,妨碍其身心健康发展。因此,对于中小学生的合理需要,我们应该尽量满足。但同时,要注意抑制其不合理需要,以免引起不良后果。

(2)引导和培养中小学生新的更高层次的需要 按照马斯洛的需要层次理论,高一层需要的满足可以弥补低层需要的不满足,培养学生的高层次精神需要,在某种程度上可以弥补学生现实生活里的诸多物质需要的不满足。另外,低层次的需要常常与本能相关联,一个人若是只满足于追求低层需要,他就很难有高层的、长远的动机。高层需要是永无止境的,引导和培养中小学生的高层需要有利于激发他们高尚的、长远的动机。

二、动机

(一)动机概述

1.动机的含义

动机一词来自拉丁文"movere",本意是移动或影响行为,因而动机往往包含了"力量"的意义。心理学界关于动机比较通用的界定是:动机是激发和维持个体进行活动,并使活动朝向某一目标的动力,是人类大部分行为的基础。就像汽车的行驶需要发动机的运行一样,行为活动的发生离不开动机的作用。动机过程实际上就是激发个体的行为欲望,并通过激励作用,使个体产生内在动力,从而

▓ 5-17:动机的类别

推动行为朝着目标前进的过程。有的人为了一点私利就损人利己、假公济私,有的人却为了人民利益而克己奉公、为政清廉,这样的不同实际上就是行为动机不同导致的。在日常生活中,我们常常会根据动机产生的来源、动机起作用的时间长短及动机与行为活动的关系等不同对其进行划分类别。在教育教学过程中,学习动机对于学生的学习行为而言是极其重要的,这是本教材主要论述的内容,详见第七章第四节。

2.动机与内驱力、诱因以及需要的关系

动机与内驱力、诱因以及需要的关系如图5-6所示。如前所述,动机是推动个体进行活动的内部动力,这种内部动力由内驱力和诱因两个基本因素构成。内驱力是在需要的缺乏状态下产生的一种推动个体行为活动以达到需要满足状态的内在推动力,从这一界定来看,可将内驱力与需要等同看待,二者可以替换使用。严格来说,二者并不等同。需要是一种主体感受,而内驱力是一种行为动力,二者并非同一状态,但二者又

密切相连:需要是产生内驱力的基础,而内驱力是需要寻求满足的条件。诱因是指能引起机体行为的外部刺激或外部因素。使个体趋向或接近,并因此而获得需要满足的诱因,称为正诱因;使个体逃避或远离,并因此而获得需要满足的诱因,则称为负诱因。

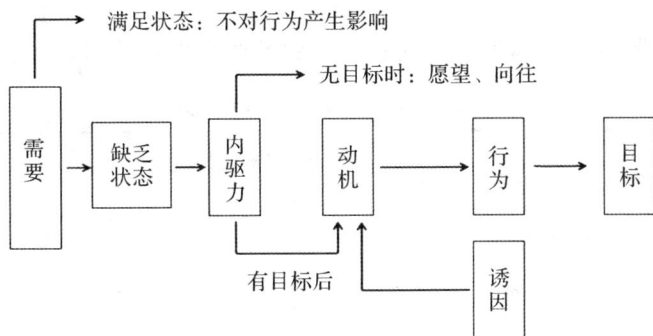

图 5-6　需要、内驱力、动机、诱因四者的关系

引起动机的内在条件是需要,引起动机的外在条件是诱因。动机是个体的内在过程,行为是这种内在过程的表现。

(二)动机的功能

1.激发功能

激发功能也叫激活功能,指的是动机具有发动个体行为的作用。比如,躺在宿舍床上的学生,突然觉得饿了,那么他就会选择下床去寻找食物,而不是继续躺在床上。

2.指向功能

指向功能指的是动机具有指明个体活动方向的作用。比如,口渴的人会寻找水喝,肚子饿的人更倾向于找饭、找面包吃。

3.维持和调节功能

维持和调节功能指的是动机具有维持个体行为活动的动力以及调整个体行为活动的强度、方向和持续时间的作用。换言之,就是当个体的某种活动产生以后,动机能够使个体针对特定目标维持自身的行为活动持续一段时间,并根据实际情况调整活动的强度、方向和持续时间。动机作用伴随整个行为活动过程,随目标的实现而消失。

(三)动机理论

1.成就动机理论

成就动机理论也叫期望价值理论,由美国心理学家阿特金森(J. W. Atkinson)提出。所谓成就动机,指的是个体为了又快又好地解决某一问题而努力克服障碍、施展才能的愿望或趋势。阿特金森认为,动机水平依赖于个体对目的的评价及达到目的可能性的评估。阿特金森重视冲突的作用,尤其重视成就动机与害怕失败之间的冲突。这一对心理冲突是成就动机的构成成分:其一是力求成功的动机,其二是避免失败的动机。由此可见,成就动机涉及对成功的期望和对失败的担心两者之间的心理冲突。阿特金森认为,最初的高成就动机来源于个体生活的家庭或文化群体,特别是幼儿期的教育和训练的影响。

在成就动机理论中,个体追求成功和避免失败两种力量的组合形式如表 5-2 所示。

表 5-2 成就动机各因素的力量关系

追求成功	避免失败	成就动机
高	低	高
高	高	中
低	低	中
低	高	低

阿特金森认为,追求成功的倾向依赖于三大因素:一是成就需要(M_s),即主体追求成功的动机强度,也称动机水平;二是个体对任务活动的期望值(P_s),即在某任务中成功的可能性大小;三是成功诱因值(I_s),即对实现目标的价值判断。这三个因素发生综合影响,其结果是个体接近与成就有关的目标倾向,即追求成功的倾向(T_s)。这一关系可以用数量化的形式来说明:

追求成功的倾向(T_s)=成就需要(M_s)×期望值(P_s)×诱因值(I_s)

M_s 是追求成功相对稳定的倾向。P_s 的值介于 $0\sim1$ 之间。$P_s=1$,表示确信能获得成功;$P_s=0.5$,表示获得成功的可能性是 50%;$P_s=0$,表示确信必然失败。I_s 与 P_s 之间是相反的关系,$I_s=1-P_s$。从公式中不难发现,个体的 P_s 减少时,I_s 就会增加。I_s 可以理解为获得成功后的自豪感。个体在困难的任务获得成功后体验到的自豪感,比在容易的任务获得成功后体验到的自豪感更强。

在阿特金森看来,在与成就有关的情景中,个体既有着对成功的期望,也有着对失败的担忧,个体追求成功、避免失败的冲突结果就是成就动机的强度。追求成功的倾向用 T_s 表示,避免失败的倾向用 T_{af} 表示,成就动机的强度用 T_a 表示,那么,$T_a=T_s-T_{af}$。

避免失败的倾向与三大因素有关:一是避免失败的动机(M_{af});二是失败的可能性(P_f);三是失败的消极诱因值(I_f)。这三者综合作用的公式为:

避免失败的倾向(T_{af})=避免失败的动机(M_{af})×失败的可能性(P_f)×失败消极诱因值(I_f)

与前文同理,$I_f=1-P_f$,失败的可能性减小,失败的诱因值就会增加。失败的诱因值可看作类似于羞愧、消沉等的消极情感。个体在容易的任务中失败后体验到的羞愧感,比在困难的任务中失败后体验到的羞愧感更强。

成就动机强度(T_a)=追求成功的倾向($M_s×P_s×I_s$)-避免失败的倾向($M_{af}×P_f×I_f$)。获得成功的需要大于避免失败的需要,会让个体更敢于冒险尝试并追求成功。追求成功的动机大于避免失败的动机的个体(追求成功者),在探索问题过程中遭遇失败的经历会提高他们解决问题的愿望,太容易获得的成功反而会降低他们的动机。研究表明,追求成功者更愿意选择成功概率为 50％ 的任务,这种选择更具有挑战性,能最大限度地满足他们的成就需要。而对于成功概率为 1 或 0 的任务,他们的动机水平显得很低。避免失败的动机大于追求成功的动机的个体(避免失败者),倾向于选择非常容易或非常困难的任务——选择非常容易的任务可以让他们避免失败,而选择非常困难的任务,纵使失败,他们也能找到合理的借口,从而减少挫败感。对于成功概率为 50％ 的任务,他们会选择回避,以免因难以获得成功而让自尊心受损和产生烦恼。

2. 归因理论

归因指的是个体对自己或他人活动及活动结果的原因作出一定的解释和评价。美国心理学家韦纳(B. Weiner)从认知心理学的角度把成功和失败的原因分为三个维度,即因素源(内部和外部)、稳定性(稳定和不稳定)、可控性(可控和不可控);把活动成功和失败的原因(行为责任)归结为六个因素,即能力、努力程度、工作难度、运气、身心状态以及外界环境。将三个维度和六个因素结合,就构成了归因模式,如表 5-3 所示。

表 5-3　归因理论模型

因素维度	因素源		稳定性		可控性	
	内部	外部	稳定	不稳定	可控	不可控
能力	√		√			√
努力程度	√			√	√	
工作难度		√	√			√
运气		√		√		√
身心状态	√			√		√
外界环境		√		√		√

韦纳认为,每一维度对动机都有重要的影响。

(1)因素源维度　在因素源维度上,如果将成功归因于内部因素,会产生自豪感,从而动机提高;归因于外部因素,则会产生侥幸心理。将失败归因于内部因素,则会产生羞愧心理;归因于外部因素,则会生气抱怨。

图 5-18:韦纳归因理论在教育教学中的运用

(2)稳定性维度　在稳定性维度上,如果将成功归因于稳定因素,会产生自信,从而动机提高;归因于不稳定因素,则会觉得庆幸。将失败归因于稳定因素,将会产生绝望、丧失信心;将失败归因于不稳定因素,则还存有希望。

(3)可控性维度　在可控性维度上,如果将成功归因于可控因素,则会积极主动争取;归因于不可控因素,则不会产生多大的动力。将失败归因于可控因素,则会继续努力;归因于不可控因素,则会失去动力。

在学习成败的归因中,影响学习动机的诸因素,激励作用最大的是努力程度这一因素。同时,将学习成败归因于努力程度也更能引起个体的情绪体验。一个总是失败并把失败归因于内部、稳定、不可控的因素的人,会形成习得性无助感。

5-19:习得性
无助

3. 自我效能感理论

自我效能感最早由美国心理学家班杜拉(A. Bandura)提出,指的是个体对自己是否能够成功地从事某一成就行为的主观判断。班杜拉指出,个体行为受行为的结果因素与先行因素的影响。行为的结果因素即强化,包括直接强化、替代性强化及自我强化(详见第七章第三节观察学习说)。先行因素指的是期待,包括结果期待和效能期待。结果期待是指个体对自身某一行为会导致某一结果的推测;效能期待是指个体对自己能够进行某一行为的实施能力的推测或判断。

5-20:自我效能
感的影响因素
及培养

班杜拉指出,影响自我效能感形成的最主要因素是个体自身行为的成败经验。成功经验会提高效能期待,反复的失败则会降低效能期待。同时,归因方式直接影响着自我效能感的形成。自我效能感低下的至极状态,往往就是习得性无助感。

除了以上几大主要动机理论,还有强化理论、需要层次理论、内驱力理论等。

5-21:其他动机
理论

三、兴趣

(一)兴趣概述

1. 兴趣的内涵

(1)含义　兴趣是个体力求认识某种事物或从事某项活动,并带有强烈情绪色彩的心理倾向。它表现为个体对某种事物或从事某项活动的选择性态度和积极的情绪反应。比如,浏览网页或者看广告的时候,体育爱好者总是首先关注相关新闻赛事,看到有赛事就会兴奋不已;而家庭主妇总是首先关注柴米油盐酱醋茶等生活必需品的价格报道,看到有降价、优惠活动,她们总会表现得开心不已。

5-22:兴趣的
作用

(2)兴趣与需要、动机　兴趣建立在需要的基础上,推动动机进一步发展。一方面,需要是兴趣产生的前提基础。个体需要的产生,使得个体对客观现实中能够满足自身需要的事物表现出一定的兴趣。与需要具有多样化、个性化的特点一样,个体之间的兴趣也不尽相同、各具特色。兴趣往往随着需要的变化而发生改变。另一方面,兴趣的发展推动着动机的发展。兴趣和动机都源自需要,但二者不同。由客观事物引发的个体动机,未必能发展成为个体的兴趣,但个体兴趣的形成必然伴随动机的产生,个体兴趣的发展推动着个体动机的发展。动机的产生,往往离不开内驱力和诱因两大因素的影响作用。而兴趣作为一种典型的内驱力因素,能激发动机的产生,兴趣的发展能够推动动机的发展。

2. 兴趣的影响因素

兴趣的影响因素主要包括遗传和环境两大因素。斯卡尔等人的研究表明,儿童在兴趣问卷上的分数与其亲生父母的分数显著相关,但领养儿童与其养父母之间的分数相关较小。血缘关系相近的儿童之间比无血缘关系的儿童之间的兴趣相关性更大。这一研究结果表明,遗传在很大程度上影响着兴趣。环境对兴趣的影响是不言而喻的,尤其地域形成的传统文化,对个体具有很强的感染力,容易使个体的兴趣带上浓重的地域色彩。

另外,个体的能力、知识经验、年龄与性别以及事物本身的特征等因素也影响着兴趣。一般来说,人们总是对自己能够胜任的领域比较感兴趣,对自己难以胜任的领域往往难以提起兴趣,甚至产生逃避的心理。处于不同年龄阶段的个体,由于知识经验的影响也常常会表现出不同的兴趣。随着年龄增长,知识经验不断增加,个体的兴趣也会随之发生变化。性别对于个体兴趣的影响也是不可忽视的。大体来说,女性的兴趣表现出一定的"人物定向",她们对具体的、个人的事物或活动更感兴趣;而男性的兴趣表现出一定的"物体定向",他们对抽象的、社会的事物或活动更感兴趣。

3. 兴趣的形成

需要、认知和好奇心是兴趣形成的基础。首先,需要是兴趣产生的基础。需要的产生使得个体活动朝向能够满足自身需要的客观事物,形成兴趣。需要的不断变化发展影响着兴趣也随之不断变化发展。其次,认知为兴趣提供机遇。兴趣是一种带有情绪色彩的认知倾向,这种认知倾向需要一定的认知基础,认知活动为兴趣提供了机遇。因为认知活动的参与,人们才能不断发现客观事物的有趣性,从而产生兴趣。没有认知活动的参与,人们将会对眼前的事物熟视无睹,将无法激发更不可能维持兴趣。最后,好奇心是兴趣发展的动力。好奇心激发个体的探索欲,从而引起探索行为。在探索过程中,个体不断产生力求认识新事物的态度倾向,形成兴趣。

4. 兴趣的分类

人的兴趣是多种多样的,根据不同的标准,可以划分为许多种类。

(1)根据兴趣的社会价值,可分为高尚兴趣和低级兴趣 从字面上看,高尚的兴趣,就是高雅兴趣,比如一些艺术工作者,他们天生对美就有一种特别的追求。

而低级兴趣,则是一些低俗趣味方面的兴趣,比如一些人由于某些因素的影响,喜欢看各种色情小说,以满足自己的需求等。

(2)根据兴趣的内容,可分为物质兴趣和精神兴趣 物质兴趣是指以物质需要为基础的兴趣。比如,人对衣服、食物、房子等表现出的兴趣。物质兴趣使人对某些事物产生偏好和渴望,并促使人去追求这些事物。

精神兴趣是指以精神需要为基础的兴趣,主要表现为认知方面的兴趣。比如,好奇心、求知欲以及对文化艺术的爱好等。

(3)根据兴趣的起因,可分为直接兴趣与间接兴趣 直接兴趣是指对事物或活动本身有需要而产生的兴趣,比如,儿童对游戏的兴趣。直接兴趣往往能够使得个体获得需要的满足,反过来又增强了个体兴趣,因而直接兴趣对个体的影响作用大、影响时间长,且随着时间的推移而越来越浓厚。

间接兴趣是指对事物或活动本身并没有需要,而是对事物或活动的预期结果有需要而产生的兴趣。比如,很多学生会觉得学习很辛苦,但是想到学习好了将来才能找到更好的工作,于是就鼓励自己努力学习。在努力学习的过程中,发现自己收获了不少有用的东西,于是慢慢地对学习产生了兴趣。与直接兴趣相比,间接兴趣表现出较强的目的性,且需要一定的意志努力。经过多次获得满足,间接兴趣可以转化为直接兴趣。

5. 兴趣的品质

(1)兴趣的指向性 兴趣的指向性是指个体积极地把注意力指向并集中于某种活动。在日常生活当中,我们的活动种类很多,活动领域很广,而人的精力有限,这就要求我们需要在众多活动中进行选择。

此外,兴趣的指向性还体现为,我们的兴趣总是具有一定的中心性。虽然很多时候或许我们兴趣广泛,但是归根结底,在众多兴趣当中,终究只有其中很少的一部分是最受我们重视的。比如,有一位数学教师,他是一个文艺爱好者,特别醉心于传记文学;他同时也对历史很感兴趣,有关历史方面的书籍,他读得很多;他还对艺术理论与哲学也感兴趣。纵使他兴趣很广,但他对于数学具有一种特别的、任何东西都比不上的兴趣。

(2)兴趣的广阔性 兴趣的广阔性是对兴趣范围的大小而言。有些人对新鲜事物十分敏感,对什么事都产生兴趣,兴趣广泛;有些人则把自己局限在一个小天地里,对什么都不感兴趣,兴趣的范围极为狭窄。人的心理能够得到充分发展常常与兴趣的广阔性相联系,历史上许多卓越人物具有令人惊讶的渊博知识,就是因为他们具有广泛的兴趣。

(3)兴趣的稳定性 兴趣的稳定性是指兴趣的持久与稳固程度。兴趣的稳定性在人与人之间有很大的差异,有的人兴趣稳定,对待自己喜欢的事物"数十年如一日";有的人兴趣缺乏稳定性,见异思迁。拥有持久、稳定的兴趣的人,能够醉心于长期的钻研,从而获得系统而深刻的知识,因此容易取得巨大成就;兴趣不稳定、见异思迁的人,很难长时间坚持研究,因而很难获得大的成就。

(4)兴趣的效能性 兴趣的效能性是指兴趣对行为产生效果的大小而言。有些人的兴趣只停留在期望和等待的状态,没能促使自身形成积极主动努力的行为,这种兴趣缺乏推动的力量,不能产生实际的效果。有些人的兴趣则不然,它能推动一个人去积极行动,把愿望和期待落实到真正的行动之中,因而能产生实际的效果。

(二)中小学生兴趣发展的特点及培养

1. 中小学生兴趣发展的特点

(1)小学生兴趣发展的特点

①学习由直接兴趣逐渐向间接兴趣转化。小学生的好奇心很强,他们对于许多事物都感到新鲜、有趣,从而趋向于接触它们、认识它们和掌握它们。但是,他们的兴趣有一个发展的过程。在低年级阶段,由于知识的匮乏,活动的目的性差,小学生的兴趣往往容易受当前具体、生动的形象所吸引,总是从对事物本身的喜爱出发来认识事物。比如,他们的学习兴趣,并不完全是由于对学习活动的意义和结果的认识而产生的,而是被学习过程中那些新奇、有趣的事物所吸引。随着他们的知识经验不断积累,到了高年级阶段,他们的兴趣才逐渐被某些目的和需要所引起。间接兴趣的发展使得他们开始由对学习活动的形式感兴趣过渡到对学习内容感兴趣,由对个别事物感兴趣过渡到对事物的因果关系和规律感兴趣。

②兴趣广度逐步扩大,但缺乏中心兴趣。小学生入学后受到教育教学的影响,学习活动的兴趣范围逐步扩大,从课内的学习兴趣扩大到课外的学习兴趣,从阅读童话故事的兴趣扩大到阅读文艺作品的兴趣,从对小玩具的兴趣扩大到对科技活动的兴趣等。但是与此同时,他们并未形成中心兴趣,更多的只是表现出"见一个爱一个"的特点。

③兴趣逐渐由不稳定向稳定发展。小学低年级学生的兴趣还不够稳定,既可以很快地产生,也可以很快地消失。比如,他们可能一会儿喜欢写字,一会儿又喜欢画画;一会儿喜欢当警察,一会儿又喜欢当医生。到了中高年级,小学生兴趣的稳定性有所进步,保持的时间也逐渐变长。

(2)中学生兴趣发展的特点

①兴趣范围缩小,中心兴趣形成。调查表明,从小学到大学,学生兴趣范围的发展有一个从广到窄、又从窄到广的过程,中学阶段处于由广到窄的阶段。中学生的中心兴趣常常跟他们渴求某方面的知识或追求某种理想的职业有关。

②兴趣的稳定性和深刻性日益加强。中学阶段的学生对学科的兴趣逐渐稳定。随着对自身需要的深刻理解,中学生开始逐渐追求理想。他们的兴趣更多地受内在主观意识倾向的调节和支配,而不再仅仅受情境和事物变化的影响,兴趣的稳定性日益增强。同时,他们的兴趣更多地指向事物的本质和内在规律,变得更加深刻。比如,他们对学科的兴趣开始基于知识内容本身对自我发展的意义以及自身认知偏好的结合,而不再取决于教学的趣味性。

③直接兴趣和间接兴趣趋于平衡。中学阶段,低年级学生的学习兴趣主要还是直接兴趣,他们的兴趣在某种程度上还受学习形式以及教师教学形式的影响。随着年龄的增长,他们越来越能够发现事物的内在规律和本质,他们的间接兴趣也随之逐渐增长起来,到了高中,两种兴趣已经趋于平衡。

2. 中小学生兴趣的培养

（1）从学生的喜好入手　教师要想培养学生的兴趣，首先得了解学生的喜好，可以通过观察、谈话、作业、分析等方法来找到切入点，不断地鼓励学生，让学生在激发自身兴趣的同时，能够认识到兴趣对于人生发展的作用，为学生的未来发展打好坚实的基础。

（2）开展相关教育活动，使学生确立正确的学习动机，激发求知的欲望　对学生进行了解和分析后，教师可以开展相关的教育活动，让学生认识到学习的重要性，并确立正确的学习动机，同时使学生明确学习的终极目的，激发学生的求知欲，让学生在学习中收获快乐。

（3）针对学生兴趣发展的特点，设法控制他们的学习情绪，使他们的兴趣逐步趋于稳定　中小学生的学习兴趣容易激发出来，但很难维持稳定。同时还容易偏科，这在某种程度上与教学的难易程度有关。过于简单的教学内容以及过于轻松的作业任务都会让他们缺乏学习兴趣。相反，难以理解的教学内容，则会让他们产生抵触的心理而导致缺乏学习兴趣。因此，教师在教学过程中，要注意安排教学内容、关注学生的学习情绪，要让他们的学习情绪处于稳定状态，促进他们学习兴趣的维持和提升。

（4）采用多种形式的教学方法，吸引学生学习的兴趣　教师可以通过多媒体、视频、比赛等形式来组织教学活动，吸引学生的学习兴趣。同时，还要不断改进教学方法，使自己的教学语言做到生动有趣、富有感染力。除此之外，教师还应该多鼓励学生，增加学生学习的信心，让学生更好地投入学习过程中。

▦ 5-23：兴趣培养
小策略

四、价值观

（一）价值观概述

1. 价值观的含义

价值观指的是个体对客观事物及对自身行为结果的意义、作用、效果和重要性的总体评价。简单来说，就是个体用以判断是与非、好与坏、善与恶的标准，是个体借以指导自身行为的准则。在第一章中，我们论述了个体心理具有主观能动性，而价值观体现了个体对客观世界的评价和看法。个体行为总是建立在对客观世界的评价和看法上，价值观是个体行为态度的基础。

价值观是在社会实践过程中逐渐形成和发展起来的，个体价值观的形成总是会受到个体身心状况、教育程度、家庭环境、社会文化等因素的影响。青年时期是个体价值观形成的最重要时期，因而为青少年学生创造良好的家庭、教育及社会环境显得至关重要。

▦ 5-24：价值观的
几个关系

2. 价值观的特点

(1)价值观具有稳定性和持久性 稳定性和持久性是指在特定的时间、地点、条件下,个体的价值观总是相对稳定和持久的,不会轻易发生改变。一旦我们形成对某些人、事和物的某种价值观,我们就很容易按照自己的价值标准对号入座去评价相应的人、事和物,并且轻易不会发生改变。比如,一旦我们形成"爱财之人都爱慕虚荣"的价值观,那么,看到某个爱财之人对穷困之人慷慨解囊,我们首先想到的会是"装好人,给自己挣面子"。若爱财之人对穷困之人视而不见,我们就更加认定"果然爱慕虚荣,看到穷人都不帮一把"。

(2)价值观具有历史性和选择性 历史性和选择性是指在不同时代、不同社会环境中,个体形成的价值观是不同的。个体的价值观是从出生开始,在家庭环境和社会环境的影响下逐步形成的。个体所处的社会文化背景,对其价值观的形成有决定性的影响作用。比如,由于中西文化的差异,中国人更容易形成国家主义和集体主义的价值观,而西方人则更容易形成个人主义价值观。

(3)价值观具有一定的主观性 主观性是指个体总是根据自身的尺度对是非、好坏与善恶进行衡量和评价。价值观的主观性决定了面对同样的人、事和物,不同的人会有不同的看法。

(4)价值观具有一定的动力性 动力性是指价值观与个体的"知""情""意"心理活动过程密切相关,当它与一定的客观生活条件相符合,就成为推动、制约、支配和调控生活行为的动力。

3. 价值观的几个概念

(1)主导价值观 关于主导价值观的内涵,学术界对这一概念的研究不多。总体而言,关于这一概念的界定,体现为两个方面:一方面,主导价值观是社会群体价值观。从主体角度划分,价值观可分为个体价值观和群体价值观。个体价值观是个体对价值客体的总体评价,是个体借以指导自身行为的准则。群体价值观则是一定社会群体成员共有的对价值客体的总体评价,是特定社会群体指导成员行为的准则。另一方面,主导价值观是居于主导地位的社会价值观。社会群体是一个复杂的结构,它包含很多不同个体,不同的个体相互之间又可以构成不同的群体。每一个体和每一群体,都有着自身的价值观。社会群体结构的复杂性决定了社会群体价值观是多元的,而在众多价值观念中,有些是处于主导地位的,有些是处于从属地位的。处于主导地位的社会价值观代表着整个社会群体的主要价值方向,往往具有"官方"意味,起到一定的导向作用和增强社会凝聚力的作用。简言之,主导价值观即"官方"推行的价值观。这一价值观明确了人们应该做什么、不应该做什么。

(2)主流价值观 主流价值观是社会主流意识的思想形态,是世人对当时社会反映的大多数民众所信奉的一种带有大众取向的价值观。世上所有事物都具有两面性,因此,不同的个体对同一事物往往会作出不同的价值判断。但总的来说,社会大众对同一类事物的价值判断往往带有一定的倾向性,或者赞成,或者反对。那些代表着大多数人的价值判断,就形成了社会的主流价值观。

(3)核心价值观　核心价值观是指某一社会群体对某一社会事务进行判断时所依据的是非标准以及遵循的行为准则。核心价值观是整个人类社会必须拥有的终极信念,是人类生存哲学中起主导性作用的重要组成部分,如学生对社会、对生活、对学习等的看法或态度,它影响个体的做事态度与人生发展。

(二)价值观教育

1. 价值观教育的意义

价值观对人们自身行为的定向和调节起着非常重要的作用。价值观直接影响和决定一个人的理想、信念、生活目标和追求方向的性质。因此,对学生进行价值观教育,具有重大的意义。主要体现在以下两个方面。

一方面,价值观教育对个体动机有导向的作用。人的行为动机受价值观的支配和制约,价值观对动机模式有着重要影响。在同样的客观条件下,具有不同价值观的人,其动机模式不同,产生的行为也不相同。对学生进行价值观教育,有利于其将之转换为行为的动机,并以此为目标引导其行为。

另一方面,价值观反映人们的认知和需求状况。价值观是人们对客观世界及行为结果的评价和看法,因而,它从某个方面反映了个体的人生观和世界观,反映了个体的主观认知世界。对学生进行价值观教育,可以帮助学生树立正确的人生观和世界观,帮助其更好地实现自身价值。

2. 中小学生价值观的引导

(1)与时俱进,更新理念,建设多元化校园文化　校园文化包括校内文化、地域文化和外来文化,任何形式的文化都有其存在的价值和空间。教师要充分发挥各种文化的积极作用,克服其消极影响,而不是去挤占它、替代它。建设多元化的校园文化,通过加强社会主义核心价值观教育,引导学生学会抵制各种错误价值观念的影响,理性地进行价值判断。

(2)合理构建多样化德育课堂,引导学生形成正确的价值取向　教师要根据中小学生身心发展的特点,合理构建多样化德育课堂,采用学生喜闻乐见的形式,开展价值观导向教育。引导学生正确看待各种社会现象,明辨是非,形成正确的价值取向。

(3)积极参与社会实践,在体验活动中形成道德选择和价值判断能力　价值观的形成离不开实践活动的体验过程,教师要鼓励学生积极参与社会实践,在实践活动中体验不同价值观念对自身行为的影响,在多元价值观念的冲击下,学会作出正确的道德选择和价值判断。

总之,学校要努力构建与文化多元、价值多元的时代背景相适应的德育环境,不断更新教育理念,根据社会发展和学生身心发展的特点,建设合理化、人性化,更具实效的教育环境,从而有效引导学生形成健康、和谐,更能适应社会发展的价值观。

//第四节// 自我意识

一、自我意识概述

(一)自我意识的含义

自我意识是个体对自己以及自己与客观世界关系的一种认识,也是个体对自身生理、心理和社会功能状态的知觉和主观评价,它包括个体在实践中自己对自己、自己对他人、自己对社会、自己对自然等关系的认识活动。

具体来说,从形式上看,自我意识包括自我认识、自我体验和自我调节。

从内容上看,自我意识包括:生理的我,即认识自己的生理状况(如身高、体重、体态等);心理的我,即认识自己的心理特征(如兴趣、能力、气质、性格等);社会的我,即认识自己与他人的关系(如自己与周围人相处的关系,自己在集体中的位置与作用等)。

(二)自我意识的心理成分

自我意识的心理成分对应着自我意识的三种形式,包括自我认识、自我体验和自我调节,这三种心理成分相互联系、相互制约,统一于个体的自我意识之中。

1. 自我认识

自我认识是自我意识的认知成分,它是自我意识的首要成分,也是自我调节控制的心理基础。自我认识主要回答"我是什么样的人"的问题。自我认识包括自我观察、自我分析、自我评价和自我概念。

(1)自我观察　人是观察的主体,同时又是被观察的客体。自我观察是指个体将自己的心理活动作为被观察的对象,觉察到自己此时此刻的身心状态等。古有"吾日三省吾身",这里的"省"就有自我观察的意思。

(2)自我分析　自我分析是在自我观察的基础上对自身状况的反思,指的是个体把从自身的思想与行为中所观察到的情况加以分析、综合,并在此基础上概括出自己个性品质的本质特点,找出有别于他人的重要特点。

(3)自我评价　自我评价建立在自我观察和自我分析基础之上,是对自己的能力、品德以及行为等方面的评估,它最能代表一个人自我认识的水平。自我评价能力是自我意识的主要成分和发展水平的主要标志。自我评价有适当与不适当、正确与不正确之分。适当的、正确的自我评价能使个体对自己采取客观理性的态度,将自己的力量与所面临的任务及周围人的要求加以恰当的比较。

(4)自我概念　自我概念是一个人对自身存在的体验,是个体关于自己的总体认识。实际上,它是建立在自我观察、自我分析以及自我评价的基础之上的,它是自我认识各成分的综合的、整体的反映。自我概念是一个有机的认知结构。自我概念可以分为现实自我、理想自我和镜中自我:现实自我是指个体从自己的立场出发,对现实中的我的认识,也就是对实际的我的认识;理想自我是个体从自己的立场出发,对将来的我的认识,也就是对想象中的我的认识;镜中自我是从他人眼中反映出来的自我形象,也就是个体认为他人是怎样看待自己的。现实自我、理想自我和镜中自我有可能一致,也有可能不一致。

2. 自我体验

自我体验是指个体是否满意自己或悦纳自己的情绪,主要包括自尊、自信、成功感与失败感等。自我体验主要涉及"对自己是否满意""能否悦纳自己"等问题。自我体验也是主观的我对客观的我所持有的一种情绪体验,它反映了主体的我的需要与客体的我的现实之间的关系。如果客体的我满足了主体的我的需要,就会产生肯定的自我体验,如自我满足、优越感等;否则就会产生否定的自我体验,如自卑或自责等。

(1)自尊(自尊心) 自尊是个体评价自己的价值的体验。自尊是自我体验的核心。人人都有自尊的需要,总希望在群体中占有一定的地位,享有一定的声誉,得到良好的评价。当社会评价满足个人自尊需要时,个体就形成自尊心。它促使个体更加奋发向上,追求实现更高的社会期望。当社会评价不能满足个人的自尊需要,甚至产生矛盾时,可能会产生两种情况:一种是产生自我压力感,从而使自己加倍努力,迎头赶上;另一种是产生自卑心理,自暴自弃,一蹶不振。

(2)自信 自信是个体对自己的信任,表现为对自己的知识、能力、行为、判断等有信心、不怀疑。自信也是一种感到有把握的状态、一种能力的体验。个体过去的成败经验对其自信的产生和形成有关键性影响。自信也与自我评价紧密相关:自我评价过高,自信转化为自高自大;而自我评价过低,自信又会转化为自卑。

(3)成功感与失败感 成功感是在实现目标的过程中取得成就时产生的自我体验;失败感是在实现目标过程中遭遇挫折时产生的自我体验。成功感与失败感的产生,不但取决于客体的我是否取得成就,还取决于主体的我对客体的我的要求,即期望水平。

3. 自我调节

自我调节指自我意识在意志和活动方面表现出来的自我检查、自我监督和自我控制。其中,自我检查是个体在大脑中将自己的活动结果与活动目的加以比较、对照的过程,以保证活动的预定目的与计划逐步得到实现。自我监督是个体以其良心或内在的行为准则对自己的言论和行为实行监督,有人把它比喻为一个人内心的道德法庭。无须任何外在形式的监督,而听从于内心自我监督的行为才是真正自觉的意志行为表现。自我控制是个体对自身心理与行为主动的掌握。自我调节要解决"如何有效地调控自己""如何改变现状,使自己成为一个理想的人"等问题。

(三)自我意识的发展

自我意识是人格各部分整合和统一起来的核心力量,是人格的重要组成部分,自我意识的水平制约着个体对自身的人格形成和发展进行调节的能力。个体自我意识的发展经历了从生理自我(1~3岁左右)到社会自我(3~11岁左右),再到心理自我(11岁以上)的过程。

5-25:自我意识三阶段

二、中小学生自我意识的发展

(一)小学生自我意识发展的特点

1. 小学生自我认识发展的特点

小学生自我认识的发展主要体现在自我概念和自我评价的发展上,其发展特点具体如下。

(1)小学生自我概念发展的特点 自我概念的形成是个体通过观察、分析、比较等多种途径形成的,也是在不断尝试错误的过程中逐渐形成和发展起来的。小学生在与环境相互作用的过程中,由对外部世界的认识、对他人的认识,逐步转变为对自己的认识;从分析周围的环境、分析他人的心理,转向分析自己的内心体验和心理品质。在一系列的转变过程中,他们对自己的认识逐渐从比较具体的外部特征的描述向比较抽象的心理术语描述发展。低年级的小学生在描述自己的特征时,大多是用一些外在的特点加以描述,如爱穿裙子、爱红色等;随着年龄增长、知识经验以及实践经验的不断增加,他们开始慢慢选择用一些代表内在品质的词语描述自己,如勤奋、懂事、诚实等。总之,小学生自我概念的发展是由低到高逐渐发展起来的。

(2)小学生自我评价发展的特点

①自我评价的独立性日益增强。小学低年级阶段的学生常常依赖他人(尤其是教师和父母)的评价来断定自身的价值,他人的评价对于他们有着极其重要的影响。在小学低年级阶段,教师在小学生心目中是知识和智慧的化身,因而教师的态度和评价对学生自我评价的形成起着主导作用。因此,教师在对小学生评价时要做到客观、公正,让每个学生都能知道自己既有优点,也有缺点,明确他们努力的方向。随着年龄的增长、实践经验的不断积累,小学生开始渐渐形成自己的见解,不再那么依赖他人的评价,他们的评价方式表现出从依赖他人评价到独立评价的特点,并随年龄增长而提高。

②自我评价的全面性进一步发展。低年级小学生的自我评价常常依赖于具体行为活动,且常常喜欢借由一个具体的行为表现对自己或他人加以评价,他们的自我评价片面而又表面,表现出一定的笼统性;随着年龄的增长和实践经验的积累,他们越来越意识到每个人是有多方面特点的。到高年级阶段,他们已经懂得在对自己或他人进行评

价时要注意考虑多个方面,每个方面都应该适度去分析,而不是笼统地一概而论,表现出从比较笼统的评价到对个别或多方面的评价的特点。

③自我评价的稳定性逐渐提高。低年级小学生由于尚未学会根据一定的道德观点和行为准则对自己的行为作出评价,所以他们的自我评价有很大的易变性,前后评价的一致性很差。随着小学生活动范围的不断扩大、实践经验的积累以及道德判断水平的不断提高,他们的评价开始由具体到抽象、由注重外在评价到注重内在品质评价,评价的稳定性逐渐提高。

2. 小学生自我体验发展的特点

自我体验一般发生于学龄前期(4周岁左右),在小学阶段有了较大的发展。在小学阶段,自我体验与自我评价的发展具有很高的一致性。随着小学生理性认识的提高,他们的情绪体验逐步深刻。小学生的愉快感和愤怒感发展较早,自尊感、羞愧感和委屈感发生较晚。

3. 小学生自我调节发展的特点

自我调节可分为被动的自我调节和主动的自我调节。前者是指由外在控制力作用引起的自我调控,后者是指由主体自设目标、自定要求而致的自我调节。相关研究表明,小学三年级的学生已表现出很强的自我调节能力,但更多的是被动调节。儿童最初的自制力是由于成人的要求而产生的。约在三年级末,小学生才逐渐养成在学习时自我控制的习惯。同时,在学习过程中,小学生自制力的范围在不断扩大,自制力的质量也日益提高,具体表现在小学生不仅能发现自己学习中的缺点,而且能用自己的力量去改正这些缺点。

(二)中学生自我意识发展的特点

中学阶段是青少年身体发生急剧变化、心理逐渐成熟的时期,这个时期是长身体、长知识、长智慧、初步形成人生观和世界观的时期,也是自我意识高涨的时期。这一时期的个体,自我意识的发展既不同于小学生,又不同于成人,他们有着自己的特点,主要表现在以下几方面。

1. 中学生自我认识发展的特点

(1)中学生自我概念发展的特点　小学阶段的学生关心和感兴趣的多是外界发生的事件,而中学阶段的学生,由于第二性征的出现,他们除了感到惊讶、兴奋外,还产生了"我长大了"的感觉。此时,他们开始关注自己的主观世界,自我意识的发展进入第二次飞跃的阶段。一方面,他们对自己的体态、容貌开始关注;另一方面,他们对自己的内心世界更加关注。中学阶段的学生,由于他们的认识兴趣已从外部世界转向内心世界,这使得他们的自我开始分化成"主我"和"客我"、"理想我"和"现实我"。他们急切地想要了解自己的个性特点,关心自己的形象,他们想要按照自己的意愿塑造自己、表现自己。当"主我"和"客我"、"理想我"和"现实我"之间发生冲突时,他们就会感到迷茫和焦虑。随着年龄的增长,他们心目中的"自我"才变得更加清晰、更加丰富、更加稳定。总之,中学生的自我概念趋向于个体的内心世界,他们关注自己的体态、容貌和内心世界。

（2）中学生自我评价发展的特点　进入青春期的中学生,他们已经意识到自己是成人了,他们渴望独立,摆脱依赖的要求非常强烈,表现出强烈的叛逆性和对抗性。在评价标准上,他们由童年时期的依赖他人评价标准取向转向同龄团体评价标准取向,开始形成相对独立的自我评价;同时,随着年龄的不断增长,到了高中阶段,他们的自我评价开始既摆脱了对成人的依赖,又逐渐克服了同龄伙伴的影响,表现出真正的个体特有的、较稳定的自我评价。并且,中学生已经能够从自己的道德原则出发进行客观评价。总之,中学生自我评价的独立性明显提高、稳定性较好。相关研究表明,初中三年级是自我评价发展的关键期。

2. 中学生自我体验发展的特点

中学生自我体验日趋丰富和深刻,自尊心得到了高度的发展。中学生十分渴望得到他人的肯定,对外界的评价特别敏感。当他们受到肯定和赞赏时,就会产生强烈的满足感;当他们受到否定和批评时,容易产生强烈的挫折感。中学生自尊心的快速发展往往使他们思想固执。

3. 中学生自我调节发展的特点

随着青春期的到来,个体的自我调节能力明显增强。中学生的自我调节由被动转向主动,同时,自我调节表现为由自我控制向自我教育发展。

📖 5-26：中学生自我意识发展中容易出现的偏差

三、中小学生自我意识的培养

（一）参与社会生活,培养自我认知能力

认识自己是一个人形成良好自我意识的重要方面。各种生活实践是认识自我的最好课堂,学习、工作、社交等活动为人们检验自我意识的正确与否提供了条件。在每一种社会活动中,每个人都会有自己的利弊、得失等感受和体验,可以借此对自己各方面的情况作一番冷静、认真的回顾和总结。只有这样,才能扬长避短,发挥优势,获取成功,建立自信。良好的自我意识只有通过参与社会生活才能得到培养和发展。

（二）坚持正面教育,培养自我接纳能力

自我接纳是形成自尊和自信的前提,是积极自我意识形成的基础。自我意识的形成建立在自我评价的基础之上,而自我评价常常离不开他人的评价和态度。他人的评价和态度对个体的自我评价有着重要影响,正面、积极的评价和态度有利于个体形成积极的自我评价;反之,则会让个体形成消极的自我评价。因此,在教育教学过程中,教师

要善于发现学生的优点,多肯定、多鼓励,让学生发现自身可贵可取之处,学会自我接纳,形成良好的自我意识。

(三)利用学习活动,培养自我控制能力

中小学生的主要任务是学习,主要的社会活动也是学习,教师要在学生学习的过程中帮助他们养成良好的自我控制能力。具体方法如下。

(1)积极暗示,增强自控力　积极自我暗示能提高中小学生的自我控制水平,帮助其克服学习的枯燥,养成稳妥做事的习惯。

(2)积极鼓励,提升信心　无论是小学生还是中学生,在学习中都会遇到难题,教师的积极鼓励不仅能够帮助学生克服困难,还能够培养学生的自信心与成就感。通过教师积极恰当的鼓励,学生很容易建立起自信心,从而有了攻克成绩较差学科的力量。

(3)适当挑战,激发斗志　高难度作业的完成对自我控制水平有着更高的要求,鼓励学生完成高难度的作业,有利于提升他们的自我控制水平。因此,在教育教学过程中,教师可以根据学生的实际情况,给他们安排具有一定挑战性的任务,激发他们的斗志和勇气,培养他们的自我控制能力。

//第五节//　中小学生社会性的发展

一、社会性认知发展

社会性认知是指对自己和他人的观点、情绪、思想、动机的认知以及对社会关系和对集体组织关系的认知,与个体的认知能力发展相对应。社会性认知的发展主要表现在两个方面:一是观点采择能力的发展;二是对社会关系认识的发展。

(一)观点采择能力的发展

观点采择能力是指个体把自己的观点和他人的观点相区分并协调起来的能力。简言之,就是从他人的角度看问题的能力,与自我中心相对。根据心理学家塞尔曼(R. Selman)的研究,个体的观点采择能力的发展具有阶段性,每一阶段的个体,其观点采择能力都不尽相同。

🔳 5-27:塞尔曼的观点采择能力研究

(二)对社会关系认识的发展

个体对社会关系的认识主要体现在对社会习俗和群体规范的学习上。幼儿不具备根据群体规范对行为本身进行判断的能力,他们对某一行为的唯一判断依据就是

行为结果。8～10岁的个体,在完成对社会习俗和群体规范的学习后,他们不再仅以结果论是非,而开始依据行为本身是否合乎社会规范进行判断。从这一阶段开始,个体不再把个人利益看得最重,他们已经懂得把社会和群体的利益放在首位,逐渐与人合作,并真正投身到社会群体中去。然而,在现实生活中,有些学生没能顺利地完成这种发展任务,他们不善于与他人合作,也不愿对群体负责。如果放任他们这样发展下去,将会对他们的社会化造成严重影响,甚至会导致他们成年后对社会的疏离感,形成反社会人格。

二、性别角色发展及性别教育

(一)性别角色发展的相关概念

1. 性别角色

性别角色又称性别作用,指由于人的性别差异而带来的不同的心理特点或行为模式,是社会对男性和女性在行为方式和态度上期望的标准总称。任何社会或民族,对男性与女性所扮演的角色及其发挥的作用,总是有一种普遍的期待。比如,对于男性、女性的姿势、神态、声调、举止等各个方面,我们常常有着不同的要求。

2. 性别认同及性别角色认同

性别认同指的是从生理特征上确认自己的性别。性别角色认同是指从社会对性别角色的要求来确认自己的性别,并以相应的性别角色为标准指导自己的行为,形成某种性别模式的过程,即根据社会文化对男性、女性的期望而形成相应的动机、态度、价值观和行为,并发展为性格方面的男性和女性特征,即所谓的男子气和女子气。

(二)性别差异

1. 生理差异

男性和女性在生理方面,除了体现在器官上的差异以外,在身体的其他方面,还有很多由于性别所导致的不同。

(1)药物作用　在服用相同的药物时,女性出现副作用的概率要比男性高一倍;药物对男女产生的效果也往往不一样,比如在使用麻醉药后,女性醒来的时间要比男性平均早7分钟。

(2)疼痛感　男性在感受疼痛时,血压会随之升高,而女性在感受疼痛时则会出现心跳加快,所以女性对疼痛的感受常常更强烈、更直接。

(3)情绪和感觉　研究发现,女性哭泣的次数比男性多4倍,她们大多在晚上7点到10点间容易哭泣。此外,女性患抑郁症的概率比男性高,可能是因为男性的大脑会更多地产生一种能阻止情绪低落的激素。女性的听觉和嗅觉比男性好;女性对光亮的反应也要比男性敏感得多,并且能比男性更好地觉察细节。

2. 认知差异

(1)言语能力　早期研究认为,女性的言语能力优于男性。近期的研究发现,女性的言语优势仅仅表现在某些方面而非整体:女性在言语流畅性及读写方面占有优势,男性在言语理解、推理等方面表现得更好。

(2)视觉空间能力　研究表明,在视觉空间认知能力方面男性更占优势,并且这种空间能力与数学能力有关。男女之间空间能力的差异主要分为两类:一类是空间定向能力,指主体能以其自身为参照点,了解其他物体的空间位置;另一类是空间想象能力,指主体能通过对某个物体或图形进行心理旋转,对其进行辨认,或调节一个倾斜的物体,使其与水平线之间构成垂直或平行的关系。

(3)数学与推理能力　传统观点认为,男性和女性在数学能力上存在很大的差异。事实上,13 岁以下的儿童在数学能力上没有显著差异,13 岁以后,男孩表现出更好的数学能力,但只是在特殊的人群中才有显著差异,一般人群中并无显著差异。

(4)记忆能力　记忆的性别差异在量上是很微小的,主要是记忆类型上的差异:男性的理解记忆和抽象记忆较强,女性的机械记忆和形象记忆更强;男性对视觉或空间材料的记忆表现得更好,女性对言语材料的记忆表现出更大的优势。

(5)思维与创造能力　儿童从幼儿阶段起思维活动的特点就有所差别,男孩偏向逻辑思维,女孩偏向形象思维;在创造能力上,男女之间没有显著差异。

事实上,两性的认知差异是极其微小的,仅有 1％的不同,而存在 99％的重叠:两性之间不分孰高孰低,各有优势。

3. 个性与社会性差异

(1)兴趣　在兴趣上,男孩的注意力多指向物,表现出"物体定向"。他们喜欢摆弄实物、拆装玩具,并探索其中的奥秘,主动进行科学实验,积极参加小发明、小创造活动,即所谓"物体定向"。女孩则表现出"人物定向",她们的注意力多指向人,对人与人之间的关系通常较为敏感,喜欢探索人生,爱听感情色彩浓厚的人生故事。

(2)情绪体验与表达　在情绪体验与表达上,男孩、女孩都一样善于判断自己的情绪体验,但女孩更善于表达情绪;对于愤怒,男孩比女孩更易流露。女孩比男孩对照料他人表现出更大的兴趣;男孩随年龄增长将照料兴趣转移到宠物上。

(3)自信心与成就动机　在看待自身智力和学业能力上,男孩倾向于高估自己,女孩倾向于低估自己。

在对自我评价上,差异主要来自不同的活动类型和归因方式:男孩在男子气的活动中,将成功归因于内部能力,将失败归因于外部运气;女孩在女子气的活动中,表现出同样的归因方式。

(4)活动类型及友谊行为　男孩的活动水平比女孩高,男孩喜欢活动幅度大的、大肌肉动作的运动,女孩偏爱和其他女孩在一起的活动;男孩更愿意发起或参与打闹游戏,女孩更愿意从事合作性的活动。

在友谊发展上,女孩更看重友谊中的亲密关系,容易形成小团体;男孩往往形成大团体,更易产生冲突和攻击行为,而与参加共同活动的同性形成较深的友谊。

(5)攻击性　研究表明,在攻击性上,男女之间存在明显差异。总体来说,男性比女性更具有攻击性。就攻击性行为的方式来说,男性较喜欢用直接的身体攻击,而女性则喜欢采用言语形式的攻击,且伴随着女性的成长,她们将更多地采用间接的攻击方式。尽管在许多情境中,男性都表现出更大的攻击性,但仍然有一些使女性产生更大攻击性的情境存在。比如,我们都听过这样的忠告"永远不要去惹母熊怀里的孩子",这是一种典型的女性具有更大攻击性的情境。在研究导致痛苦或身体伤害的攻击行为时发现,男性更具有攻击性;但如果是导致心理或社会伤害的攻击行为,男性和女性表现出来的差异就小得多。因此,在不同情境中,性别角色决定了攻击行为的表达方式,而不是攻击行为的多少。另外,随年龄增长,攻击行为由身体攻击逐渐转为言语攻击,攻击行为总体发生频率下降,越来越集中在少数人身上。

(三)性别差异产生的因素

性别差异的形成,既有先天的原因,也有后天的原因。总的来说,主要的因素有生物、家庭、同伴、学校教育、社会媒介与文化、自我社会化等因素。

5-28:性别差异的产生

(四)学生的性别教育

1. 性别的双性化

所谓"双性化",是指一个人兼有男性化与女性化的气质。双性化者并非"变态",相反,众多研究表明,双性化者兼有男性和女性较为优良的品质,往往具有更强的社会适应能力。

2. 性别平等教育

(1)消除性别角色刻板印象　在教育教学过程中,教师要正确认识学生性别差异形成的原因,要努力发现男、女生各自的优势与劣势,消除性别角色的刻板印象,改变刻板认知,正确塑造学生的性别角色。

(2)帮助学生建立双性化性别模式　在教育教学过程中,教师应当注意培养学生的双性化特征。适当培养男孩的女子气,培养女孩的男子气,以便让其能够更灵活地适应社会环境。

(3)以认知干预对抗性别角色刻板印象　对于已经形成性别角色刻板印象的学生,教师可以通过对他们进行分类训练的方式,帮助他们改变刻板认知,重新定位角色行为。

三、中小学生人际交往的发展及交际能力培养

(一)中小学生人际交往的发展

1. 小学生人际交往的发展

(1)**亲子关系的发展** 狭义上的亲子关系,是指孩子与父母的关系;广义上的亲子关系,包括孩子与祖父母、外祖父母,甚至是叔伯姑姨等长辈之间的关系。亲子关系是一个人一生中最早形成的关系,。也是人际关系中最重要的一个部分。亲子关系是个体与他人人际关系的基础,亲子关系的好坏决定着个体与他人关系的好坏。良好的亲子关系有利于个体与他人建立良好人际关系;反之,则对以后的个体发展产生不良的影响。

图 5-29:小学生亲子关系的发展

研究表明,随着小学生年龄的增长,父母与他们的关系不断地发生着变化。首先,父母与小学生交往的时间逐渐减少;其次,父母对小学生的控制力量减弱,小学生越来越多地自己作出决策。

(2)**师生关系的发展** 对于小学生而言,师生交往是一种全新的人际交往关系。一方面,与幼儿园的教师相比,小学教师更为严格,他们既引导学生学习、掌握各科知识,又监督评价学生的品行。而与中学教师相比,小学教师对学生的关心和帮助更为具体、细致,也更具有权威性。另一方面,进入小学后,学生与教师的相处时间明显比与父母相处的时间要长,小学生对教师会表现出强烈的向师性。因此,学生很容易对教师产生一种崇拜和敬畏之情。教师的言行举止对学生的行为养成有着很大的影响作用。教师对学生的评价在很大程度上会影响着学生在同伴当中的地位,影响着他们与同伴的关系。小学阶段的师生交往更多的是一种单向交往,即教师提要求,学生服从。但研究表明,双向的交往更有利于儿童的身心健康发展。因此,教师在教育教学过程中应该注意保持师生之间的双向交往,在维护自己权威的同时,也应该让学生有充分的自主性,培养他们的主体意识。

(3)**同伴关系的发展** 同伴关系在小学生人际交往发展中具有成人无法替代的独特作用和重要价值。有研究指出,早期同伴关系不良将导致以后难以适应社会。在班上没有朋友的小学生,比起其他学生,更易出现孤僻、冷漠、退缩、压抑、退学(逃学)、加入不良团伙等心理障碍或不良行为。良好的同伴关系有助于小学生获得熟练的社交技巧,使他们具有安全感和归属感,有利于情绪的社会化,有利于培养其对环境进行积极探索的精神。

与师生交往方式不同的是,同伴交往从一开始就是建立在互动和平等的基础上的,更为符合日常性社会交往的特点。因此,同伴交往对促进小学生的社会性发展有着更为直接的作用。个体的生理特征、行为特征、性格特征、学习成绩以及教师的评价和态

度等都会影响着小学生同伴关系的发展。

同伴关系的确立让小学生开始接触到一些内在的良好品质,如善良、忠诚、勇敢等。但是,由于小学生的善恶、是非观念尚未成熟,他们在交往方面具有一定的盲目性。有些学生会模仿社会上不良的交往关系,把友谊理解成"哥们义气",把勇敢理解成"为朋友两肋插刀"。这种不恰当的理解还可能进一步扩大化,导致团体帮派的形成,给班级、学校带来种种不良的影响,甚至导致校园暴力的发生。因此,教师在教育教学过程中要引导学生正确看待同伴关系,培养他们形成良好的同伴关系,促进他们健康发展。

2. 中学生人际交往的发展

个体进入青春期后,随着身心的变化,人际交往也发生了变化。主要表现在以下几个方面。

(1)亲子关系 中学阶段,父母对于个体的影响作用已经大大削弱。此时的个体,不论是在情感上、行为上还是在观点上都逐渐脱离了父母的影响。他们开始对这个世界和社会有了自己独特的认知,有了自己的理解,他们对父母的思想产生了怀疑,甚至出现一定的逆反心理。此时,家长和教师就要多关心学生,多倾听他们的想法,肯定他们的价值,鼓励他们,正确地引导他们。

(2)师生关系 随着身心的不断发展变化,中学生不再盲目地接受一切教师,而是开始评价教师,并会钦佩某几位教师。他们喜爱热情和蔼、关心学生成长、有朝气、授课水平高、知识渊博的教师,师生关系也从最初的被动变为主动。他们常常依据自己的喜好去选择自己崇拜的教师,并模仿教师的各种行为,这对他们的人生有着十分重要的影响。

(3)同伴关系

①与朋友的关系。随着时间的不断推移,中学生逐渐克服了团伙的交往方式,其交友范围、择友标准都发生了变化。他们的交友范围主要在校内,多数在本班;他们的交往标准是彼此必须坦诚、宽容,相互帮助是他们交往的主要目的,"人品好坏"则是他们衡量友情是否值得的重要条件。同时,中学生的生理和心理的发展使得他们的交友欲望十分强烈,这也就导致朋友关系在中学生的生活中变得愈加重要。

②与异性的关系。步入青春期后,男、女生之间开始对彼此产生兴趣,彼此之间关系变得十分微妙,他们的交往需求增强,但由于腼腆等多种原因,在最开始的时候,他们会故意在异性同学面前表露出不友好、轻视、漠不关心,甚至攻击对方(具体分析见第六章第三节青春期心理)。之所以会有如此表现,和男、女生之间不知如何交往有很大的关系。到了后期,男、女生之间开始融洽相处,甚至还会有自己喜爱的异性朋友。如果引导不当,就容易出现早恋等不良问题,有时甚至会影响和妨碍正常的学习,严重的还会影响身心健康。因此,教师和家长要正确引导学生学会与异性交往,这对于培养其健康的性心理具有十分重要的作用。

(二)中小学生人际交往能力的培养

交往活动是个体发展自身能力的途径之一,交往能力甚至被视为生存能力的一部分,是未来人才的必备素质。中小学生正处于心理与行为发展的关键期,一方面,他们迫切需要与更多的人交往,渴望与外部世界发生更多的联系;另一方面,他们缺乏一定的交往技巧,导致他们的人际交往能力比较薄弱。在教育教学过程中,教师应当注重培养学生的人际交往能力,促进他们健康发展。

1. 树立正确的人际交往观

(1)尊重他人 尊重需要是每个人在与他人交往过程中的基本要求。教师要教会学生尊重他人,一方面,能为他们创造良好的交往环境;另一方面,能让他们形成自尊这一重要品质。尊重他人,是人与人交往过程中的一种必须具备的品德,尊重是做人的基本要求。

(2)相互信任 鲁迅先生曾讲过:"小的时候,不把他当人,大了以后,也做不了人。"教师要给予学生信任,只有相信不管多坏的学生,都能成人或者成才,教师才能给学生指明方向,学生才能找到发展的方向。同时,教师也要引导学生信任他人,相互信任、以心换心,促进自身与他人良好人际关系的形成。

(3)学会欣赏与赞美 欣赏与赞美是建立良好人际关系的法宝,因此,教师要教会学生学会欣赏他人、赞美他人。

2. 开展实践活动,提升学生语言交际能力

语言交际是表达能力的体现,是人际交往的首要条件,是关系到与他人交流成败的首要因素。教师可以借助各种实践活动训练学生的语言表达能力,提升他们的语言素质。比如,让学生在班上演讲、参加班委竞选、主持班级辩论赛等,在具体的语言实践中,让学生得到锻炼。

3. 利用班级活动,激发学生合作交流的意识

(1)营造良好氛围,创造交流机会 生动有趣、和谐轻松的氛围,有利于培养学生的交际能力。教师可以借助各种集体活动为学生营造良好氛围,为他们创造交流机会。比如,每天由学生轮流以讲解或朗诵等方式,分享有趣的经历,或者谈谈自己对人、对事的见解。借助分享活动,拉近学生之间的心理距离,促进他们的关系发展。

(2)借助"小组合作"教学模式,培养学生的合作意识 在教育教学过程中,教师可以借助小组合作完成任务的形式,为学生创造交流合作的机会,提升他们的沟通表达能力,培养他们的合作意识,促进他们的感情升温,从而形成良好的人际关系。

【思考与练习】

1.通过本章的学习,你对个性与社会性发展有了哪些认识?

2.人格具有什么特征？

3.简述气质的类型及其特征。

4.气质类型与实践有什么关系？

5.性格有什么特征？如何了解一个人的性格？

6.能力、知识与技能有什么关系？

7.智力发展的个别差异体现在哪些方面？

8.液体智力和晶体智力的差异体现在哪些方面？各自的影响因素有哪些？

9.主要的智力理论有哪些？

10.自我意识包括哪几个方面？

11.简述自我效能感的含义、影响因素及其功能。

12.简述习得性无助感。

13.简述马斯洛需要层次理论内容。

14.简述中小学生学习兴趣的特点及其培养方法。

【真题再现】

📖 个性和社会性

第二篇 发展篇

第六章　个体心理发展规律及其生理基础

◆ 对发展的含义形成初步认识,并在此基础上,对身心发展的规律有一个清楚的了解。

◆ 了解个体发展理论、遗传与环境对心理发展作用的学说,理解影响和制约个体身心发展的因素,掌握中小学生身心发展的一般规律和特点。

◆ 了解中小学生生长发育的特点以及影响因素,对中小学生身体健康与保健形成深刻的认识。

◆ 掌握青春期个体的心理特点,懂得青春期个体的教育方法。

你知道孟母为什么要三迁吗?勤为什么能补拙?为什么青春期的孩子总是那么叛逆?青春萌动、情窦初开,喜欢异性同学,就一定会早恋,成为坏孩子吗?世界上有许多人,有些人个性特点很相似,而有些人个性特点相差十万八千里。形形色色的人,造就了丰富多彩的人类社会。然而,在同一片天空下生长,为什么人和人之间会有那么大的差距呢?你对心理发展的了解有多少呢?接下来,我们一起来了解心理发展的规律及其生理基础。

// 第一节 // 　心理发展概述

一、发展概述

人的发展,指的是人在生命过程中所发生的一系列生理、心理和社会适应的变化过

159

程。换言之,人的发展包括生理发展、心理发展和社会适应发展。其中,生理发展指的是机体的各种系统(结构形态、生理机能)的发展,是个体身体方面的发展;心理发展指的是认知、情绪情感、意志以及个性心理特征等方面的发展;社会适应发展指的是人的社会特性及能力的发展,包括个性特点、主体意识、社会交往能力等方面的发展。实际上,心理发展和社会适应发展可以笼统归纳为心理的发展。因而,简单地说,人的发展,就是身的发展和心的发展,简称身心发展。

二、身心发展的规律

(一)方向性与顺序性

方向性与顺序性是指个体的身心发展是一个由低级到高级、由简单到复杂、由量变到质变的连续不断的发展过程。也即,个体身心发展的顺序性是一个连贯的、不可过渡的、不可逆的过程。人的身体发展遵循自上而下、由中心到四周的发展顺序,先会动脑袋,后会动身子,先会翻身爬,后会走路。人的心理发展也是有顺序的:注意的发展由无意到有意,记忆的发展由机械到意义,思维的发展由具体到抽象,情感的发展先有喜、惧等一般感情,后有理智感、道德感等高级情感。

因此,作为教育工作者,在开展教育工作时要做到循序渐进,不能揠苗助长。

(二)连续性与阶段性

连续性是指个体的发展是一个不间断的过程,前后相邻的阶段是有规律地更替的,前一阶段为后一阶段的过渡做准备。阶段性是指个体在不同的年龄阶段表现出身心发展不同的总体特征及主要矛盾,面临着不同的发展任务。人的一生,都要经历乳儿期(零岁至一岁)、婴儿期(一岁至三岁)、幼儿期(三岁至六七岁)、童年期(六七岁至十一二岁)、少年期(十一二岁至十四五岁)、青年期(十四五岁至二十五岁)、成年期(二十五岁至六十五岁)和老年期(六十五岁及以上)等几个阶段。不同年龄阶段的个体,表现出不同的身心发展特征,其关键点就在于不同年龄阶段的个体,矛盾不同,面临的任务也不同。比如,童年期的个体以形象思维为主,少年期的个体其抽象思维有所发展,青年初期的个体则以抽象思维为主,这就是个体身心发展阶段性的体现。一般而言,阶段性

■ 6-1:发展过程中的几个"期"

不能跨越,且各个阶段相互联系、相互衔接,不能截然分开,每一个阶段既是前一个阶段的延续,又是后一个阶段的准备,因而阶段性与连续性是不可分割的。

连续性和阶段性告诉我们,在开展教育工作时要有针对性,不能搞"一刀切""一锅煮"。

160

（三）发展的不平衡性

1935 年,奥地利动物学家洛伦兹(K. Lorenz)对"印刻"现象的研究表明,个体的身心发展并不是按照相同的速度直线发展的,发展的速度、成熟水平是不均衡的。这种不均衡,从总体发展来看,主要表现在两个方面:一方面,人的身心同一方面的发展,在不同的年龄阶段其发展具有不平衡性。比如,身高、体重在人出生后第一年发展最快,然后趋缓,到青春期又高速发展。又如,大脑迅速发展是在人出生后的第 5～10 个月、五六岁、十三四岁这三个阶段,其他阶段则发展较慢。另一方面,个体在不同的年龄阶段身心不同方面的发展是不均衡的,有的方面在较早阶段就能达到较高水平,有的方面则要成熟得晚些。比如,感知觉在少年期之前已发展到相当水平,而逻辑思维则要到青年期才有相当程度的发展。在艺术才能中,音乐的才能显露较早,绘画、雕刻才能则显露

图 6-2:"印刻"现象

较晚。总的来说,不平衡性主要体现的是速度的不均衡。发展速度的不同,就决定了会有一个发展的快速期或加速期,我们称之为关键期。

不平衡性告诉我们,在开展教育工作时要抓住关键期,以促使个体能够更好地发展。

（四）发展的个体差异性

个体的发展既有共同性,又有差异性。共同性是指大致相同阶段里的个体,其发展具有典型的共同特点。个体差异性是指个体之间的发展并不是完全一样的,他们在发展过程中表现出明显的差异性。个体差异性存在于群体心理和个体心理身心构成要素两个层次上。群体心理的差异性最直接的表现就是男女性别的差异,这种差异不仅是自然性别上的差异,还包括由性别带来的生理机能、社会地位、角色和交往群体的差别。个体心理身心构成要素的差异表现为,个体的各种心理成分的发展差异,有些是发展水平或发展速度上的差异,有些是表现方式上的差异。比如,每个人的优势领域会有所不同,发展的最终水平也不尽相同。

个体差异性强调人与人之间是不同的,因而在开展教育工作时,我们既要注重学生的共性,也要尊重他们的个性,做到因材施教。

（五）发展的互补性

互补性是指个体的生理机能与生理机能之间、心理机能与生理机能之间可以相互补充,它反映了个体身心发展各组成部分的相互关系。首先,生理机能和生理机能之间的互补性表现为,机体某一方面的机能受损甚至缺失后,其他机能的超常发展可以补偿这一不足。比如,听觉、触觉、嗅觉等方面的超常发展可以补偿失明者在视力方面的缺陷。其次,心理机能和生理机能之间的互补性表现为,积极的心理机能状态对个体的生理机能具有调节作用,消极的心理机能对生理机能则会产生妨碍作用,甚至影响它的正常运作。

互补性告诉我们，在开展教育工作时，要善于发现学生的优势，扬长避短，有的放矢。

身心发展的规律、表现和启示如表 6-1 所示。

表 6-1　身心发展的规律、表现和启示

规律性	表现	启示
顺序性	个体的身心发展是一个由低级到高级、由简单到复杂、由量变到质变的连续不断的发展过程	循序渐进，不能揠苗助长
阶段性	个体在不同的年龄阶段表现出身心发展不同的总体特征及主要矛盾，面临着不同的发展任务	要有针对性，不能搞"一刀切""一锅煮"
不平衡性	个体的身心发展并不是按照相同的速度直线发展的，发展的速度、成熟水平是不均衡的	抓关键期
个体差异性	个体之间的发展并不是完全一样的，他们在发展过程中表现出明显的差异性	因材施教
互补性	个体的生理机能与生理机能之间、心理机能与生理机能之间可以相互补充	扬长避短，有的放矢

三、制约心理发展的因素

（一）个体心理发展理论

关于个体的发展到底受到哪些因素影响，一直以来，各派学家的意见各不相同。主要的观点有内发论、外铄论和多因素相互作用论。

图6-3：个体心理发展理论

1. 内发论

内发，指的是心理发展的动力来自内部。内发论的观点认为，个体的心理发展受到个体内部所固有的自然因素的先决影响。心理发展的实质是个体内部固有自然因素按其内在目的或方向展现的结果，外部条件只能影响而不能改变个体内部固有自然因素的发展节律。内发论又称生物遗传决定论、自然成熟论、预成论等，以孟子、弗洛伊德、格赛尔、威尔逊、霍尔、高尔基、彪勒等为代表。

图6-4：格赛尔的成熟论

2. 外铄论

外铄，指的是心理发展的动力来自外部。外铄论的观点与内发论相反，认为个体的心理发展受到外部因素的影响。心理发展的实质是外部环境影响的结果，外部环境的影响决定着个体心理发展的水平与形式。外铄论又称外塑论、经验论或心理发展的环境决定论等,以荀子、洛克、斯金纳、华生等为代表。

3.多因素相互作用论

多因素相互作用,指的是心理发展的动力来自多种因素。多因素相互作用论认为,个体的心理发展受到多种因素的影响。心理发展的实质是个体的内部因素与外部环境因素在个体活动中相互作用的结果。多因素相互作用论又称相互作用论、共同作用论,以皮亚杰、瓦隆、沃纳以及维列鲁学派等为代表。

(二)影响和制约个体身心发展的因素

回顾本书前半部分的内容不难发现,一切关于个体的各方面(如性格、能力等)发展的影响因素的论述,虽然在不同的知识点上的论述方式有所差别,但是总的来说,都围绕着先天遗传、后天环境以及个体自身的主动性展开。其中,教育这一要素因其特殊性,我们可以将其从环境因素中独立出来。

1.遗传素质是个体发展的生理前提,为个体身心发展提供了可能性

遗传是指个体从先辈那里继承下来的生理解剖上的特点。个体的遗传素质具有差异性,每个人身上表现出来的不同特点(如不同的智力水平、才能、个性特征等)都在一定程度上受先天条件的影响。遗传素质的差异性影响着个体身心发展的个体差异。

遗传素质的发展遵循解剖学的规律,有规律地成熟和变化。遗传素质的发展制约着个体身心发展的特征,它为一定年龄阶段的身心特点的出现提供了可能和限制。虽然遗传素质对个体的发展具有一定的影响,它为个体的身心发展提供了可能性,但它在个体的身心发展中并不能起决定性的作用,可能性并不等同于现实性,这种可能性必须在一定的环境和教育下才能转化为现实性。同时,环境和教育以及实践活动又影响着个体遗传素质的变化,使得遗传素质表现出一定的可塑性。

2.环境是影响个体发展的外部条件,为个体身心发展提供了多种可能

环境是指在个体周围并对个体发展自发地产生影响的外部世界,包括自然环境和社会环境。自然环境是指由水土、地域、气候等自然事物所构成的环境;社会环境是相对自然环境而言,指的是人类创造和积累的物质文化、精神文化和社会关系的总和。环境因素对个体发展的影响具有很大的自发性。社会环境比自然环境对个体的影响更为重要,个体在社会环境的影响下,获得一定的生活知识和经验,形成各种思想意识和行为习惯。社会环境是个体身心发展的外部客观条件,对个体的发展起着一定的制约作用,它推动和制约着个体身心发展的速度和水平。典故"孟母三迁""近朱者赤,近墨者黑"以及"蓬生麻中,不扶自直"等,都说明了环境对个体的影响作用。虽然环境对人的发展作用极其广泛,但是人接受环境的影响却是积极、能动的过程,因而环境也并不决定人的最终发展。

3.学校教育是影响个体发展的主导因素,对个体身心发展起主导作用

学校教育具有加速个体发展、开发个体特殊才能和发展个性等功能。基于学校教育的特殊性,相较于社会教育和家庭教育,学校教育对人的发展更具有主导作用。

①学校教育是一种有目的、有计划、有组织地培养人的活动,它规定着个体身心的发展方向。学校教育不同于影响个体发展的其他因素的自发性、复杂性、无方向性以及不稳定性等,它是有目的、有计划、有组织地进行的活动,具有目的性、系统性、选择性、专门性和基础性,因而对个体的发展更具有影响力,决定着个体身心发展的方向。

②学校教育对个体身心发展的影响比较全面、系统和深刻。一方面,学校教育是根据一定社会的要求,遵循个体身心发展的规律,按照一定的目的,选择一定的内容,有计划、有组织、系统地对学生施加影响的活动。学校教育的这一特点有别于其他影响因素的偶发性、片段性。另一方面,学校教育是由专业人员根据科学依据开展的活动,他们明确教育的目的、熟悉教育的内容、懂得教育的规律和方向,他们对学生的身心以及各方面全面关心,并把这些作为开展教育的依据,因而决定了学校教育对个体身心发展的影响比较全面、系统和深刻。

4.个体主观能动性是影响个体发展的内在动力,是促进个体身心发展的可能性转变为现实性的决定性因素

主观能动性是指个体的主观意识和活动对客观世界的积极作用,简言之,就是个体的主观态度、积极性、主动性。人对客观现实的反映不是消极被动的,而是积极主动的。个体的心理发展离不开个人的主观努力。环境和教育的影响只是个体身心发展的外因,这种影响只有通过个体的内部活动才能起作用,而主观能动性就是这种内部活动。在教育活动中,学生要把人类社会长期积累的精神财富转化为自己的财富,就必须发挥自身的主观能动性。在同样的环境和教育条件作用下,学生的主观态度、积极性和主动性,决定着其身心发展的特点和水平,所以我们常说"笨鸟先飞,勤能补拙"。

//第二节// 中小学生心理发展的生理基础

一、小学生的生长发育

人的生长发育是指从受精卵到成人的成熟过程。生长是指身体各部位、器官等的变化,是量的改变;发育是指细胞、组织的分化完善与功能上的成熟,是质的改变。两者密切相关,生长是发育的物质基础,而发育成熟状况又反映着生长的量的变化。

(一)小学生生长发育的特点

小学时期是个体生长发育比较平稳的时期,总的来说,小学阶段的个体,新陈代谢旺盛;体格发育在平稳发育的基础上,出现快速增长;骨骼逐渐骨化,肌肉力量尚弱;乳牙脱落,恒牙萌出;心率减慢,呼吸力量增强;进入青春期后,生殖系统开始发育。

图6-5:小学生的
生长发育

(二)小学生神经系统的发育

1.神经系统的发育

小学阶段的个体,脑重增长迅速,六七岁时,脑重约 1280 克,已接近成人脑重的 90%,其后增长趋缓;9 岁时约 1350 克,到了 12 岁时约 1400 克,基本上和成人一致。小学生大脑的分化和生长明显,12 岁时大脑结构已接近成人,第二信号系统初步占主要地位。随着小学生大脑皮层的发育生长,其脑的兴奋过程和抑制过程逐步趋向平衡,睡眠时间缩短。7 岁儿童大约需要睡眠 11 小时,10 岁儿童需要大约 10 小时,12 岁儿童需要 9～10 小时。同时,在小学生大脑逐渐完善成熟的过程中,大脑功能偏侧化也逐渐完成。神经的发育使得小学生的反射能力增强,条件反射的形成比较稳固。由于小学生神经系统正处于发育过程中,对肌肉的调节和支配还不完善,虽然运动的正确性、协调性得到一定发展,但由于分化能力尚不完善,又受到小肌肉群未充分发育的制约,他们仍较难掌握复杂精细的动作。

图 6-6:小学生的神经系统发育

2.小学生的大脑活动

(1)活动特点　小学生的大脑活动存在优势兴奋的特点,进行学习活动时,其有关的大脑皮层区域处于良好的兴奋状态,若这一区域的兴奋占有优势,就形成"优势兴奋灶"。由于大脑皮层的不同部位执行着不同的任务,小学生的大脑活动形成了一种兴奋区与抑制区——工作与休息互相镶嵌的镶嵌式活动。技能的训练和培养过程,有利于小学生大脑活动的动力定型。小学生大脑活动的始动调节现象比较明显,因而他们常常需要更长的时间来进入学习状态。小学生如果连续学习的时间过长、学习难度较大,就会使大脑疲劳,大脑皮层的兴奋转为抑制,神经细胞的活动降低,使大脑细胞暂时休息,出现超保护性抑制。

(2)大脑工作能力的变化规律　小学生大脑正处于发育过程,这就使得他们的大脑工作能力在不同的时间里有着不同的变化。每一节课、每一周、每一学期的变化都有着相对规律的特点。

二、中学生的生长发育

(一)身体外形剧变

内分泌系统的发育让少男、少女们在四五年之内,身体外形发生急剧变化,身高、体重、头围、胸围、肩宽、骨盆等都加速增长,肌肉壮实,骨架粗大,外形、外貌以及外部行为动作也随之变化。最典型的表现在于:身高迅速增长,体重快速增加,第二性征出现,头面部发生变化。

（二）体内机能增强

进入青春发育期后，人体内各种器官和组织的各种机能迅速增强，逐步趋向成熟。从心脏形态、血压、脉搏、恒定性等指标变化来看，中学生心脏的发育日渐接近成人水平，大致在 20 岁以后趋向稳定。大约 12 岁开始，肺发育得又快又好，男生到十七八岁，女生到十六七岁，肺活量可以达到或接近成人水平。中学阶段的个体，骨骼增粗，肌肉日益发达。脑和神经系统的发育速度明显，脑的重量和容积 12 岁时已经接近成人，十三四岁时脑已基本成熟，大脑皮层的沟回组织已经完善、分明，神经元细胞也完善化和复杂化，神经系统的结构与机能接近成人。大脑兴奋与抑制过程逐步平衡，到十六七岁后则能协调一致，第二信号系统逐步占据优势，并在概括与调节作用上显著发展。

（三）性机能的发育成熟

人体内部发育成熟最晚的部分是性的器官与机能，性机能的成熟标志着人体全部器官接近发育成熟。中学时期是人的性成熟最快的阶段。进入青春期的少男、少女，其性器官与机能迅速发育成熟，性发育的外部表现"第二性征"逐步凸显，性的成熟给他们的心理发展带来重大的变化（详见本章第三节），使他们感到自己长大了，是大人了。

三、中小学生的身体健康与保健

（一）影响中小学生发育的因素

1. 遗传因素

遗传是影响生长发育的重要因素之一，人体所携带的基因是决定生长发育的基础。个体生长发育的特征、潜力、趋向、限度等都受父母双方遗传物质的影响。

2. 内分泌因素

内分泌腺的功能状态对生长发育起重要作用，如脑垂体、甲状腺、性腺等。其中，脑垂体若分泌生长激素不足，可引起垂体性侏儒症；甲状腺分泌甲状腺素不足，可使体格矮小、智力低下；性腺对维持人体正常的生命活动，特别是青春期的发育有着极大的影响。

3. 营养因素

营养状况是生长发育的物质条件（能源），营养供给不足可导致体重下降，影响全身的发育，婴幼儿严重营养不良还会影响智力发育。身体各组织、器官的生长发育及机体各种机能的调节，均需补充营养物质，营养物质充足，才能保证儿童、青少年的正常发育，并最大限度地发挥遗传功能的潜能。

4. 疾病因素

疾病对个体生长发育的影响十分明显，尤其对于儿童阶段的个体影响巨大。急性感染常使体重下降；慢性疾病对生长发育的影响更为严重，不仅会影响身高、体重的增长，而且还会影响语言及智力发育。

5. 睡眠因素

睡眠是保证个体身体器官及其机能正常发展的前提条件，充足的睡眠对个体的发展有着重要的影响，尤其对于中小学生更为重要。促进生长发育的生长激素在睡眠时比清醒时分泌量更大，因此，保证充分的睡眠、保障良好的睡眠质量，才能让中小学生健康发展。

6. 精神情绪因素

精神情绪因素与机体发育有着直接关系，积极良好的精神情绪因素有利于机体的正常发育，消极的精神情绪因素不利于机体的正常发育。相关研究表明，长期的情绪抑郁、恐惧、紧张，会影响机体生长激素的分泌量，从而影响中小学生的身体发育。

(二)中小学生健康标准及常见疾病

中小学生健康标准的内容及其常见疾病，分别如表 6-2、表 6-3 所示。

表 6-2　中小学生健康标准的内容

类型	内容
形态指标	身高、体重、胸围、坐高、骨盆宽、肩宽等
机能指标	脉搏、肺活量、血压等
素质指标	50 米跑、立定跳远、斜身引体(男)、仰卧起坐(女)、50 米×8 往返跑、立位体前屈等
体格检查项目	视力、沙眼、心脏、肺、肝、脾、龋齿、脊柱侧弯等

表 6-3　中小学生常见疾病

类型	症状
近视眼	开始时主要感觉视远物模糊，看不清黑板上的字，阅读时间较长时出现眼胀、头痛、视觉疲劳等
弱视	眼球无明显器质性病变，而单眼或双眼矫正视力仍达不到 0.8
沙眼	由沙眼衣原体引起的一种慢性传染性结膜角膜炎
龋齿	病初无感觉，牙齿上有个小洞逐渐发展变深，吃冷、酸、甜食物时有疼痛感
营养不良	身高、体重低于同龄人，生长迟缓，智力也低于同龄人
脊柱弯曲异常	一种姿势缺陷，因在长身体的时候坐姿不正确而导致

(三)中小学生的健康保健

1. 注意营养和饮食

食物中含有人体所必需的六大营养素,即碳水化合物、维生素、蛋白质、脂肪、矿物质和水。为保证机体正常发育,应该做到营养均衡,保证一日的营养摄入量与消耗量基本平衡,三餐分配合理,做到清淡、养胃、补脑、利眠。

2. 加强体育锻炼

生命在于运动,健康也在于运动。从生理学角度看,体育运动能够加速人体血液循环,充分供应大脑氧气,增强脑细胞活力,适应注意、观察、想象、创造、思维等活动的需要,促进智力发展。通过体育运动不仅可以改变自身的生理机能,还可以改善自身的心理状况。同时,体育锻炼还能培养学生良好的情绪,形成活泼、开朗的性格和坚强的意志力。科学、合理、适宜的锻炼,对提高和保持充沛的精力、旺盛的生理功能,促进身心健康,具有重要的意义。

3. 保证睡眠质量

睡眠过程中,人体内的生长激素、催乳素等性激素分泌量处于一天的顶峰期。生长激素有助于促进肌肉、骨骼、内脏器官及结缔组织生长,以及促进蛋白质、脂肪和糖的代谢,从而增加细胞体积和数目。据研究,儿童在熟睡时比清醒时生长速度要快 3 倍。可见,睡眠对身体发育、形态发育以及生理成熟具有重要意义。

从生理需要来看,小学生每天应该有 9～10 小时睡眠,初中生每天应有 8～9 小时睡眠,高中生每天睡眠时间也应不少于 8 小时。

//第三节// 青春期心理

青春期是指个体的性机能从没有成熟到成熟的阶段,在生物学上是指人体由不成熟发育到成熟的转化时期,也就是个体由儿童到成年的过渡时期。在这一时期,个体性发育成熟,具备了生育能力。可见,青春期主要是以生理上的性成熟为标准而划分出来的一个阶段,它与从心理或社会方面划分出的人生阶段有重叠。青春期的个体,身体和心理都有着很大的变化,了解青春期个体的心理发展特点,对引导这一时期的个体健康成长具有着非常重要的意义。

一、青春期个体心理发展的特点

(一)生理变化冲击心理变化

青春期的个体,生理上急骤变化,生理的变化冲击着心理变化。总的来说,生理变化的冲击使得青春期的个体表现出以下几个特点。

1. 过渡性

青春期之前的个体，要更多地依靠成人的照顾和保护，他们的独立性和自觉性都较差。进入青春期后，生理变化的冲击使得他们产生了强烈的成人感，这让他们逐渐摆脱成人的照顾和依赖，逐步成熟发展起来，这标志着这一时期的个体真正开始逐步成为独立的社会成员。

2. 社会性

青春期是个体的人生观萌芽、发展的极为不稳定的重要时期，而人生观的形成过程，也是由社会意识向个体意识转化的过程。社会、学校的政治环境影响及家庭与集体舆论的导向，对青春期个体的个性发展有着不可估量的作用。随着个体交往范围的扩大、理想的确立、精神层次的追求，他们越来越发现其发展处处受到社会制约。一方面他们想要张扬个性，另一方面他们又要受到来自家庭、学校和社会的约束。随着年龄增长，他们越来越明白权衡二者关系的重要性。他们逐渐摆脱幻想，变得更加实际，开始把选择、考虑未来生活的道路，作为他们意识中的重要问题。

3. 动荡性

青春期的个体，摆脱了前一时期的依赖性，但又还不具备成人的理性；虽然独立意识明显增强，却又不具有独立的地位；重感情，但又缺乏理智，缺乏辨别是非、善恶、美丑的能力。种种因素的影响使得这一时期的个体心理极不稳定，易于变化。如果引导不当，个体的不良行为就会滋长，产生消极的负面影响。因而这一时期又被称为"动荡期""危险期"。

(二)心理上成人感和幼稚性并存

1. 反抗性与依赖性

进入青春期的个体产生了一种强烈的成人感，形成了强烈的独立意识，进而产生了强烈的反抗心理。青春期的个体，其反抗心理具有普遍性，表现为排斥一切外在力量，大到对社会期望的反叛、对社会习俗和价值观的逆反和批判，小到对家长、教师的反抗。在这种普遍的逆反倾向中，中学生对父母的反抗性表现得尤为突出和普遍。他们对一切都不愿顺从，从穿衣戴帽到对人对事的看法，常常处于一种与成人相抵触的情绪状态中。但与此同时，中学生的内心并没有完全摆脱对父母的依赖，只是依赖的方式有所变化。他们由童年时在生活上的依赖，转变为希望得到父母在精神上的理解、支持和保护。存在于青春期个体身上的反抗性非常复杂，实际上，在生活中的许多方面，他们依然非常需要成人的帮助，尤其是在遭受挫折的时候。

2. 闭锁性与开放性

闭锁性是指进入青春期的个体，内心世界越来越丰富且复杂多变，他们开始越来越喜欢将自己的内心世界封闭起来，不向外袒露，尤其是不向成人袒露。最典型的例子就是，小学时期，写了日记，巴不得告诉全世界；可到了青春期，写了日记还要藏起来不让别人看。青春期的心理闭锁性,在很大程度上是由这一时期形成的成人感和独立自主意识所致。成人感和独立意识使得这一时期的个体觉得不应事事都告知他人,同时,这一时期的个体也容易认为成人不理解他们,两个因素综合作用最终导致他们对成人产生不满和不信任,进而使得他们将自己的内心封闭起来。而与此同时,青春期的个体又感到非常孤独和寂寞,希望能有人来关心和理解自己。他们不断地寻找朋友,一旦找到,就会推心置腹、毫无保留。因此,青春期个体在封闭自己的同时,又表现出明显的开放性。

3. 勇敢与怯懦

一方面,青春期的个体尤其初中生在思想上很少受条条框框的限制和束缚,在主观上很少有顾虑,因而他们行动果断。同时,认知能力的局限性使得他们无法迅速对危险情境作出准确判断。思想意识和认知能力的欠缺,让初中生在某些情况下表现出带有鲁莽和冒失成分的勇敢精神,表现得"初生牛犊不怕虎"。

另一方面,在某些情况下,初中生又常常表现得比较怯懦。比如,他们在公众场合以及有异性在的场合,常常表现得羞羞答答,还未开口脸先红等。

4. 高傲与自卑并存

初入青春期的个体,缺乏正确评价和认识自己的能力,他们不善于全面而恰当地评估自己,对自己的评估带有明显的片面性,喜欢凭借一时的感觉就对自己形成结论,因而容易导致评价偏差。几次甚至一次的成功,就可以使他们自以为优秀而沾沾自喜;偶然的失利,就会使他们自以为无能而极度自卑。

5. 否定童年又眷恋童年

进入青春期的个体,随着身体的发育成熟,成人的意识越来越明显。一方面,他们开始否定童年,急于将自己的一切行为与儿童的表现划清界限,力图从方方面面(从兴趣爱好到人际交往方式,再到对问题的看法)抹去童年的痕迹,期望以成人的姿态出现于生活的各个方面。但另一方面,他们在否定童年的同时,内心中对童年时期无忧无虑的心态、简单明了的行为方式和情绪宣泄方式却又留有几分眷恋。尤其当他们在生活和学习当中遭遇挫折和迷茫的时候,就会渴望回到童年,期望像童年那样得到父母的关心和照顾。

(三)自我意识高涨

进入青春期后,身体的迅速发育使这一时期的个体很快出现了成人的体貌特征。这种突然发生的生理变化让青春期的个体感到既惶恐又新奇,他们的思想意识很大一部分开始转变到关注内在主观世界,再一次进入自我中心状态,从而导致自我意识的第二次飞跃。他们的内心世界越发丰富起来,喜欢思考一系列关于"我"的问题:"我到底是个什么样的人?""我的特征是什么?""别人喜欢我,还是讨厌我?"等。

自我意识的高涨使得青春期的个体产生了逆反心理,主要表现在以下几个方面。

1. 态度强硬,举止粗暴

他们在遭遇不顺的时候,会以一种"风暴式"的直接方式表示对抗,态度强硬、举止粗暴。这种反抗行为的发生迅速而猛烈,犹如风暴,常使对方措手不及。反抗行为发生时,任何的劝导都无济于事,但这种强烈的反抗情绪很容易随着事态的平息而消失。

2. 漠不关心,冷淡相对

在遭遇不顺时,他们的不满只存在于内隐的意识中而不表现在外显的行为上。这种反抗行为常出现在性格内向的个体身上。他们不会以直接顶撞的方式表示对抗,常常采取一种漠不关心、冷淡相对的态度,对对方的意见置若罔闻。这种反抗态度和情绪不易随具体情境的变化而转移,具有固执性。

3. 反抗迁移

当某个人的某一方面的言行让他们感到反感时,他们既不暴力相待,也不冷漠相对,而是将这种反感及排斥态度迁移到此人的方方面面,甚至将这个人全盘否定;同理,当某一团体中的某一成员不能令他们满意时,他们就倾向于对该团体中的所有成员予以排斥。更极端的表现是,他们会把对某个人的不满情绪迁移到其他人身上。反抗迁移的结果,常会引发青春期个体在是非面前的困惑心理,在情绪因素的左右下,他们常常会对一些正确的东西表现出排斥心理和行为,不利于他们的成长。

(四)性心理的发展

性心理是指在性生理的基础上,与性生理特征、性欲望、性行为有关的心理状态和心理过程,也包括了与异性交往和相恋等心理状态。青春期个体对性的关注,随着第二性征的出现和性机能的成熟而增加。性意识的逐渐觉醒和对性的敏感是青春期个体性心理发展最主要的特征。具体表现如下。

1. 性意识的出现

性意识是指个体对性的认识和态度,是人类关于性问题的思维活动,它左右着人的性行为。青春期个体性意识的特点表现在以下几个方面。

(1)渴望了解性知识　进入青春期的个体,在生理上性器官已经发生明显变化,性的成熟导致青春期的个体自然而然地想要了解性的知识,他们对性知识产生的渴求和兴趣正常而又合理。第二性征的出现、性器官的变化,让刚进入青春期的个体感到突然而又好奇,他们想了解这些变化的原因,想知道还会有什么变化,更想知道异性是怎么一回事。他们渴望学会如何对待爱情,如何处理性意识、性行为等。一方面,一系列的问题让他们感到困惑,他们急需解决这一系列困惑。但另一方面,他们却不敢公开向家长、教师求教。他们若无法通过正当渠道解决困惑,就会偷偷通过其他非正当渠道获取零星的、不一定科学的性知识,这对其心理和行为将会产生不良的影响,他们甚至会因此被贻误终生。因此,教师和家长要注意通过正当渠道正确引导青春期个体掌握正确的、科学的性知识,破除性的神秘感,以促进他们身心健康发展。

(2)对异性充满好奇和爱慕　青春期的个体,开始对异性产生兴趣和好奇心,喜欢吸引异性的关注。进入青春期后,随着男、女生之间接触增多,会出现相互之间或单方面表示爱慕的现象,异性同学之间写纸条、说悄悄话等现象也很常见。处于青春期的男生、女生有这种对异性感到好奇、有好感、想接近的心理，是性意识发展到一定程度的结果，是正常的现象。

（3）在异性面前容易紧张和兴奋　青春期的个体，对异性有着强烈的好奇心和好感，然而与此同时，他们对异性的了解很少，因此常常会出现男生害怕接触女生、女生看到男生就紧张的现象。尤其在自己有强烈好感的异性面前，这种现象就更为明显，这都是正常现象。之所以会出现这样的现象，是因为青春期的个体心理比较敏感，一方面，觉得自己和异性同学不一样；另一方面，又渴望接近异性同学，同时又很担心自己的表现不尽如人意，于是就造成了他们这种害怕接触异性同学的现象。总之，这些都是普遍存在的现象，几乎所有人在青春期阶段都经历过这样的心理，我们应该正视它。

（4）性冲动和性欲望的出现　随着生理的发育、性机能的日趋成熟，处于青春期的男女，两性差异日益明显。一方面，性激素分泌的增加和第二性征的出现，导致这一时期的个体出现青春期的性心理和性行为的生理反应，他们容易产生性冲动和性欲望。另一方面，性教育的缺失导致青春期的个体面对原本正常的反应产生了各种烦恼和困惑，而频繁的性冲动让他们对学习的兴趣下降。性冲动如果不能加以控制，就会使神经系统在短时间内失控，导致不理智行为的发生。因此，家长和教师应当引导青春期个体正确科学地了解性冲动和性欲望，消除性的神秘感，鼓励他们和异性正常地交往，促进他们身心健康成长。

2. 性情感的发展变化

性情感是指个体对异性有关爱慕、吸引或憎恨等感情的发展变化。青春期个体性情感的发展一般会经历以下几个阶段。

（1）疏远异性阶段　刚进入青春期的个体，在性情感发展的疏远阶段最直接的表现就是，突然由"两小无猜"变得陌生起来，彼此疏远。

（2）接近异性阶段　处于性情感发展第二阶段的个体，开始对异性产生好感，甚至开始以欣赏的眼光看待异性，愿意、想要跟异性彼此接近，喜欢在异性面前表现自己。女生特别注意穿着打扮，姿态和行为多少带些夸张地表现出女性所特有的韵味；男生喜欢卖弄知识，抓住一切机会，有意无意展示自己的体力或运动技巧，有时为了显得有"男子气"，不惜做些愚蠢可笑的事。由于这一阶段的个体过分害羞，一般还没有出现男女生单独频繁交往的现象。

（3）眷恋异性阶段　眷恋异性的阶段往往是初恋开始发生的时期，家长和教师要引起重视。青春期是性知识教育的关键阶段，这个时期的个体对性知识的求知欲和好奇心非常强烈，他们渴望了解性的奥秘，探究人类生殖的真谛，这是正常的性心理表现。家长和教师应该给他们普及生殖系统解剖与生理功能的有关知识，引导他们正确认识自身出现的各种变化，教给他们青春期的保健知识和性心理的有关对策，对待困扰学生的自慰、早恋等话题要重视，不应回避。

（4）择偶尝试阶段　随着男女生的感情不断发展，当他们对异性的爱慕和追求趋于专一的时候，爱情常常就萌发了，而这一时期的个体也即将进入青春期尾声。但是青春期的个体,由于心理尚未完全成熟,社会阅历也比较欠缺,与成人相比,他们的感情还处于不太稳定的阶段,家长和教师要给予他们必要的提醒和引导。

二、青春期个体的教育与引导

(一)生理方面

1. 针对机体的发育

机体的正常发展是保证个体健康成长的重要前提,因此,学校方面要注意开展体育、卫生保健教育,同时还要注意保障学生正常的作息时间和课间休息时间。

2. 针对学生第二性征的出现以及性的发育与成熟

第二性征的出现会使得青春期的个体感到困惑与迷茫,如果不能及时引导,他们很容易误入歧途,因而学校方面应当科学合理地开展生理相关知识讲座,及时进行科学的性教育。

(二)心理方面

1. 为学生的成长创设良好的教育环境

(1)家庭教育环境　父母要注意自身的表率作用,为孩子的成长提供民主和睦的家庭氛围;要提高文化修养,运用正确的教育方式引导孩子健康成长。

(2)学校教育环境　学校要注重校园文化建设,优化课堂内的环境,并注意微观环境,如同伴关系、教师的态度对个体的影响等。

(3)社会文化　社会也要注重营造书香社会的文化氛围,引导个体健康价值观的形成,促进个体健康发展。

2. 专题教育

学校要注意开展专题教育以更好地引导学生健康发展。比如,开展智力教育,培养学生的创新精神和实践能力;开展心理健康教育,引导学生正确自我认识,学会适应环境,健全个性等;还要开展安全教育,引导学生形成正确的法治观念以及安全意识等。

3. 对青春期个体正确处理异性交往的指导

(1)加强教育,理解性生理和性心理的变化　在个体进入青春期后,家长和教师在继续关心他们的学习的基础上,更要加强对其进行性知识的教育。要及时解答他们遇到的各种青春期困惑,适时提供正确的性知识,正确解释一些生理现象,让他们明白青春期出现的种种现象是合理的,不要产生自责或内疚感,正确引导他们对待和处理各种问题,消除他们心理和生理上的疑惑,使他们能健康快乐地成长。

(2)更新理念,认识异性交往的意义　家长和教师要打破传统保守封建思想,不要谈性色变。要认识到异性交往也有其积极意义。异性交往有利于青春期的个体消除异性的神秘感,了解男女差异、锻炼社交能力,有助于他们在学习上扬长避短,同时还能丰富个性。总之,引导青春期的个体正确与异性交往对于他们的身心健康发展有着极其重要的意义。

(3)指导行为,让学生能够正确地处理性冲动、恰当地与异性交往　家长和教师要因势利导,引导青春期个体正确认识人类性教育的自然规律及其本质,帮助他们正确认识自身的性心理变化及性意识的各种不同表现,正确地处理性冲动,克制自己的性冲动,也要启发他们正确处理学习、恋爱和友谊的关系,将主要精力放到人生远大目标的追求上,顺利度过青春期。

【思考与练习】

1.通过本章的学习,你对个体发展有哪些了解?

2.简述个体身心发展的规律。

3.影响学生身心发展的因素都有哪些?

4.影响个体身心发展各因素的作用是什么?

5.青春期的个体心理具有什么特点?该如何引导?

【真题再现】

📖 个体心理发展

第三篇　学习篇

第七章　学习心理

<<<<<<<<<<<<<<<<<<<<<<<<<<<<<<<<<<<<<<<<<<<<<<<<<<<<<<<<<

学习目标

◆ 初步了解学习的概念和分类,同时明确知识的概念、分类和表征。

◆ 了解学习的相关理论,理解学习动机的含义、构成及其分类,懂得学习动机培养与开发的方法。

◆ 从整体上把握学习的含义、分类及相关理论,并在此基础上,准确认识学习策略的含义、种类、意义,并认识到学习策略对教学的重要性。

小时候被医生打过针,很长一段时间,看到穿白大褂的人就感到害怕;幼儿园的小朋友玩捉迷藏总是喜欢用手遮着眼睛让人去找而不会躲起来,他们还喜欢幼稚地跟布娃娃说话;平时的学习成绩明明很好,可是一到大考就不行;学习明明很努力,成绩却不如那些边学边玩的人……你是否曾为这些问题感到困惑?那么,我们一起通过学习心理这章知识的学习来解答以上问题吧。

// 第一节 // 　学习概述

一、学习的概念

(一)学习的心理学界定

学习是指个体在后天生活中经过练习或经验积累而产生的行为或内部心理的比较持久的变化的过程。这些变化是因受强化练习而发生的反应潜能上较为持久的变化,而非因成熟、疾病或药物引起,而且也不一定表现出外显的行为。

(二)学习的不同层次定义

1. 最广义的学习

最广义的学习一般具有如下特征:学习表现为行为或行为潜能的变化,学习所引起的行为或行为潜能的变化是相对持久的,学习是由反复经验引起的。

2. 次广义的学习

次广义的学习是指人类的学习,指的是"在社会实践中,以语言为中介,自觉地、积极主动地掌握社会和个体经验的过程"。

3. 狭义的学习

狭义的学习专指学生的学习,是指在教师的指导下,有目的、有计划、有组织、有系统地进行的,是在较短时间内接受前人所积累的科学文化知识、技能,并以此来充实自己的过程。

4. 最狭义的学习

最狭义的学习是指知识的获得和技能的形成。具体来说,就是通过间接经验的学习,使学生在短时间内掌握那些人类经过长年累月的探索、概括与总结所形成的知识、思维方法、技能等,迅速成长为能够独立从事复杂实践活动的人。

7-1:学习层次
四类型

二、学习的类别

(一)按学习主体分类

根据学习主体即学习者的不同,一般可以将学习分为人类的学习、动物的学习和机器的学习三种。

(二)按学习水平分类

由于有机体进化水平的不同及学习本身的繁简程度不同,可以将学习分成不同的类别。其中以美国心理学家加涅(R. M. Gagné)的分类较有代表性,他将学习分为信号学习、刺激-反应学习、连锁学习、言语联结学习、辨别学习、概念学习、规则学习以及解决问题学习八类。具体内容将在"加涅的学习理论"一节展开论述。

(三)按学习经验来源或性质分类

根据学习经验来源的不同,可以分为发现学习和接受学习;根据学习经验的性质不同,可以分为意义学习和机械学习。

（四）按学习经验内容分类

冯忠良认为,依据教育系统中所接受经验的内容不同,可以将学习分为知识的学习、技能的学习和社会规范的学习三类。

（五）按学习结果分类

根据学习所得到的结果或形成的能力的不同,可以把学习分为言语信息、智慧技能、认知策略、运动技能以及态度五类。

图7-2:学习的类别

// 第二节 // 知识学习

一、知识学习概述

（一）知识的概念

知识是人类在生活实践过程中认识客观世界（包括人类自身）的成果,它包括事实、信息的描述或在教育和实践中获得的技能。知识是人类从各个途径中获得的经过提升总结与凝练的系统的认识。简单来说,知识是人类历史上认识的结晶,是人脑对客观事物的主观表征。

（二）知识的分类

1. 感性知识与理性知识

根据反映活动的深度不同,知识可分为感性知识和理性知识。所谓感性知识,是对活动的外表特征和外部联系的反映,可分为感知和表象两种水平;所谓理性知识,反映的是活动的本质特征与内在联系,包括概念和命题两种形式。

2. 陈述性知识与程序性知识

根据反映活动的形式不同,知识可分为陈述性知识和程序性知识。陈述性知识也称描述性知识,是个人能用言语进行直接陈述的知识。这类知识主要用来回答"是什么""为什么"和"怎么样"的问题,可用来区别和辨别事物。学校教学传授的主要是这类知识。

程序性知识也称操作性知识,是个体难以清楚陈述、只能借助于某种作业形式间接推测其存在的知识。它主要用来解决"做什么"和"怎么做"的问题。关于程序性知识,不同的学家,界定不同,因而程序性知识包含的内容有所不同。美国心理学家加涅和加拿大认知心理学家安德森（Anderson）认为,程序性知识分为心智技能和认知策略;美国心理学家梅耶(Mayer)认为,程序性知识就是指智慧技能,策略性知识就是指认知策略。

3.显性知识与隐性知识

根据知识能否清晰地表述和有效转移,可以把知识分为显性知识和隐性知识。显性知识也称编码知识,指的是人们可以通过口头传授、教科书、参考资料、期刊、专利文献、视听媒体、软件和数据库等方式获取,也可以通过语言、书籍、文字、数据库等方式传播的知识。显性知识容易被人们学习。

而隐性知识和显性知识相对,是指那些我们知道,但却难以用言语表述的知识。

(三)知识的表征

表征,原意是指某事物及其属性能够代表、表现或表达另一事物及其属性。在认知心理学领域,表征被定义为信息在人脑中呈现和记载的方式。也就是说,信息的表征是指信息的记载、表现、建构或呈现的方式。因而,学生学习中知识的表征实际上是指他们在自己的记忆中对信息的表达方式。简言之,所谓知识的表征,是指呈现知识存在方式的活动。

▣ 7-3:知识表征
之义

二、陈述性知识的学习

(一)陈述性知识的表征

如前所述,陈述性知识主要用来回答"是什么""为什么"和"怎么样"的问题。一般而言,陈述性知识可以用动作、表象的形式加以表征,但大多数陈述性知识是用语义的形式加以表征的。具体而言,陈述性知识主要以命题、命题网络以及图式的形式来表征。

1.命题与命题网络

在认知心理学中,命题是指语句意义的最小单位或基本单位,用于表述一个事实或描述一种状态。知识一般由语句构成,而语句总具有一定的含义,并且在很多情况下,语句包含着多重含义。语句的每一层含义就叫作命题。

命题由论题和关系词构成。论题是指命题所论及的对象,关系词是指陈述命题所说明的论题的性质、特征、状态,或论题之间的关系。论题一般由名词和代词表达;关系词一般由动词、副词和形容词表达,有时也用其他关联词(如介词)表达。比如"冰和水的形态可以相互转化"这一句话,它是一个命题。其中,"冰和水的形态"是论题,"可以相互转化"是关系词。命题用句子来表达,但命题却不等于句子。一个句子可以包含一个或多个命题。比如,"欣欣在画水墨画"这一句子,包含了"欣欣在画画""画是水墨风格的"两个命题。

表示命题的常用方法是,用一个符号表示一个命题(一般用 P 来表示),用箭头将命题的论题和关系词联系起来。而同一句子里常常包含多个命题,且多个命题之间常常相互联系,于是就构成了命题网络,也称为语义网络。

2. 图式

美国心理学家安德森(J. R. Anderson)认为:"对于表征小的意义单元,命题是适合的,但是对于表征有关一些特殊概念的较大的有组织的信息组合,命题是不适合的。"图式是对较大论题的表征方式,是更为结构化的知识的表征,它综合了表象、命题甚至动作形式。比如,学生有关体育教师的图式:体育教师、体育教师教打篮球、打篮球的动作等。

图式实际上是有组织的知识结构,是对范畴的规律性做出编码的一种形式。现代认知心理学区分了两类图式:一类是关于客体的图式,另一类是关于事件或做事的图式。前者如人们关于动物、植物等的图式,后者如去学校读书、到教室学习、上超市购物等的图式。后一类图式又称脚本。

(二)陈述性知识的学习过程

陈述性知识的学习过程一般包括知识的感知、理解、巩固及应用四个环节,这些环节之间具有一定的内在特征以及必然联系和依存条件。掌握这四个环节的规律,有助于提高掌握知识的效率和效果。

1. 知识的感知

个体的一切认知活动都始于感知,陈述性知识的学习过程也是如此。所谓知识的感知,是指学习者借助多种感官,直观地认识客观对象的外部特征和属性,在认知活动的参与下,在大脑中形成该客观对象的鲜明形象。

在知识的感知环节,组织好学生的直观认知活动,唤起学生的注意力,提高学生感知的目的性和针对性,有利于调动学生的思维力、想象力和记忆力,有助于学生形成鲜明的表象;多种感官共同参与,有利于立体表象的形成,从而有利于学生感知知识的准确性提升。

2. 知识的理解

知识的理解是指学习者在感知的基础上,运用已有的知识、经验,去认识未知事物的属性、联系与关系,直至揭示其本质及规律的思维过程。理解是对认知对象本质和规律的认识,是学生掌握知识的核心环节。

在学习的过程中,学生对知识的理解与先前的知识背景有关,并非自然而然地发生。新材料本身并没有提供理解它的完整信息,要想理解这些新材料,就必须使新旧知识相互结合,并从原有知识中导出理解当前材料所需的信息。对知识的理解是掌握陈述性知识的第一步,也是最重要的环节。知识的理解是知识的保持、巩固、应用及迁移的基础,知识理解的程度影响着知识巩固的难易程度,并影响着应用知识的准备性以及应用与迁移的灵活性。充分利用知觉的理解特性,合理运用认知策略,将能够在很大程度上提高知识的理解程度。

3. 知识的巩固

知识的巩固是指学习者长时间保持所学知识的过程。巩固知识是学生掌握知识的必要环节。学习知识的最终目的是运用知识,而只有巩固了的知识才能在必要时运用自如。因此,学习知识的过程要重视知识的巩固。

知识的巩固效果与学习者对记忆规律的运用有很大的关系,因而遵循记忆规律,组织有效的学习将能够在很大程度上提高巩固知识的效率。根据记忆的规律,学生在学习过程中应当注意调整自身的学习态度、动机、方法以及情绪状态,要注意理解识记知识而不是死记硬背,要注意利用识记规律与实际策略合理有效组织复习等。

4. 知识的应用

知识的应用主要是指通过练习、实验、实习等各种形式,应用所学知识解答各种口头或书面的习题,以及应用已学知识完成各门学科的相应练习。简言之,知识的应用就是学习者运用所学知识解决问题。知识应用的实质,是将抽象知识具体化的过程。这就要求学生在理解抽象知识的基础上,根据概念、定义、公式、原理去分析具体问题,确定具体问题与抽象知识之间是否具有本质的联系,能否将具体问题归入某一类知识,并根据相关定律、公式去解答这一问题。

学生对知识的理解程度、对问题的条件和任务的认识,以及是否具备问题解决的技能、技巧和相应的智力水平等,在很大程度上决定了学生的知识应用的效率。因此,在学习过程中应该注意每一个环节的要求,做到每一步都在为下一步打基础、做准备。

总的来说,知识的感知、理解、巩固和应用四个环节之间是相互联系、相互渗透的。知识的感知和理解是知识的巩固的前提,知识的巩固是知识的应用的必要条件,知识的运用可加深知识的感知和理解。

(三)概念与规则的学习

概念与规则是陈述性知识的主要形式,是学生学习和课堂教学的主要内容。概念的掌握能有效促进规则的掌握,因而概念与规则的学习是教和学的一项主要任务。

1. 概念的含义与学习

(1)概念的含义　概念是指反映客观事物本质属性的思维形式,以语词来表达。概念是思维活动的结果和产物,同时又是思维活动借以进行的单元。概念是人类所认知的思维体系中最基本的构筑单位。

(2)概念的学习　概念的学习是指概念的获得,即掌握概念所反映的事物的本质属性。具体来说,就是懂得符号代表了某一类事物而不是特殊的事物。比如,学生获得"鸟"的概念,就是要掌握"鸟"代表了同时具备"有翅膀""有羽毛""有喙""骨骼中空""动物"这五个本质属性的一类事物,而非具备特定的颜色、大小等属性的特殊事物。

个体可以通过概念形成和概念同化两种途径获得概念。概念形成是指学习者在接触大量实例的过程,通过提出假设、反馈验证并逐步确认概念的过程。比如,通过大量观察麻雀、燕子、乌鸦等这些动物,学生发现,叫作"鸟"的动物,都同时具备"有翅膀""有羽毛""有喙""骨骼中空"这样的属性,于是,学生提出假设"鸟是有翅膀、有羽毛、有喙、骨骼中空的动物"。在提出这一假设后,他们又借助各种方法最后验证了这个假设的正确性。这一过程就是概念的形成。概念同化是指学习者利用已有的知识经验对新的概念进行分析和理解后掌握其意义。比如,学生在已经学习了三角形性质的基础上,再学习三角形的种类,他们就能够根据三角形的性质去理解具有不同锐角、钝角的各种三角形。

常用的促进学生概念获得的教学策略有:直观教学、变式教学、启发式教学等。直观教学是指教师向学生提供形象化的材料或作形象化的说明,以促进学生对概念的理解。直观教学包括语言直观教学、模像直观教学和实物直观教学。变式教学是指教师通过多种教学形式,变换感性材料呈现的方式来组织学生感性经验的教学形式。启发式教学是指教师调动学生学习的积极性、主动性和自觉性,激发学生的求知欲,活跃学生的思维,培养学生分析问题、解决问题的能力的教学形式。

2.规则的含义与学习

(1)规则的含义　规则是人脑对事物之间的关系的规律性的反映。规则包含三层含义:一是客观规律,二是根据客观规律提出的行为准则,三是人为制定的规则。规则反映两类事物之间、两个概念之间的某些关系和联系,常用命题和句子的形式予以表达。因此,规则学习与语言的掌握水平存在密切关系。

(2)规则的学习　对于规则,加涅指出,"规则不应限于表述它的言语陈述"。学生个体习得规则可能通过两条途径:一是在实践中获得,二是以言语信息的形式获得。

三、程序性知识的学习

(一)程序性知识的表征

程序性知识是指用于指导人的行为和操作的知识。如前所述,它回答了关于"做什么"和"怎么做"的问题。不同学家对于程序性知识的界定不同,一般而言,学者们普遍认为,程序性知识包括心智技能、动作技能和策略性技能知识。心智技能知识也叫智慧技能、智力技能,是用来指导学习者进行思维操作过程的知识,比如,借助定律、公式解决数理化的问题。动作技能知识也即运动技能,是用来指导学习者身体动作、完成外部行为操作的知识,比如,各种体育运动需要借助各种动作来完成等。事实上,心智技能和动作技能是密不可分的,动作技能的学习与心智技能的学习总是交织在一起的。策略性技能知识也称认知策略,是指加工信息的一些方法和技术。具体内容见本章第六节。

程序性知识的表征主要体现在产生式及产生式系统上。产生式是程序性知识的基本单元,是指能"产生"某种片段的心理活动和身体行动。一个产生式是一个"条件-行动"形式的规则,"条件"部分的从句说明了使这个规则运行所必需的条件,"行动"部分的从句说明了当条件具备时所运行的结果。产生式相当于"如果……就……""一……就……"等。

不同的产生式可以组合成产生式系统,一个产生式系统表征了一种复杂的程序性知识,相互关联成为一个整体。某些程序性知识比较简单,可能只需要一个产生式规则就可以完成。某些程序性知识比较复杂,则需要多个产生式规则即产生式系统才能完成。

(二)心智技能的学习

1. 心智技能形成的阶段

20 世纪 50 年代,苏联心理学家加里培林等提出了心智技能按阶段形成的理论。该理论认为个体的认知活动是由外化到内化的过程,需要经历以下五个基本阶段。

(1)活动的定向阶段　这是心智技能形成的准备阶段,学习者在这一阶段的任务主要是预先熟悉活动任务,了解活动对象,构建关于认知活动本身和活动结果的表象,以便完成对它们的定向。通俗来说,就是确定目标。活动定向的性质、水平对心智活动的形成和发展起决定性的作用。

(2)物质活动或物质化活动阶段　物质活动是指借助实物进行活动。物质化活动是指借助实物的模型、图片、样本等代替物进行活动。学习者在这一阶段的任务主要是通过从事物质活动或物质化活动,掌握活动的真实内容。

(3)出声的外部言语活动阶段　所谓"出声",即指有声音的言语。学习者在这一阶段的任务是不再直接依赖物质或物质化的客体,而是借助出声言语的形式来完成心智活动。比如,学生通过言语描述、自问自答、你问我答等方式,表述出自己正在进行的心智活动的情况。心智活动在这一阶段得以真正开始。

(4)无声的外部言语活动阶段　无声的外部言语是指没有声音的外部言语,即我们常说的"默读""默念"。与外部言语相对的,是内部言语。内部言语是对自己发出的言语,是个体思考时伴随的不出声的言语活动,不指向与他人交际。在无声的外部言语活动阶段,学习者的任务开始从出声的外部言语向内部言语转化,具体表现为,学习者常常借助默读、默念的方式来完成心智活动。无声的外部言语活动比起出声的外部言语活动,增加了更多的思维成分,但不具备内部言语阶段高度简要、自动化的特点。

(5)内部言语阶段　内部言语阶段是心智技能形成的最后阶段,学习者在这一阶段的任务是完全借助内部言语来完成心智活动,心智活动以抽象思维为主要成分。内部言语阶段的心智活动高度简要、自动化,很少发生错误。

北京师范大学心理系教授冯忠良在加里培林"内化"学说的基础上,经过长期的"结构定向"教学实验,提出了心智技能形成的阶段理论。冯忠良认为,心智技能的形成阶段包括原型定向阶段、原型操作阶段、原型内化阶段,其中,原型定向阶段对应着上述(1),原型操作阶段对应着上述(2)(3)(4),原型内化阶段对应着上述(5)。

2. 心智技能的培养

由于学者们在心智技能的形成上没有达成共识,因此关于心智技能的培养方法,没有唯一的标准。总体来说,心智技能的培养应该注意以下几点。

(1)促进条件化知识的形成 心智技能形成的关键是把所学知识与应用该知识的条件结合起来,因而,心智技能的培养就要重视这些条件化知识及其形成。

(2)促进产生式知识的自动化 如前所述,产生式包含着"条件"和"行动"两个部分,相当于"如果……就……""一……就……"等,产生式是反复练习达到熟练程度甚至自动化程度的结果,因而,重视练习,有利于心智技能的形成。

(3)加强言语表达能力 相关研究表明,言语活动能使学习者集中注意力于突出问题或关键问题,能激发学习者的探索欲、求知欲,能减少思维的盲目性,从而提高问题解决的效率。因而,提高言语表达水平可以促进心智技能的形成。

(三)动作技能的学习

动作技能的形成,是通过练习从而逐步地掌握某种动作方式的过程。一般来说,由初步学会到熟练掌握,需要经历相互联系的三个主要阶段。

1.动作技能形成的阶段

(1)认知阶段 认知阶段也称知觉阶段。学习者在这一阶段的任务主要是理解学习任务并形成目标意向和目标期望。目标意向是指学习者对自己解决问题这一活动有个方向,知道自己做什么;目标期望是指学习者对自己解决问题这一活动有个期待,知道自己想做到什么程度。具体而言,学习者在这一阶段的具体任务是,通过指导者的言语讲解、观察他人的动作示范或借助一定的外部线索,明确自己该做什么、如何做,并形成相应的动作和程序表象。

这一阶段学习者的行为特征主要有:神情紧张,动作呆板不协调,行为不稳定,进展迟缓;注意范围狭窄,视觉控制作用明显、动觉控制作用较弱,多余动作不断,缺乏整体觉察能力,难以发现错误和不足。

(2)联系阶段 在这一阶段,学习者已经逐步掌握了一系列局部动作,学习者的重点任务是使适当的刺激与反应形成联系并固定下来,变成固定程序式的反应系统。同时,将初步掌握的局部动作联系起来形成一个整体。此时,各个局部动作的结合缺乏紧密性,在各个环节的过渡阶段(即转换动作的时候)缺乏连贯性和流畅性。协同动作交替进行,随着交替动作的加快,技能、技能结构的层次不断提高,最后逐渐形成整体的协同动作。

这一阶段学习者的行为特征主要有:紧张程度有所减弱,动作协调灵活,行为稳定而迅速;视觉控制作用逐渐减弱、动觉控制作用逐步提高,能及时反馈结果,具备运用微妙线索的能力。

(3)自动化阶段 这是动作技能形成的最后阶段,一长串的动作系列已联合成为一个有机整体并已巩固下来,各个动作相互协调,似乎是自动"流"出来的,无须特别的注意和纠正。

这一阶段学习者的行为特征主要有:多余动作和紧张状态消失,行为的意志努力减弱,行为控制从有意识向无意识转化;能根据实际情况,灵活、迅速而准确地完成动作,动作技能趋于自动化程度。

2. 动作技能学习的条件

(1)内部条件

①成熟与经验。首先,关于学习者掌握动作技能的能力与年龄之间的关系存在正相关和负相关两种截然不同的观点。其次,一部分的研究表明,学习者的已有动作技能基础,在很大程度上影响着学习者动作技能形成的效率。但另一部分的研究表明,某些事先习得的有关动作技能反而会妨碍新的动作技能的形成。可见,成熟与经验对动作技能的形成并不是绝对的,需要辩证看待。总之,成熟与经验二者之间相互作用,它们对动作技能形成的影响也是相互的。

②个性。个性品质在很大程度上影响着个体的行为,因而影响着其对动作技能的掌握。总的来说,良好的个性品质对动作技能的学习和掌握起着促进作用。比如,大胆、坚忍、吃苦耐劳、任劳任怨等品质,有利于个体的动作技能形成。而诸如懦弱、好逸恶劳、怨天尤人等不良个性品质,则会妨碍动作技能的形成。此外,外向性和内向性对动作技能的学习也有着一定的影响作用。相对而言,外向性的个体在技能形成中容易表现出动机水平高、行动效率高、适于力量型的活动等特点;而内向性的个体则表现出动机水平较低、行动效率较低、适于精准型的活动等特点。

(2)外部条件

①有效的指导与示范。动作技能的形成历经认知、联系与自动化的阶段。在认知阶段,学习者的主要任务就是观察他人的示范动作以及听取他人的指导,这就表明有效的指导与示范对于动作技能的形成尤为重要。尤其在最初的阶段,学习者对自身动作的把握只能觉察局部信息,难以把握整体信息,因此,有人给予示范,并从旁指点、评价对于动作技能的形成非常重要。

②必要而适当的练习。练习是以掌握一定的活动方式为目标的反复操作过程。技能形成的进程随练习时间或次数的变化而变化,形成的进程可用练习曲线加以描述。练习曲线的总体特点是,错误的次数随练习次数的增多而减少,但因个人练习态度、知识经验、预备情况、练习方式等因素的不同也会有差异。一般而言,个体的练习曲线具有如下一些共同特点:第一,开始进步快,以后逐渐减慢。第二,中间有一个明显的、或长或短的停顿期(即高原期,又称高原现象),即进步暂时停止增长的时期。有时候还会出现练习成绩的起伏现象,即练习成绩时而下降、时而停顿的现象。第三,后期进步慢。第四,总的趋势是进步,但有时会有暂时的退步。但个体形成技能的过程,具有一定的个别差异性。不同的学生在学习同一技能或同一个学生学习不同技能时,其练习进程会表现出明显的差异。

图7-4:练习曲线中的高原现象

③及时有效的反馈。个体在形成动作技能的过程中,很多时候并不能随时掌握自己的整体情况。因而,及时提供反馈信息,以便学习者能够及时调整学习状态,对于动

作技能的形成尤为重要。

3. 动作技能的培养

（1）理解任务和情境　动作技能形成的第一阶段就是理解任务，因而对任务性质和学习情境的理解必须正确、科学。在教育教学过程中，教师要帮助学生理解动作技能的学习任务，激发学生的学习动机；要明确提出动作技能学习的最终目标，并把目标具体化；要让学生明白自己要做什么，要怎么做，要做到什么程度。

（2）示范与讲解　教师要按照观察的原理，做到正确示范。把复杂动作分解为小动作，并辅以必要、清晰的讲解，提高学生动作技能的掌握效率。

（3）采用多样化的学习方式，克服高原现象　形式多样的学习方式不仅有利于学生掌握动作技能，还能在很大程度上激发学生的学习兴趣和学习热情，克服高原现象。

（4）提供充分而恰当的反馈　反馈能使学生了解学习进展，以便及时调整学习状态。因此，在实际教育教学过程中，教师要给学生提供充分而恰当的反馈信息，以提升他们动作技能形成的效率。

//第三节// 学习理论

一、学习的联结理论

（一）试误-联结说

1. 桑代克的实验研究

美国心理学家桑代克（E. L. Thorndike）通过"迷笼"实验观察，认为学习的实质就是一种渐进地尝试错误的过程。在这个过程中，无关的错误的反应逐渐减少，而正确的反应最终形成。人们把他的这一理论称为"试误-联结说"，也称"试误说"。

▥ 7-5：桑代克的猫

2. 主要观点

首先，学习是以神经连接为基础产生的情境刺激与反应之间的联结。

其次，学习的过程是一种渐进的、盲目尝试与逐渐减少错误的过程。学习开始时正确反应的出现是偶然的，通过反复尝试，错误的反应逐渐减少，正确的反应会逐渐增加，终于在一定刺激与一定反应之间形成了牢固的联结。

再次，学习过程包括六个阶段：动机、问题、试探、偶然成功、淘汰与选择、整合与协调。

最后，人和动物的学习都遵循三条重要规律：一是准备律，即学习者在学习开始时的预备定势。若准备以某种方式反应且能实现此反应,则会令人满意,学习就有效。若有准备而不让其行动或无准备而强制行动都会令人感到烦恼。二是练习律,即通过有奖励的练习,可以增强刺激与反应之间的联结。其中,练习律又分为两条副律:应用律和失用律。三是效果律,即反应的结果(如满意或烦恼)影响着刺激与反应联结的加强或减弱。

(二)条件作用-联结说

1. 巴甫洛夫的研究和经典条件作用的形成

(1)经典实验　经典条件作用最早由苏联生理学家伊万·巴甫洛夫提出。巴甫洛夫在研究消化现象时,无意间发现了狗的唾液分泌存在一个有趣的现象。通过对狗的唾液分泌现象的观察,他提出了经典性条件作用理论。在实验中,巴甫洛夫将铃声和肉末配对出现,观察狗的唾液分泌情况。他通过实验得出结论:一个原来不会引起任何反应的中性刺激(铃声)与一个原来就能引起某种反应的无条件刺激(肉末)相结合,能够让动物学会对那个中性刺激做出反应(条件反射),这是因为中性刺激与无条件刺激联结变成了条件刺激,而条件刺激能引起条件反射。在这个具体实验过程中,铃声经过与肉末配对出现变成了条件刺激,狗听到铃声就流口水是条件反射。这就是"经典性条件作用"。

图7-6:巴甫洛夫
的狗

(2)研究观点　巴甫洛夫的经典条件作用理论的研究观点包括以下三方面。

①条件刺激的获得与消退、分化与泛化。其一是获得(保持)与消退。条件刺激与无条件刺激的配对出现能使条件反射形成,这一过程称为获得(也叫保持);当条件刺激多次出现而没有伴随无条件刺激时,条件反射就会渐渐消退。其二是分化与泛化。在一定的条件反射形成之后,有机体对与条件刺激相类似的其他刺激也做出一定反应的现象称为泛化。比如,狗在对铃声进行反应时,对"铃铃铃"和"铛铛铛"不做区分,都给予一样的反应。又如,被医生打过针的孩子,看到穿白大褂的人就感到害怕,实际上就是把医生和穿白大褂的人等同对待了。而分化则是有机体对条件刺激的反应进一步精确化,即对目标刺激加强保持,而对无条件刺激进行消退。

②高级条件反射。巴甫洛夫提出了高级条件反射的概念:中性刺激一旦成为条件刺激,可以起到与无条件刺激相同的作用;另一个中性刺激与其反复结合,可以形成新的条件反射。

③人类的第二信号系统学说。巴甫洛夫认为,在实际生活中,单一的条件反射是少见的,常见的是由具有一定程序的众多条件反射组成的系统,称作信号系统。巴甫洛夫把信号系统分为两类:凡是能够引起条件反射的物理性的条件刺激都叫作第一信号系统的刺激,即反映具体事物的系统,这是人和动物共有的;凡是能够引起条件反射的以语言符号为中介的条件刺激都叫作第二信号系统的刺激,这是人类所特有的。

2.斯金纳的研究和操作性条件作用的形成

（1）经典实验　操作性条件作用由美国心理学家斯金纳（B. F. Skinner）提出。从 20 世纪 20 年代末在哈佛大学就读研究生时起，斯金纳便开始了动物学习的实验研究。他借助实验装置"斯金纳箱"对小白鼠和鸽子等动物做了一系列的实验。

7-7：斯金纳的小白鼠和鸽子

（2）基本观点　斯金纳把动物的学习行为推而广之到人类的学习行为上，他认为虽然人类学习行为的性质比动物复杂得多，但也要通过操作性条件反射。操作性条件反射的特点是：强化刺激既不与反应同时发生，也不先于反应，而是随着反应发生。有机体必须先做出所希望的反应，然后得到"报酬"，即强化刺激，使这种反应得到强化。学习的本质不是刺激的替代，而是反应的改变。斯金纳认为，人的一切行为几乎都是操作性强化的结果，人们有可能通过强化作用的影响去改变他人的反应。斯金纳十分强调行为发生后的"及时强化"。

（3）基本规律　斯金纳认为，学习是一种反应概率的变化，而强化是增加反应概率的手段；强化是一种操作，强化的作用在于改变同类反应在将来发生的概率。强化的基本规律如下。

①正强化。正强化是指给予一个愉快刺激，从而增加行为出现的概率。比如，小白鼠按压开关就得到食物，这个食物就是正强化。

②负强化。负强化是指撤销一个厌恶刺激，从而增加行为出现的概率。比如，小白鼠一直处于轻微的电击中，一旦按压开关，电击就中断，电击中断就是负强化。

7-8：负强化导致个体的两类反应

③正惩罚。在个体做出某种反应以后，呈现一个厌恶刺激（如批评、打骂等），以消除或抑制此类反应的过程，称作正惩罚。比如，学生上课不认真听讲而受到教师的批评。惩罚与负强化有所不同，负强化是通过厌恶刺激的撤销来增加反应在将来发生的概率，而惩罚则是通过厌恶刺激的呈现来减少反应在将来发生的概率。惩罚的运用必须慎重，只有与强化这种良好行为结合起来，方能取得预期的效果。

④负惩罚。在个体做出某种反应以后，撤销一个愉快刺激，以消除或抑制此类反应的过程，称作负惩罚。比如，上课不认真听课的学生，下课后不许参加课间娱乐活动。

⑤消退。有机体做出以前曾被强化过的反应，如果在这一反应之后不再有强化物相伴，那么，此类反应在将来发生的概率便减少，称为消退。消退是一种无强化的过程，其作用在于减少某种反应在将来发生的概率，以达到消除某种行为的目的。因此，消退是减少不良行为、消除坏习惯的有效方法。比如，教师对于在课堂上故意捣乱的学生不予理会，学生发现得不到关注很没劲，从而不再继续捣乱。

7-9：普雷马克原理

强化的基本规律如表 7-1 所示。

表 7-1　强化的基本规律

类型		条件	刺激	行为发生概率	例子
强化	正强化	呈现	愉快刺激	增加	奖励、表扬等
	负强化	撤销	厌恶刺激	增加	撤销处分等
惩罚	正惩罚	呈现	厌恶刺激	减少	批评、责备等
	负惩罚	撤销	愉快刺激	减少	不许玩游戏等
消退	消退	无任何强化物	无任何强化物	减少	不予以理睬等

二、学习的认知理论

（一）完形-顿悟说

1. 苛勒的典型研究

完形-顿悟说也称顿悟说，是由格式塔心理学家苛勒（W. Köhler）提出的。苛勒针对黑猩猩的学习和解决问题进行了许多研究，通过著名的"叠箱实验"和"接竹竿实验"的研究，苛勒提出，学习是通过顿悟实现的。苛勒认为，学习就是对情境整体关系进行仔细了解后的豁然开朗，是经过"顿悟"学会的。苛勒的学习理论与桑代克的"试误-联结说"相对抗。

7-10：苛勒的大猩猩

2. 主要观点

苛勒认为，学习是通过顿悟过程实现的，学习的实质是在主体内部构造完形。

首先，顿悟发生的机制是心理具有格式塔（德语 gestalt 音译，意为完整结构）的功能；其次，知觉在学习中占有重要地位，学习即知觉

7-11：格式塔学习律

重组或认知重组，知觉重组的过程伴随着接近律、相似律、闭合律、连续律和成员特性律五条知觉律（也叫学习律）；最后，知觉到的情境是一个具有新质的整体。

总之，学习是个体利用自身智慧、领悟整个情境与自身需要的关系的过程；学习是学习者知觉经验中已有认知结构的改组，是新的认知结构的形成。

（二）认知-发现说

1. 学习观

认知-发现说也称认知-结构论，由美国著名认知教育心理学家布鲁纳（J. S. Bruner）

提出。布鲁纳主张认知学习观。

（1）学习的实质、表征

①学习的实质。与苛勒一样，布鲁纳也反对行为主义学习观。布鲁纳认为，学习的实质在于主动地形成认知结构，而不是被动地形成刺激-反应的联结。学习者是主动地获取知识，并通过把新获得的知识和已有的认知结构联系起来，积极地建构其知识体系，而不是被动地接受知识。学习的目的在于以发现学习的方式，使学科的基本结构转变为学生头脑中的认知结构。布鲁纳认为，认知结构即编码系统，是指人们对环境中的信息加以分组和组合的方式。编码系统是不断变化和重组的，它的一个重要特征是对相关的事物类别做出有层次结构的安排。

②学习的表征。学习的表征就是认知表征。布鲁纳认为，认知表征即个体将外界事物转化为内部心理事件的过程，其发展经历了三个阶段：其一，动作性表征（又称表演式再现表象），类似于皮亚杰的感觉运动阶段（详见本章建构主义理论——皮亚杰认知阶段论）。这一阶段的儿童，通过动作方式作用于客观世界。其二，映象性表征（又称肖像式再现表象），相当于皮亚杰的前运算阶段的早期。这一阶段的儿童，开始借助物体知觉留在记忆中的图像或表象，去展示他们的世界中所发生的事物。其三，符号性表征（又称象征性再现表象），大体相当于皮亚杰的前运算阶段的后期及以后的阶段。这一阶段的儿童，已经可以通过符号尤其语言符号来再现他们的世界。

（2）学习的编码、过程

①学习的编码。布鲁纳认为，人类能够认识复杂的环境，得益于人类的归类能力。归类是指人们在适应环境时，根据某一类别的成员关系对周围的各类人、事和物进行分类，并对它们做出区分反应。人们正是根据类别或分类系统来与环境相互作用的，这种类别，既包括已有的类别，也包括来自新信息形成的新类别。换言之，人们与周围环境的所有相互作用实际上都离不开对现有类别有关的刺激输入进行分类。如果刺激输入与已有类别无关，将很难被人们知觉。如果人们想要超越直接的感觉材料，那么除了要把感觉输入归入某一类别，并根据这一类别进行推理，还要根据其他相关的类别作出推理，这些相关的类别就构成了编码系统。如上文所述，编码系统是人们对环境信息加以分组和组合的方式，它们不是一成不变的，可以不断变化和重组。学习就是类别及其编码系统的形成，指的是一个人把同类的事物联系起来，并把它们联结成赋予它们意义的结构。给学生提供必要的信息有助于学生达到最佳的学习程度，但掌握这些信息本身并不是学习的目的，学习应该超越所给的信息。

②学习的过程。布鲁纳认为，学习包括获得、转化和评价三个"几乎同时发生的"过程。首先，获得，即知识的获得（习得新信息）。知识可能是以前知识的精炼，也可能与原有知识相违背。其次，转化也称转换，是一种处理知识以便使其适应新任务的过程。从某种角度而言，转化实际上也是对旧知识的改造过程。转化的方式包括外推（由已知推未知）、内插（增添知识或补充空白知识）或变换等。通过各种转化方式，可以把知识

整理成另一种形式,以便超越给定的信息,促进知识适用于某种任务,并获得更多的知识。最后,评价,即对知识转化的一种检查。评价通常包含对知识的合理性进行判断,实际上,评价就是检查我们的知识是否恰当。

2. 教学观

(1)**教学的目的在于理解学科的基本结构** 布鲁纳从反对杜威经验论片面强调经验的重要性、忽视理论知识的价值的角度出发,提出结构主义教学论。他主张提高教学内容的学术水平和抽象理论水平,认为教学的最终目标是促进学生对学科结构的一般理解。所谓学科的基本结构,是指学科的基本概念、基本原理及基本态度和方法。学生对学科基本结构的理解,有利于学科知识的整体掌握,提升学科知识的记忆效果,从而促进学习迁移,促进他们智力和创造力的发展,提高学习兴趣。因此,在设计课程和编写教材的过程中,学科的基本结构应当处于中心地位,是教学的中心。布鲁纳认为,发现是教学的主要手段,学生掌握学科基本结构的最好方法是发现学习。

(2)**掌握学科基本结构的教学原则**

①动机原则。内部动机是维持学习的基本动力,比外部动机更为有力和持久。因此,在教学过程中,教师要充分发挥学生内部动机的作用。学生的基本内部动机有三种:好奇内驱力(求知欲)、胜任内驱力(成功的欲望)和互惠内驱力(人与人之间和睦共处的需要)。

②结构原则。在教学过程中,教师要把教学内容转化为学生易于理解和学习的形式,即结构。任何知识结构都可以用动作、图像和符号三种表象形式来呈现。

③程序原则。教学过程是按照教学内容的难易程度与逻辑的先后顺序,有条不紊、循序渐进地将知识输出给学习者的过程。一般而言,每门学科都存在着各种不同的程序,不存在对所有学习者都适用的唯一程序。程序原则也叫序列原则。

④强化原则。给予学习者一定的反馈,在一定程度上能够提高学习者的学习效率。教师在实际教学过程中规划适合的强化时间和步调,是促进学生学习成功的重要一环。强化原则也叫反馈原则。

(三)意义-接受说

意义-接受说又称认知同化说、认知-接受说,是美国学者奥苏伯尔(D. P. Ausubel)基于对有意义接受学习这种学习方式的分析提出的学习理论。

1. 学习分类

奥苏伯尔按照不同的划分标准,把学习分为以下几类。

根据学习进行的方式,学习可以分为接受学习和发现学习。接受学习,指的是个体经验的获得,来源于学习主体对他人经验的接受,把他人发现的经验经过自身的掌握、占有或吸收,转化成自己的经验。发现学习,指的是个体经验的获得,来源于学习主体对事物意义的发现,知道了以前未曾认识的各种关系、法则的正确性和各种观念的类似性。

根据学习材料与学习者原有知识结构的关系,学习可以分为机械学习和意义学习。机械学习,指的是单纯依靠记忆学习材料而不理解其复杂内部和主题推论的学习方法,也称为死记、死背或死记硬背。意义学习,指的是通过理解所学材料的意义而进行的学习。其中,奥苏伯尔指出,学生的学习是有意义接受学习。

2. 有意义接受学习的实质

有意义接受学习的实质就是符号所代表的新知识和学生认知结构中已有的适当观念能够建立非人为的和实质性的联系,简言之就是,新旧知识之间具有非人为的、实质性的联系。非人为的联系是指这种联系不是任意的或人为强加的,是新旧知识之间的某种合理的或逻辑基础上的联系。实质性的联系是指这种联系不是非字面的,而是建立在逻辑关系基础上的内在联系。比如,学生在学习等腰三角形时,"两条边相等的三角形是等腰三角形"这一新的知识与他们的原有知识"三角形是相同平面内不在同一直线上的,具有三条边和三个角的形状"之间就存在着具有逻辑意义的、自然的联系。这种具有逻辑意义、自然的联系就能促进学生对新知识的掌握。如果新旧知识之间未能建立或者不存在这种联系,学生将只能死记硬背,这时就只能是机械学习。

3. 意义学习的分类

(1)符号表征学习　符号表征学习也叫符号学习、表征学习、代表学习。符号表征学习是指学习某个或某组符号的意义,即某个或某组符号代表了什么。包括语言符号学习(字、词等)、非语言符号学习(实物、图形、图表、图像和动作等)以及事实性知识学习(历史事件、历史人物、地理信息、时间、日期等)。符号表征学习的心理机制,是符号和它们所代表的事物或观念在学习者认知结构中建立了相应的关系。

(2)概念学习　概念学习是意义学习的核心,其实质是掌握同类事物的共同的本质属性和关键特征。比如学习"鸟"这一概念,就是掌握"有翅膀""有羽毛""有喙""骨骼中空""动物"这样五个共同的本质的、关键的特征,而与它的大小、颜色等特征无关。概念学习有概念形成和概念同化两种途径。

(3)命题学习　命题学习是指学习若干概念之间的关系,即掌握由若干概念联合构成的复合意义。命题学习以符号学习和概念学习为前提,可以分为两类:一类是概括性命题学习,指学习概念与概念之间的关系。如"圆的半径是直径的一半",这里的"圆的半径"和"圆的直径"分别是两个概念。另一类是非概括性命题学习,指学习特殊事物与概念(或特殊事物)之间的关系。如"中国的首都是北京",这里的"中国的首都"和"北京"都是特殊事物。

(4)概念和命题的运用　符号学习、概念学习和命题学习是意义学习的基本类型,学习的基本类型在简单情境中的运用就是概念和命题的运用。比如,在符号学习中,学习者认识了"○、π、r"这些符号分别表示圆、圆周率、半径,在概念学习当中明白了圆、圆周率和半径分别代表了什么意义,而在命题学习中知道了"圆的周长等于2倍的圆周率和半径的乘积"。到了实际运用的时候,只要知道圆的半径,就能利用公式$c=2\pi r$求圆的周长。

（5）解决问题与创造　解决问题是概念和命题在复杂情境中的运用。学习情境的复杂性和新异性决定了问题解决的难易程度和创造性程度，创造是解决问题的最高形式。奥苏伯尔认为，解决问题涉及问题的条件命题、目标命题、背景命题、推理规则和解决策略。奥苏伯尔提出，有意义言语学习理论的主要目的就是阐明其中的限制条件。

4. 命题学习的形式

奥苏伯尔认为，新学的命题与学生已有命题之间的关系有以下三种类型。

（1）上位关系　当新的学习内容能够使得学生已有认知结构中的观念类属于其下时，新的学习内容与学生已有观念之间就形成了上位关系。比如，儿童在熟悉了"西瓜""苹果""葡萄"这些概念之后，又学习了"水果"这一新的概念。学生对于这类关系的学习称为上位学习。

（2）下位关系　这是新的学习内容与学生已有观念之间最普遍的一种关系，即新的学习内容隶属于学生认知结构中已有的、包括性较广的观念。对这类关系的学习称为下位学习。

下位关系包括派生类属和相关类属两种形式。派生类属是指新的学习内容要么是学生已有的、包括性较广的命题的一个例证，要么是能从已有命题中直接派生出来的。比如，儿童已经知道"牛"这个概念，那么"水牛""奶牛""牦牛"这些新的概念，就可以隶属于已有的观念。相关类属是指新的学习内容使学生的原有知识得到扩展、修饰或限定，并使其精确化。比如，儿童已经知道"三角形"这一概念的意义，那么，我们就可以通过"正三角形是三条边一样长的三角形"这一命题来界定正三角形。在这种情况下，儿童通过对"三角形"予以限定，产生了"正三角形"这一概念。

（3）并列结合关系　当新的学习内容与学生已有观念之间既不产生下位关系，又不产生上位关系时，就产生了并列结合关系。并列结合关系也叫组合关系。比如，学生在熟悉了"直角三角形"这一概念后，又学习了"钝角三角形、锐角三角形"的概念等；在学习了"质量"的概念后，又学习了"能量"的概念等。学生对这类关系的学习称为并列结合学习或并列组合学习。

奥苏伯尔提出的命题学习的三种类型，如表 7-2 所示。

表 7-2　奥苏伯尔学习形式表格

学习类型	学习特征		
	新旧知识关系	心理过程	例子
上位学习	新知识（上位） 旧知识（下位）	O ↑ ↑ ↑ a　b　c	先学习"苹果""西瓜""葡萄"等概念 再学习"水果"这个概念

续表

学习类型	学习特征		
	新旧知识关系	心理过程	例子
下位学习	旧知识（上位） 新知识（下位）	O ↓ ↓ ↓ a b c	先学习"牛"这个概念 再学习"水牛""奶牛""牦牛"等概念
并列结合学习	旧知识　新知识	$A_1 \longrightarrow A_2$	学习了"直角三角形"这个概念 再学习"钝角三角形"这个概念
		$B \longrightarrow D$	学习了"质量"这个概念 再学习"能量"这个概念

5. 有意义学习的条件

奥苏伯尔提出，进行有意义学习必须具备三个前提条件。

（1）学习材料本身必须具备逻辑意义　材料的逻辑意义是指学习材料本身与人类学习能力范围内的有关观念可以建立非人为的和实质性的联系。不具备逻辑意义、不表征任何实在意义的学习材料难以通过有意义学习来掌握。比如，无意义音节只能通过死记硬背的方式学习。有逻辑意义的学习材料，不一定符合客观现实规律，只有符合客观现实规律的、具有逻辑意义的材料，才能通过有意义学习来掌握。比如，"太阳从西边升起"，这句话单纯从逻辑而言，没问题，但其表达的意义却不符合客观规律。因此，这个句子若是作为简单陈述句，就无法通过有意义学习来掌握。但如果句子改成"太阳从西边升起了？""太阳从西边升起是不可能的"，就可以通过有意义学习的方式来掌握。前者表达的是一种惊叹和疑惑的态度，实际上包含了否定成分；后者作为否定句，实际上是符合客观规律的。

（2）学习者必须具备有意义学习的心向　所谓有意义学习的心向，是指学习者能积极主动地在新知识与已有适当观念之间建立联系的倾向性。学习材料具有逻辑意义、学习者已有认知结构中具有该材料的认知基础，是有意义学习的必要而非充分条件。同时具备材料的逻辑意义和学习者的认知基础的知识，对于学习者而言就是潜在意义的知识。只有学习者具备有意义学习的心向，主动将学习材料的潜在意义转化为实际意义，才能真正实现有意义学习。而缺乏有意义学习心向的学习者，很难在有意义的学习材料和已有认知观念之间建立有效联系，最终只能机械学习。

（3）学习者的认知结构中必须有同化新知识的原有的适当观念　有意义学习的本质就是在新旧知识之间建立非人为的、实质性的联系，而这种联系的建立要求学习者的认知结构中必须有同化新知识的原有适当观念。奥苏伯尔认为，认知结构是影响学生知识学习的最重要因素。认知结构对有意义学习的影响主要取决于原有知识的可利用性、新旧知识间的可辨别性以及原有知识的稳定性和清晰性。

可利用性是指学习者已有的认知结构中存在可以与新知识发生意义联系的适当观念,这些观念对理解新知识的意义起着固定作用,即为新知识与原有认知结构之间提供一个契合点,使新知识能固着在原有的认知结构中,进而与认知结构中的其他有关的观念联系起来。

可辨别性是指新学习的材料与原有的起固定作用的知识间的可分化程度,如果新旧知识之间差异很小,不能互相区别,那么新旧知识间就极易造成混淆,新知识就会被原有的知识取代或被简单地理解成原有知识,而失去它所内含的新意义。

稳定性和清晰性是指学生对原有知识的理解是否明确无误、是否已经巩固。如果学生原有的知识意义模糊,似是而非,或者掌握得不熟练,它不仅不能为新学习的知识提供有力的固着点,而且会在新旧知识间造成混淆。

奥苏伯尔认为,只有同时满足了上述三个条件,才有可能进行有意义的学习,使新学习的材料的逻辑意义转化为对学习者的潜在意义,最终使学习者达到对新知识的理解,获得心理意义。

6. 先行组织者策略

奥苏伯尔认为,利用适当的引导性材料对当前所学的新内容加以定向与引导,能促进有意义学习的发生和保持。这种利用引导性材料帮助学习者进行有意义学习的策略即为先行组织者策略。所谓先行组织者(或组织者),是指先于学习任务呈现给学习者的一种引导性材料,它的抽象性、概括性、包容性和综合性都高于学习任务,有利于建立学习者认知结构中的原有观念和新学习材料之间的联系,从而有效地促进有意义学习的发生和习得意义的保持。

(四)托尔曼的符号学习理论

美国心理学家托尔曼(E. C. Tolman)通过一系列动物实验发现,学习是对情境所形成的完整认知地图中符号与符号之间关系的认知过程。

1. 学习是有目的的,是期望的获得

托尔曼依据猴子的辨别任务实验(奖励预期实验)结论提出,学习的目的性是人类学习区别于动物学习的关键点。其中,期望是个体依据已有知识经验建立的一种内部准备状态,托尔曼将其看作是通过学习而形成的对于目标的认识和期待,期望是托尔曼学习理论的核心。因此托尔曼的学习理论又称为学习-目的说。

2. 学习是对完形的认知,是形成认知地图的过程

托尔曼依据白鼠迷宫位置学习实验(迂回实验)结果提出,学习的过程就是个体在达到目的的过程中,根据头脑中的预期不断进行尝试,形成对周围环境的认知,最后建立"目标-对象-手段"三者之间的联系的认知地图的过程,如图7-1所示。因此其理论又称为学习-地图说。

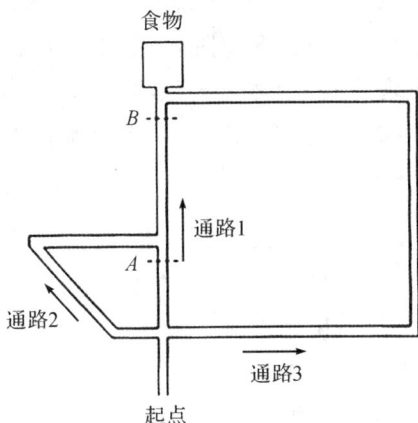

图 7-1 认知地图

3.刺激与反应之间的联系不是直接的

托尔曼通过观察白鼠的位置学习实验发现,在学习过程中,刺激(S)与反应(R)之间还存在一个中介变量(O),O代表着机体的内部变化。他将早期的联结主义者提出的行为公式 S-R,改为 S-O-R。

4.潜伏学习

托尔曼的潜伏学习实验结果表明,外在的强化并非学习产生的必要因素。在没有强化的条件下,学习结果只是不外显,是"潜伏"的,而强化则能够将这一潜伏结果激发出来。潜伏学习又叫隐匿学习。

三、学习的其他理论

学习理论除了经典的联结和认知理论,实际上还有其他理论。

7-12:中国古代
学习心理思想

(一)观察学习说

1.学习的形式

观察学习说也称观察学习理论、社会学习理论,由美国心理学家班杜拉提出。经典的斯坦福大学幼儿园的观察实验很好地呈现了观察学习的观点。

7-13:观察学习
经典实验

班杜拉依据研究的结果指出,行为习得有两种不同的类型:一种是直接经验的学习,即个体通过直接获得反应结果而获得某种行为反应模式的过程;另一种是间接经验的学习,即个体通过观察榜样的行为及其结果而习得行为的过程。班杜拉认为,人类大多行为是靠观察榜样的行为及其结果而习得的,观察学习是人类学习的重要形式。所谓观察学习,是指学习者仅仅通过观察榜样(他人)的行为及其结果,而不用做出直接反应,就能学会某种行为。观察学习也叫替代学习、无尝试学习。

观察学习的过程包括注意、保持、动作再现和动机过程。在注意阶段，个体的任务是注意并知觉榜样行为的各种信息；在保持阶段，个体主要对榜样行为的各种信息进行表征、编码及存储；在动作再现阶段，个体主要是将存储在大脑中的榜样行为转为外显行为；在动机阶段，个体习得的行为表现取决于榜样行为的结果。

2. 强化的类型

班杜拉认为，个体习得的行为是否会表现出来，取决于动机阶段个体获得的强化手段。动机过程的强化主要包括：直接强化、替代性强化与自我强化。其中，直接强化和替代性强化属于外部强化，自我强化属于内部强化。

（1）直接强化　直接强化是指个体亲自表现出某种示范行为而受到强化。比如，某个学生学着别人举手发言，得到了老师的表扬，今后他还会继续举手发言。

（2）替代性强化　替代性强化是指个体因看到榜样受到某种强化而受到相应的强化。比如，看到别人举手发言得到了表扬，自己也会乐于举手发言；看到别人上课说话被批评，自己也会注意上课的时候不要说悄悄话。

（3）自我强化　自我强化是指个体根据自己设定的某些行为标准，以自我奖罚的方式对自己的行为进行调节。自我强化是人类特有的现象。

（二）信息加工说

信息加工心理学是狭义上的认知心理学，因而在一些版本的教材中，部分学者将信息加工说划分到学习的认知理论当中。事实上，信息加工说是将行为主义与认知主义学习理论相结合的代表，信息加工说把人看成类似于加工信息的装置和系统。学习的信息加工说以计算机模拟为工具，把人的学习看作是一个对信息进行探测、编码、储存和复现的过程。学习的信息加工过程如图7-2所示。

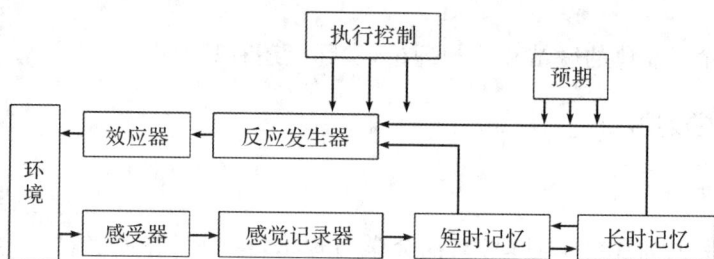

图7-2　学习的信息加工过程

1974年，美国心理学家加涅（R. M. Gagné）基于信息加工理论的有关研究，提出了学习的信息加工模式，即信息加工学习理论，也称信息加工说。

1. 加涅关于学习的基本观点

学习过程是信息加工的过程，学习是学习者内部加工与外部条件之间相互作用的结果，不是刺激-反应的简单联结。刺激与反应之间还包含着学习者、记忆等基本学习要素。加涅认为，影响学习的信息加工过程的因素主要是预期和执行控制。

2.加涅关于学习的八个层次

加涅认为人类的学习是复杂多样的,是有层次性的,总是由简单到复杂、由低级到高级发展。前一层次的低级学习是后一层次的高级学习的前提,较高级、较复杂的学习建立在较低级、较简单的学习基础之上。各类学习构成了一个依次递进的层次与水平,包括:信号学习、刺激-反应学习、连锁学习、言语联结学习、辨别学习、概念学习、规则(原理)学习以及解决问题学习。

■7-14:加涅关于学习的八个层次

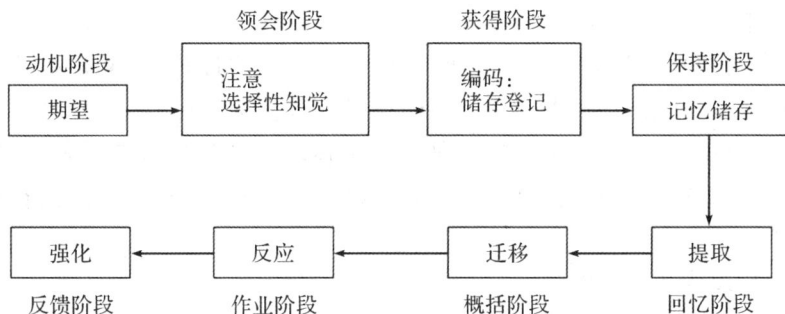

加涅后来指出学习的八个层次的划分不太适合,重新提出了五种学习结果的划分方式,包括:言语信息、智慧技能、认知策略、动作技能以及态度。

3.学习的阶段及教学设计

加涅认为,学习是学生内部加工与外部条件之间相互作用的结果。学习过程可分成若干个阶段,各个阶段进行着不同的信息加工。信息加工阶段发生的事件称为学习事件,是学生学习的内部加工。各信息加工阶段相应的教学事件,则是学生学习的外部条件。一系列的学习内部加工和外部条件构成了一个学习行动。加涅认为,每一个学习行动都可以被分解成八个阶段,即动机、领会、获得、保持、回忆、概括、作业、反馈,如图 7-3 所示。

■7-15:加涅学习的阶段及教学设计

图 7-3　学习的八个阶段

(三)建构主义理论

建构主义学习理论是从传统认知主义中繁衍出来的,是对认知主义的进一步发展,可称为"后认知主义"的学习理论。建构主义与认知主义一样,皆认为人的学习类似于"模拟计算机",但又有所不同。

建构主义最典型的代表人物是皮亚杰和维果茨基。

■7-16:建构主义的观点

1.皮亚杰的发生认识论

(1)发生认识论的基本思想

①发展的实质。瑞士心理学家皮亚杰(J. Piaget)认为,心理、智力、思维既不起源于先天的成熟,也不起源于后天的经验,而是起源于主体的动作,动作是主客体相互作用

的中介；心理发展的过程是主体自我选择、自我调节的主动建构过程。发展是内因和外因相互作用的结果。因而，皮亚杰的观点也叫相互作用论。

心理发展的实质是主体对客体环境的适应，适应的本质在于取得主体与环境的平衡，适应即是同化、顺应和平衡的过程。同化是指个体将外界信息纳入已有认知结构的过程；顺应是指个体在将外界信息纳入已有认知结构过程中，发现这些信息与现存的认知结构并不完全吻合，这时个体就要改变原有的认知结构；平衡是一种心理状态，当个体已有的认知结构能够轻松地同化环境中的新经验时，就会感到平衡，否则就会失衡。

②影响儿童认知发展的因素。

a.成熟。成熟是指个体生理（尤其大脑和神经系统）发育的程度。成熟是儿童认知发展的必要而非充分条件，成熟能为儿童的新行为模式和新思维方式的出现提供可能性，但可能性并不是现实性。

b.物理环境。物理环境是指个体在与客观世界相互作用中获得的经验，区别于社会经验。这种经验包括物理经验和抽象经验：物理经验也叫具体经验，是指个体获得的关于物体特性的经验；抽象经验也叫逻辑-数理经验，是指个体理解动作间相互协调的结果的经验。物理经验是认知发展的基础，但不决定心理的发展。

c.社会环境。社会环境是指个体之间的相互作用和社会文化的传递，包括社会生活、文化教育和语言等。社会环境与物理环境一样，对儿童心理的发展只起促进或延缓的作用，并不起决定性作用。

d.具有自我调节作用的平衡过程。平衡是指儿童自我调节的过程，平衡是心理发展的决定因素。平衡是一个动态过程，每达到一个平衡状态，就会产生一个新的图式。图式是认知结构的基本单位，是指个体为了应对某一特定情境而产生的认知方式，简单地说，就是个体对世界的知觉、理解和思考的方式，包括动作图式（感觉运动图式）、符号图式和运算图式。

（2）皮亚杰认知发展理论的阶段观

①感知运动阶段（0～2岁）。此阶段儿童的认知发展主要是感觉和动作的分化，其认知活动主要是通过探索感知觉与运动之间的关系获得动作经验，形成图式。手的抓取和嘴的吸吮是他们探索周围世界的主要手段，通过不断地对外界进行探索，儿童慢慢地意识到自己的动作跟外界物体之间的关系。大约7个月时，儿童获得了客体永久性，即此时的儿童知道了不在自己眼前的事物并不意味着消失。客体永久性的获得是儿童早期发展的一个重要里程碑。

②前运算阶段（2～7岁）。儿童在感知运动阶段获得的感知运动图式在这一阶段开始内化为表象或形象图式。由于语言的发展，儿童的表象日益丰富，认知活动不再局限于感知活动，但此阶段思维仍受具体知觉表象的束缚，难以从知觉中解放出来。此阶段儿童的心理表象是直觉的物的图像，还不是内化的动作格式；还不能很好地把自己和外部世界区分开来，他们甚至觉得外界的一切事物都是有生命的（泛灵心理），所有人都有相同的感受。正因如此，幼儿园的小朋友喜欢跟布娃娃说话。前运算阶段的儿童，他们的认知活动表现出集中化（知觉集中倾向）的特点，即儿童在面对问题情境时，往往只凭

知觉,并且常常只能集中于事物的某一方面特征而忽略其他特征,顾此失彼,知觉集中倾向决定了这个阶段的儿童还不具有守恒的概念。同时,他们的认知活动具有相对具体性,不具备反向思维的能力,思维具有不可逆性、刻板性。所谓可逆性,是指思考问题时可以从正反两面去考虑。前运算阶段的儿童思维表现出典型的自我中心性,即这个阶段的儿童只能主观看世界,不能客观地予以分析。他们考虑一切事情都只从自己的角度出发,以自己为中心,总是从一个角度来观察事物,不考虑别人的意见。所以,幼儿园的小朋友在玩捉迷藏的时候总是喜欢用手遮着眼睛让人去找而不会躲起来。在他们看来,自己看不到,就等于别人看不到。总之,此阶段的儿童,他们的认知活动具有相对具体性、不可逆性、刻板性、自我中心性、缺乏守恒概念。

③具体运算阶段(7～11岁)。此阶段儿童的认知结构已发生了重组和改善,思维中形成了守恒概念;具有了抽象概念、多向思维,思维可以逆转,因而能够进行逻辑推理。他们能够运用表象进行逻辑思维和群集运算,但此阶段儿童的思维仍然离不开具体事物的支持。在具体运算阶段,儿童的思维开始逐渐去集中化,即这个阶段的儿童,在面对问题情境思维时,不再只凭知觉获得的片面事实去作判断。去集中化的思维特征,是具体运算阶段儿童思维成熟的最大特征。同时,这个阶段的儿童,他们的认知活动出现了去自我中心,即他们逐渐学会从他人的角度看问题。总的来说,这个阶段的儿童,他们的认知活动具有守恒性、可逆性和去自我中心性。

④形式运算阶段(11岁及以上)。此阶段儿童的思维已经超越了对具体的、可感知的事物的依赖,使形式从内容中解脱出来,进入形式运算阶段(又称命题运算阶段)。本阶段儿童的思维是以命题形式进行的,他们能发现命题之间的关系,能用逻辑推理解决问题,能理解符号的意义。此外,他们开始懂得运用抽象概念,提出合理可行的假设并进行验证,知道了事物的发生是有多种可能性的,他们的思维表现出更大的弹性和复杂性。总的来说,本阶段儿童的思维具有可逆性、补偿性和灵活性。此阶段的儿童不再刻板地恪守规则,相反,他们常常由于规则与事实的不符而拒绝规则。

2. 维果茨基的儿童认知发展理论

苏联心理学家、社会文化历史学派创始人维果茨基认为,社会互动、文化工具以及活动因素决定了个体的发展和学习。他强调人类社会文化对人的心理发展的重要作用,认为人的高级心理机能是在人的活动中形成和发展起来并借助语言实现的。维果茨基的观点考虑了社会文化因素对发展的影响,因而他的理论也称为社会建构观或文化历史发展理论。

(1)心理发展的实质　维果茨基认为,人的心理机能可以区分为相互联系又相互区别的两种形式:自然的、直接的低级心理机能(人与动物所共有,生物进化的结果)和社会的、间接的高级心理机能(人类特有,社会文化历史发展的结果)。心理发展的实质是心理机能由低级向高级转化的过程。

心理机能由低级向高级发展的标志归纳为四个方面:①心理活动的随意机能;②心理活动的抽象-概括机能,即各种机能由于思维(主要是指抽象逻辑思维)的参与而高级化;③各种心理机能之间的关系不断地变化、组合,形成间接的、以符号或词为中介的心理结构;④心理活动的个性化。

(2)语言在认知发展中的功能　维果茨基认为,语言具有调节思维与行动的功能。一方面,在文化传承中,成人借助语言将生活经验和思维以及解决问题的方法传递给儿童;另一方面,儿童以学得的语言为工具,用于适应环境和解决问题。维果茨基反对皮亚杰关于儿童的自我中心言语"只是思维的副产品,缺乏指向性,是不成熟的表现"的观点,认为儿童的自我中心言语具有积极作用,能够促进儿童的认知发展,帮助儿童解决问题。维果茨基在对儿童的观察实验中发现,儿童在遇到困难任务时,自我中心言语急剧增长,说明儿童运用自我中心言语帮助其思维。因此,他认为自我中心言语具有促进儿童心理发展的功能,同时他认为,儿童的自我中心言语最终会内化成内部语言——一种无声的对话。

(3)教学与发展的关系

①最近发展区。维果茨基认为,儿童具有两种心理发展水平:一种是现有的(或称当前的、实际的)发展水平,是指那些已经表现出来的水平,表现为儿童独立解决问题的水平;另一种是潜在的(或称即将达到的)发展水平,指那些尚未表现出来但条件合适时可能表现出来的水平,表现为在成人、集体或者外部资源的帮助下,儿童能够解决问题的水平。简言之,"最近发展区"是指实际发展水平与潜在发展水平之间的差距。了解儿童的潜在发展水平,有助于实现教育的最佳状态。

②教学应走在发展的前面。维果茨基指出,教学的作用一方面表现为决定儿童发展的内容、水平和速度,另一方面表现为创造新的最近发展区。他强调,教育活动应当建立在儿童的潜在水平之上,立足于不断地将其"最近发展区"转化为现有的发展水平。教育和教学工作只有走在学生发展的前面,才能更好地激发儿童潜能的发挥。为此,维果茨基提出教育要走在发展的前面,教育必须面向未来。

③关于学习的最佳时期。从发展的观点看,儿童学习任何内容时,都存在一个最佳年龄段。忽视儿童的学习最佳时期,就很难发挥教学的最大作用,这将会对儿童的认知发展造成不利的影响。因此,在儿童成熟和发育的基础上开始某一种教学,需要考虑将教学建立在儿童正在开始形成的心理机能的基础上,教学应走在心理机能形成的前面。

(4)认知发展的内化学说　维果茨基认为,内化是指外部实际动作向内部心智动作的转化。新的社会的、高级的心理活动形式,首先是以外部动作的形式开始的,以后才通过"内化"的方式,转为内部智力活动。在外部实际动作向内部智力活动转化的过程中,语言符号系统的作用至关重要。随着儿童的不断成熟,内化也逐渐完成。儿童的自言自语逐渐发展为耳语、口唇动作、内部语言和思维。外部语言符号成为"工具",使得心理发展由外向内进行。

(四)人市学习观

20世纪60年代,美国兴起了一种新的心理学派——人本主义心理学。它反对行为主义以动物实验作为依据,反对精神分析以潜意识、病态心理为研究中心,主张把人作为心理学的研究对象,认为心理学应当研究正常的人的动机、需要、自我价值、自我实现等。以美国心理学家罗杰斯(C. R. Rogers)为代表的人本主义者认为,人的潜能是自我实现的,而不是教育的作用使然。罗杰斯的人本学习观如下。

1. 有意义的自由学习观

罗杰斯认为,意义学习是将学习者视为完整个体,使个体的行为、态度、个性等各个方面发生重大变化的学习,是一种与学习者的各种经验融合在一起,使个体能够全身心投入的学习。意义学习并非仅仅是增长知识的学习。意义学习主要有四大要素,即学习具有个人参与的性质,学习是自我发起的,学习是渗透性的以及学习是由学习者自我评价的。意义学习的特征在于:全神贯注,整个人的认知和情感均投入到学习活动之中;自动自发,学习者由于内在的愿望主动去探索、发现和了解事件的意义;全面发展,学习者的行为、态度、人格等获得全面发展;自我评估,学习者自己评估自己的学习需求、学习目标是否完成等。因此,学习能对学习者产生意义,并能纳入学习者的经验系统之中。

2. 以学生为中心的教学观

罗杰斯从人本主义的学习观出发,认为凡是可以教给别人的知识,相对来说都是无用的。因此,教学的结果,如果不是毫无意义的,那就可能是有害的。教师的任务既不是行为主义者所强调的教学生学习知识,也不是认知主义者所重视的教学生如何学习,而是为学生提供各种学习的资源,提供一种促进学习的氛围,让学生自己决定如何学习。因此,以学生为中心的教学也称为非指导性教学。

罗杰斯认为,促进学生学习的关键在于特定的心理因素(即为学生提供一种促进学习的氛围),而不在于教师的专业知识、课程计划、教学技巧、演示和讲解、丰富的视听辅导材料和书籍等。促进学习氛围的因素包括:①真实或真诚。教师应表现真我,没有任何矫饰、虚伪和防御。②尊重、关注和接纳。教师应尊重学生的情感和意见,关心学生的方方面面,接纳作为独立个体的学生的价值观念和情感表现。③移情性理解。教师要了解学生的内在反应,了解学生的学习过程。

图7-17:弗洛伊德的"移情"与罗杰斯的"移情"

在这样一种心理氛围下进行的学习,是以学生为中心的,教师只是学习的促进者、协作者或者伙伴、朋友,学生才是学习的关键,学习的过程就是学习的目的之所在。

// 第四节 //　学习动机

一、学习动机的含义

学习动机是激发个体进行学习活动,维持已引起的学习活动,并使学习行为朝向一定的学习目标的内部动力和倾向。学习动机对学习的作用与动机对行为的作用一致，具有激发、指向、维持和调节作用。学习动机与学习之间是一种复杂的互动关系。学习动机驱动学习，而学习活动又能产生学习动机。因此，心理学家强调，学习不应该是在学生有了学习动机之后才开始，而是让学生在学习过程中产生并强化学习动机。同时，学习行为除了受到学习动机的影响，还受到一系列主客观因素的制约。学习动机并不是直接影响学习，而是以学习行为为中介间接地影响学习的结果。

二、学习动机的构成

（一）学习动机的内部构成

1. 认知内驱力

这里的认知，指的是一种探索欲望。因此，认知内驱力是指出于探究事物本源，想要掌握和运用知识，描述问题并解决问题的需要。这种内驱力往往源自好奇心及其派生品质，如探究、兴趣、爱好等。认知内驱力指向学习活动本身，源自内部动力，因而属于内部动机。认知内驱力是一种最重要、最稳定、最良好的动机。

7-18：好奇心

2. 自我提高内驱力

自我提高，指的是提升自己。因此，自我提高内驱力是指个体通过提升自己的学业成就、胜任力和工作能力等，而获得一定的社会地位或者尊重的需要。自我提高内驱力指向社会地位和尊重，把成就看作赢得社会地位和自尊的根源，动力源自外部，因而属于外部动机。适当激励学生的自我提高内驱力对学生的学业成绩、自我价值感提升等有一定的积极作用，但是过分强调自我提高内驱力的作用，则容易让学生形成功利心理。在教育教学过程中，教师可以通过培养学生的自尊心、自信心和好胜心来激发学生的自我提高内驱力。

3. 附属内驱力

附属，顾名思义就是依附归属、附加的意思。因此，附属内驱力是指个体为了获得与学习活动本身或提升自己无关的东西（如家长、教师的赞赏或认可）而表现出来的把学习、工作做好的需要。附属内驱力指向外部因素，是典型的外部动机，这类内驱力在年龄偏小的儿童身上表现突出。

（二）学习动机的外在诱因

学习动机的外在诱因也叫学习诱因，是指能引起个体学习活动的行为目标或外部因素。学习诱因可以是学生喜欢的简单事物，如食物、饮料、玩具等，也可以是复杂事物如荣誉、地位等。与诱因有正负之分一样，学习诱因也有正负之分。学习正诱因能促使学生趋于学习活动，努力接近学习目标，如教师的表扬、父母的认可等都是常见的学习正诱因;学习负诱因则会让学生想要逃避学习活动,回避学习目标,如教师的厌烦、父母的责怪等都是常见的学习负诱因。

三、学习动机的分类

(一)按学习动机内容的社会意义划分

按学习动机内容的社会意义划分,学习动机可以分为正确高尚的学习动机和错误低下的学习动机。

学习动机正确与错误或高尚与低下的区分标准在于它是否有利于社会和集体的发展。一般而言,与国家、社会和集体的利益联系在一起的学习动机具有利他性,属于正确高尚的动机;只源于自己眼前利益的动机常常是利己、自私的,属于错误低级的动机。比如,学习是为了尽到义务、对社会多作贡献,是正确的、高尚的动机;而学习是为了获得名利地位,则是错误的、低下的动机。但有时候这种划分标准难以界定,因此需谨慎对待。

(二)按学习动机与学习活动的关系划分

按学习动机与学习活动的关系划分,学习动机可以分为直接学习动机和间接学习动机。

直接学习动机由学习活动本身直接引起,表现为对学习活动本身(包括学习内容、学习形式及学习结果)的直接兴趣和爱好。间接学习动机由学习活动之外的因素引起,常常与社会意义相联系,表现为由于了解学习活动的社会意义及社会价值而学。

(三)按学习动机动力来源划分

按学习动机动力来源划分,学习动机可以分为内部学习动机和外部学习动机。

内部学习动机是指由学习者内部因素引起的学习动机。这种内部因素一般包括兴趣、爱好、求知欲、好奇心等。外部学习动机是指由学习者外部因素引起的学习动机。外部因素有很多,常见的有:教师的表扬、父母的认可、各类奖励等。

内部学习动机可以是直接学习动机,也可以是间接学习动机;外部学习动机亦如此。四者的关系如表 7-3 所示。

表 7-3 内部学习动机、外部学习动机、直接学习动机、间接学习动机

动机事例	内部—外部 (学习者的因素)	直接—间接 (学习活动的因素)
兴趣、爱好、求知欲、好奇心	内(动力源自内部)	直接(与学习内容有关)
理想、追求	内(动力源自内部)	间接(与社会意义相联)
成绩、表扬、奖励、地位	外(动力源自外部)	直接(与学习结果有关)
父母意愿、教师期望	外(动力源自外部)	间接(与社会意义相联)

（四）按学习动机起作用时间的长短划分

按学习动机起作用时间的长短划分，学习动机可以分为近景性学习动机和远景性学习动机。

近景性学习动机是指与短期目标（或近期目标）相联系的动机。比如，学习是为了期末考试能获得好成绩。近景性学习动机很具体，效果比较明显，但缺少稳定性，易随环境的变化而变化。

远景性学习动机是指与长期目标相联系的动机。比如，经典的周恩来为中华之崛起而读书的动机。远景性学习动机既具有一定的社会性和理智色彩，又与个人的志向、理想、世界观相联系，因此，具有较强的稳定性和持久性，能在相当长的时间内起作用。

（五）按学习动机作用主次划分

按学习动机作用主次划分，学习动机可以分为主导性学习动机和辅助性学习动机。

学生在学习过程中往往有着多种多样的学习动机，但在某一特定活动中或在某一时期内，并不是所有学习动机都发挥同等的作用，总是会有一些学习动机处于支配地位、发挥主导作用。这类处于支配地位、发挥主导作用的学习动机我们称之为主导性学习动机，它对学生的学习活动发挥着主要作用，制约学生学习活动的动力大小和方向。那些处于从属地位、只起辅助作用的学习动机，我们称之为辅助性学习动机。

事实上，除了以上分类，学习动机还有其他类型。在教育教学实践过程中，直接学习动机和间接学习动机、近景性学习动机和远景性学习动机、内部学习动机和外部学习动机三大类常常会混合出现。

四、学习动机与学习效果的关系

（一）学习动机的水平对学习效果的影响

动机水平与活动效率之间存在一定的关系。学习动机作为一种非认知因素，它是通过作用于学习者的学习行为而影响学习效果的。一般来说，动机水平与学业成就成正比关系，但动机水平并不是决定学业成就的唯一因素，学习动机之外的一系列主客观因素（如学生的智力、知识基础、学习方法、人格特征、身体及情绪状况等）也对学习效果有着各种影响。因此，学习动机只是影响学习结果的因素之一，并非充分条件。

（二）耶克斯-多德森定律

美国心理学家耶克斯（R. M. Yerkes）和多德森（J. D. Dodson）认为，动机水平与学习效果之间并不是简单的线性关系，而是如图7-4所示呈"倒U形"曲线关系，中等强度的动机水平最有利于学习效果的提高。同时，他们还发现，最佳动机水平的强度不是固定的，与任务难度密切相关：任务较容易，最佳动机水平较高；任务难度中等，最佳动机水平也适中；任务越困难，最佳动机水平越低。从耶克斯-多德森定律中不难发现，动机强度并不是越强越好,俗语"欲速则不达"正是这一结论最典型的表现。很多平时学习成绩很好的学生,一到大考就不行,实际上就是因为他们的动机太强了。

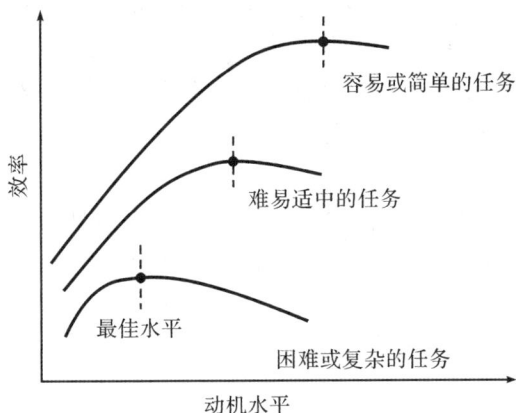

图 7-4 耶克斯-多德森定律

五、学习动机的培养与激发

(一)中小学生学习动机的发展

1. 小学生学习动机的发展

(1)直接学习动机较明显,间接学习动机较薄弱 小学阶段的学生,正处于具体运算阶段。这个阶段的学生,思维还依赖于具体事物。他们无法理解抽象的知识,因而无法看到学习的社会意义和社会价值。他们的学习活动常常是由学习活动的趣味性和新奇性引起的,学习表现为明显的直接性动机,间接性学习动机较为薄弱。

(2)外部学习动机占主导,内部学习动机较弱 小学阶段的学生,基于直接兴趣发展的特点,在学习过程中他们往往只是被那些新奇、有趣的事物所吸引,很少能发现学习活动本身的意义和价值。他们的学习动机大多由学习活动之外的相关"奖励"(如获得高分、教师和家长的表扬等)所引起,因而他们的学习动机表现为外部动机占主导,内部动机相对较弱。随着年龄的增长,小学生的兴趣逐步发展、自控力不断增强和求知欲不断提高,内部学习动机逐步发展起来。

(3)近景性学习动机为主,远景性动机较少 小学阶段的学生,由于看不到学习的社会意义和社会价值,就无法理解学习的长远意义,小学生学习的出发点常常只着眼于眼前的结果,很少考虑未来。因而他们的学习动机常常以近景性动机为主,远景性动机较少。随着认知水平的不断提升,他们逐渐明白学习的长远意义,远景性学习动机才慢慢发展起来。他们开始懂得为自己规划未来,并为之而努力学习。

2. 中学生学习动机的发展

(1)从以近景动机为主向以远景动机为主发展 与小学生相比,初中生已经开始有明确的学习目的。但初中生的学习目的还很难与远大目标真正联系在一起,他们在完成各项任务时,更多的是考虑如何按时完成任务、完成任务后会获得什么,很少会去考虑完成任务具有什么意义。随着知识经验和生活实践经验的增长,他们才逐渐懂得每一项任务所特有的意义,慢慢开始自觉地将学习目的与远大目标联系在一起。到了高中阶段,他们已经能够看到各项活动的意义,懂得将学习与未来相联系,把自己的目标与社会的需要结合起来,并给自己制定长远的学习目标和计划。

(2)从以外在动机为主向以内部动机为主发展　进入中学后,学生开始逐渐明白学习的意义。但是初中阶段的学生,他们的学习动力大多还是由外部事件所激发。比如,他们可以因为某次考试失败而努力学习,也可以因为被某些同学赶超而努力学习,或者因为教师和家长的要求而努力学习。他们很少会自觉地、发自内心地努力学习。随着年级的增高,到了高中阶段,他们逐渐明白了学习的意义,才渐渐学会自觉地努力学习。

(二)中小学生学习动机的培养与激发

1. 讲明教学的具体目的和要求,明确学生的学习目标

讲明教学的具体目的和要求,有助于学生确立明确的学习目标。明确的学习目标能够引起学生的探索欲、求知欲,从而激发学生的认知内驱力。认知内驱力作为典型的内部学习动机,对学生的学习行为有着重要的指导作用。因此,教师在开始讲解每一节课前,要具体、明确、生动地讲明课题的教学目的和要求,以便学生能够明确自己的学习目标,发挥学习的积极性和主动性。

2. 安排新颖有趣的教学内容,运用生动多变的教学方法

新颖有趣的教学内容和新颖的教学方法有利于激发学生的兴趣和学习主动性,从而发挥认知内驱力的作用。因此,在教学过程中,教师要注意安排丰富有趣的教学内容,激发学生的探索兴趣;教学方法要生动而有变化,让学生能够感受到学习的乐趣,使学生得到精神上的满足,满足他们的求知欲,从而维持学习动机。

3. 创设适合的问题情境,实施启发式教学

创设问题情境,能唤起学生"想要解决问题"的欲望,从而激发学生的求知欲和探索欲,调动学生学习的兴趣、积极性和主动性。启发式教学有助于引导学生有效解决问题,获得成就感,从而更好地维持学习动力。因此,在教学过程中,教师要注意根据实际教学内容,创设适合的问题情境,对学生实施启发式教学。

4. 正确运用竞赛与评比活动,激发学生的好胜心

激发学生的好胜心,能有效提升学生的自我提高内驱力,从而增强学生学习的动机。竞赛过程中,学生的好胜心往往很容易被激发出来,这使得他们充满斗志、充满学习热情。因此,在教育过程中,教师可以通过合理的方式,科学、适量地开展竞赛与评比活动,激发学生的好胜心,从而激活学生的学习动机。

5. 及时反馈、正确奖惩，强化学生的内驱力

学习结果常常代表着学生的学业成绩，学生的学业成绩与自我提高内驱力之间有着极其重要的关系。学习结果的及时反馈，能让学生及时了解自身的学业成绩状况。对于优秀的学生，这样做可以增强其胜任感，从而获得自豪感和自尊感的满足；对于暂未达标的学生，能唤起他们的求胜心，起到激励作用。另外，正确利用奖惩，能够充分发挥附属内驱力的作用。因此，在教学过程中，教师要注意及时向学生反馈作业的正误、考试成绩的好坏和知识应用的成效等。同时，要正确利用"代币奖励"法，借助"奖品""奖券""小红花"等手段发挥激励功能，激发学生的学习动机，调动学生学习的积极性。

事实上，培养和激发学生学习动机的手段和方式方法多种多样，并不仅限于以上内容。在教育教学过程中，教师要根据实际情况，结合学生的个体差异灵活选择合适的方法，同时不断探索、完善和总结，以便找出有效的方式方法，提升教育的有效性。

// 第五节 // 学习迁移

一、学习迁移概述

（一）学习迁移的含义及其分类

1. 学习迁移的含义

学习迁移是指一种学习对另一种学习所产生的影响，这种影响发生在先前学习与后继学习之间。由于学习既包括知识、技能等的学习，也包括情感、态度、行为方式的学习，因此，具体而言，迁移是指在一种情境中获得的技能、知识或态度对另一种情境中技能、知识的获得或态度的形成的影响。

2. 学习迁移的分类

（1）按性质和结果划分 按迁移的性质和结果不同，可分为正迁移、负迁移、零迁移。正迁移，是指一种学习对另一种学习具有促进作用。比如，学习平面几何对立体几何的影响。负迁移，是指一种学习对另一种学习产生干扰作用。比如，手球学习对足球学习的影响。零迁移也称中性迁移，是指一种学习对另一种学习不起作用或者两种学习间不存在直接的相互影响，迁移效果或迁移量为零。

（2）按方向划分 按迁移方向不同，可分为顺向迁移和逆向迁移。顺向迁移，是指先前学习对后继学习的影响。比如，先学习的语文语法对后学习的英语语法的影响，先学打羽毛球对后学打网球的影响。逆向迁移，是指后继学习对先前学习的影响。比如，后学习的英语音标对汉语拼音的影响，后学习的拉手风琴对弹钢琴的影响。

（3）按难度划分 按迁移的难度不同，可分为横向迁移和纵向迁移。横向迁移也称

水平迁移、侧向迁移,是指同一抽象和概括水平的学习活动之间的相互影响。比如,学习直角这一概念对学习钝角、锐角等概念的影响。纵向迁移又称垂直迁移,是指处于不同抽象、概括水平的学习活动之间的相互影响,也即具有较高的抽象和概括水平的上位学习与具有较低的抽象与概括水平的下位学习之间的相互影响。纵向迁移包括自下而上的迁移和自上而下的迁移两类:自下而上的迁移是指下位经验影响着上位经验的学习,自上而下的迁移指上位经验影响着下位经验的学习。比如,学习直角、钝角、锐角概念(下位经验)对学习角这一概念(上位经验)的影响是自下而上的迁移,学习角这一概念对学习直角、钝角、锐角等概念的影响是自上而下的迁移。

(4)按发生作用范围划分　按迁移发生作用的范围不同,可分为一般迁移和具体迁移。一般迁移也称普遍迁移、非特殊迁移,是指在一种学习中习得的一般原理、方法、策略和态度等影响另一种学习。比如,语文课上学到的阅读技能对各个科目的学习都有影响。具体迁移也称特定迁移、特殊迁移,是指在一种学习中习得的具体的、特殊的经验等影响另一种学习。比如,学生在英语课堂上学习了"eye"和"ball"两个单词,课后自己看阅读材料时看到"eyeball"这样的单词,就能联想到是"眼球"。

(5)按所需内在心理机制划分　按迁移过程中所需的内在心理机制的不同,可分为同化性迁移、顺应性迁移和重组性迁移。同化性迁移,是指不改变原有的认知结构,直接将原有的认知经验应用到本质特征相同的一类事物中去。原有认知结构在迁移过程中不发生实质性的改变,只是得到某种充实。比如,教师讲完例题,接着让学生做习题。这时,学生将解答例题的经验用到解答习题当中,就是同化性迁移。顺应性迁移,是指将原有认知经验应用于新情境中时,需调整原有的经验或对新旧经验加以概括,形成一种能包容新旧经验的更高一级的认知结构,以适应外界的变化。比如,刚开始学算术的时候,学生认为只能用大数减小数,遇到小数减大数的题目,就会觉得题目应该出错了,不可能有答案。但是,学了负数的知识后发现,原来小数是可以减大数的。重组性迁移,是指重新组合原有认知结构中某些构成要素或成分,调整各成分间的关系或建立新的联系,从而应用于新情境。在重组过程中,基本经验成分不变,但各成分间的结合关系发生了变化,即进行了调整或重新组合。比如,掌握了 26 个英文字母后,可以将不同的字母重新组合,形成新的单词。

(6)按自动化程度划分　按迁移发生的自动化的程度不同,可分为低路迁移和高路迁移。低路迁移也称低通路迁移,是指经过反复练习的技能自然而然实现的迁移,是一种自动化的迁移。比如,学会了开自家的车,某天借来朋友家的车,自然而然就能开车上路。高路迁移也称高通路迁移,是指有意识地将某一情境下习得的抽象知识运用于新的情境之中。比如,学生将课堂上所学的知识运用到实践当中。

(7)按涉及范围划分　按迁移的范围不同,可分为自迁移、近迁移和远迁移。自迁移,是指将所学经验运用到相同情境中去。比如,依葫芦画瓢。近迁移,是指把所学经验运用到相似的情境当中。比如,学生解答与课堂上做过的相类似的题目。远迁移,是指将所学经验运用到极不相似的情境中。比如,将课堂知识运用到社会实践当中,将语文阅读技能运用到解答数学题当中。

需要特别注意的是,某种学习迁移可能同时是几种类型的迁移。比如,"举一反三""闻一知十",既是正迁移、横向迁移,也是同化性迁移。

(二)迁移的意义

1.理论意义

迁移有助于揭示学习的本质、学习发生的条件、学习过程的内在机制。让学生认识到迁移的重要性,并利用迁移理论指导实践,能够促进学生更好地掌握理论知识。

2.实践意义

迁移规律对我们的学习和培训活动有着重要的指导作用。在有效迁移理论的指导下,我们可以在有限的时间内学得更快、更好,并在适当的情境中主动、准确地联系原有经验加以运用,防止原有经验因运用较少而被遗忘。在进行教学和培训设计的过程中,我们可以借助原有的知识经验对课程设置、教法学法及教材的选择、教学及培训活动的安排、教学考核评价等加以指导,提高活动效率。总而言之,掌握迁移规律,有助于有效指导我们的学习及工作效率,提高我们学习和工作的效率。

二、学习迁移理论

(一)学习迁移的传统理论

1.形式训练说

形式训练说是最早的学习迁移理论,代表人物是德国心理学家沃尔夫(C. Wolff)。形式训练说是基于官能心理学提出的学说,这一学说认为人的心智由许多不同的官能组成,不同的官能活动相互配合构成了各种各样的心理活动,对组成心智的各种官能分别加以训练就能实现迁移。形式训练说认为,迁移的发生是自动的。这一学说在教育界盛行二百多年,至今还有市场——"题海战术"的流行。但是形式训练说由于缺乏科学依据而受到各方批判,1890 年,在遭受了美国心理学家詹姆斯(W. James)用记忆训练实验的挑战后,形式训练说最终丧失支配地位。

7-19:训练与改进"心智"

2.共同要素说

共同要素说又叫相同要素说,代表人物是美国心理学家桑代克和伍德沃斯(R. S. Woodworth)。桑代克和伍德沃斯反对形式训练说

7-20:相同促进"相通"

"迁移自动发生"的观点,认为迁移是有条件且有限的,而迁移发生的条件就是两种学习之间的共同要素。通过对"形状知觉实验"结果的分析,桑代克和伍德沃斯认为,两种学习之间具有相同的因素就会促成一种学习有助于另一种学习的现象,不管学习者是否

觉察两种学习之间的共同因素,迁移现象总是会发生。

3. 概括化理论

概括化理论又称概括水平说、经验类化理论,代表人物是美国心理学家贾德(C. H. Judd)。贾德认可桑代克和伍德沃斯提出的共同要素是迁移发生的前提,但他认为这不是迁移发生的关键。贾德通过"水下打靶实验"提出,学习者能概括出两种学习活动之间的共同原理是迁移发生的关键。概括出共同原理也即经验类化。

7-21:获得原理是前提

4. 关系转换说

关系转换说由格式塔心理学家于 1929 年提出,代表人物是苛勒。苛勒通过"小鸡啄米实验"提出,迁移发生的关键既不是因为两个学习经验之间的共同要素,也不是因为对某个原理的孤立掌握,而是学习者突然发现两个学习经验之间的关系。换言之,迁移发生的两个前提条件是:一是两种学习之间存在一定的关系;二是学习者对这一关系的理解和顿悟。其中后者比前者重要。因此,对学习经验的理解和顿悟是获得一般迁移的最根本要素和真正手段。

7-22:对关系的理解是本质

5. 学习定势说

学习定势说的代表人物是美国比较心理学家哈洛(H. F. Harlow),他借助著名的"猴子辨别训练实验"发现,学习迁移的发生是学习者受到先前学习形成的学习定势影响的结果。所谓学习定势,指的是学习者进行学习活动时的心理准备状态。对于学习者而言,以往学习中形成的愿望、态度、知识经验以及思维方式等都能构成他们的心理准备状态,并对后继学习活动产生影响。

7-23:学习心向是导引

(二)学习迁移理论的新进展

1. 认知结构理论

从认知结构的角度研究迁移理论的代表人物是布鲁纳和奥苏伯尔。布鲁纳认为,学习是类别及其编码系统的形成,迁移就是把习得的编码系统用于新的环境信息。奥苏伯尔在有意义言语学习理论的基础上提出对学习迁移的观点,他认为,一切有意义的学习都基于原有认知结构之上,学习者主动在新旧知识之间建立联系的过程,原有认知结构必然会受到影响,迁移的发生是必然的。学习者的原有认知结构是影响学习迁移的关键因素,若认知结构的可利用性高、可辨别性大、稳定性强,则学习迁移就容易发生。

2. 产生式理论

产生式理论的主要代表人物是美国心理学家安德森(J. R. Anderson)。安德森基于思维适应性理论(简称 ACT),通过打字编程实验研究针对认知技能的迁移提出,学习迁移之所以发生,是因为前后两项学习任务之间存在重叠成分。在安德森看来,两种技能之间的迁移量取决于两项任务的共有成分量,而共有成分量是以产生式系统来考察的。所谓产生式,是指有关条件和行动的规则(如果 if-则 then,简称 C-A 规则)。简言之,安德森认为,前后两项学习任务之间产生式的重叠是学习迁移发生的关键,重叠的量决定了迁移量。安德森的产生式理论与桑代克的共同要素说的区别在于:安德森的迁移理论是针对技能迁移提出的,他的"共有成分"指的是规则上的;而桑代克的"共同要素"指的是内容上的。从某种角度而言,安德森的迁移理论扩充了桑代克迁移理论相似原则的内涵,相似性不再局限于内容而扩展到了规则上。

3.结构匹配说

结构匹配说包括结构映射说和问题空间匹配说。

(1)结构映射说　结构映射说的代表人物是美国教育学者詹特纳(D. Gentner)。结构映射说认为,迁移主要是通过类比产生的,类比是结构映射的过程。具体而言,就是对学习对象之间的结构特征、各种关系进行匹配,包括结构组合和映射的过程。换言之,迁移是通过对两种学习情境所蕴含的结构与等级组织的关系产生映射的过程。

(2)问题空间匹配说　问题空间匹配说的代表人物是莫兰(T. P. Moran)和格里恩(Greeon)。问题空间匹配说认为,迁移是通过问题空间的类比来实现的。个体通过已掌握的问题空间与新问题的某些部分相匹配,即将原来问题空间中已掌握的有关算子、关系或路径等匹配到新问题空间的相应部分中,从而促进新问题的解决,使学习迁移得以发生。

三、学习迁移的促进

(一)影响学习迁移的因素

学习迁移是一种复杂的心理现象,既受学习者年龄、智力、认知结构、学习态度与心向等主观条件的制约,也受学习材料特征、学习指导等客观条件的影响。

1.个体因素(主观因素)

(1)学习者的年龄、智力水平　智力对学习迁移的质与量都有重要的作用。智力影响着学生的概括能力、分析能力和推理能力等,智力较高的学生更善于发现两种学习情境之间的共同要素或关系,更懂得总结学习内容的原理和原则,能够形成比较完善的认知结构,因而能够顺利地将先前学习的经验灵活运用到后续学习当中。

不同年龄阶段的学生,其思维发展水平不同,各方面能力也会不同,因而年龄也是影响学习迁移的一个因素。

(2)学习者的认知结构　良好的认知结构有助于学习者敏锐地把握各种学习材料之间的结合点,由此及彼地进行分类与组合,使习得的知识经验系统化,促进学习迁移的产生。认知结构包括学生的相应背景知识、知识经验的概括水平、相应的认知技能或策略。已有的背景知识越丰富、原有的知识经验概括水平越高、相应的认知技能和认知策略越充分,迁移的可能性就越大,效果也就越好;反之,迁移的可能性就越小,效果也就越差。将学习内容的最佳知识结构以最佳的方式呈现给学生,使其形成良好的认知结构并最终优化为各种能力,是促进学习积极迁移的重要条件。

（3）学习者的心向与定势 心向与定势常常是指同一种现象。

心理定势是指由先前学习引起的对后继学习活动所产生影响的一种心理准备状态,它对学习迁移的影响有积极的一面,也有消极的一面。它能使学习者借助已有的经验更快速地抓住事物的本质,迅速地解决问题;也可以妨碍学习者思维的灵活性,使心理活动表现出惰性,显得呆板,不利于学习效果的提升。

除了以上基本因素外,实际上,影响迁移的主观因素还有学习者的态度等。

2. 客观因素

（1）学习材料的特征 学习材料的特征,主要考虑的是不同材料之间的相似性。相似的学习材料之间具有更多的共同要素,更有利于学习迁移的发生。共同要素越多,迁移也就越容易发生。这个共同要素包括学习材料本身、学习中的环境线索、学习结果、学习过程以及态度、情感等方面的相似。比如,学习的场地、教室环境的布置、教学或施测人员等越相似,学生就越能利用关联线索促进迁移的发生,提高学习或解决问题的效率。

（2）学习的有效指导 学习的有效指导包括学生的自我指导和教师的指导。符合学生身心发展特点、符合学习规律的指导,有利于提升学习正迁移的概率。

总之,影响学习迁移的因素是很多的,在实际的学习和教学过程中,我们要把握好各种因素对学习迁移的影响作用,充分利用各种因素的积极作用促进学习效果的提升。

（二）促进学习迁移的教学策略

1. 科学选择教材,合理编排教学内容

教学内容是教学活动过程中师生对课程内容、教材内容与教学实际综合加工的结果。合理编排教学内容,既包括对课程内容的确定、教材内容的加工,也包括对教学过程中的实际活动进行安排。教材作为教学内容的主要载体,科学选择教材在很大程度上能够保障教学内容的合理性。选择合适的教材,合理安排教学内容,才能最大限度地促进学生学习迁移的发生。科学选择教材的原则是符合教学相融的要求,具体要做到:教材内容符合学生身心发展的特点,教材编排方式符合学科知识的内在逻辑。合理编排教材内容的基本要求是:做到结构化、一体化、网络化。结构化是指教材内容的各构成要素之间具有科学的、合理的逻辑关系,能体现事物的各种内在联系;一体化是指教材的各构成要素能整合为具有内在联系的有机整体,不至于相互割裂、支离破碎、相互干扰;网络化是指教材要素之间上下左右、纵横交叉联系要紧密,要突出各种基本经验的连接点、连接线。

2. 合理安排教学程序

在教学过程中,教师要合理安排教学程序,促进学生的学习,形成一个完整的、有效的知识体系。具体主要包括两个方面:一是在宏观安排（整体安排）上,要明确学习的先

后程序,规定清楚先学什么、后学什么;二是微观安排(具体的每一节课的教学程序的安排)上,要根据教材的难点、重点,结合本班学生的身心特点、知识逻辑结构等,做好组织教学、授新、总结等教学工作。在具体教学过程中,将具有最大迁移价值的基本知识、基本技能的学习置于首位,注意突显概括性高、派生性强的主干内容,促进学生在学习中学习迁移的发生。

3. 重视学习策略与学习方法的教学

学习策略与学习方法是影响学习迁移的主观因素,因此,引导学生掌握一定的学习策略和学习方法能有效促进学习迁移的发生。在具体教学过程中,教师要重视对学生学习方法的指导,把学习策略作为一项重要的教学内容突显出来。

// 第六节 // 学习策略

一、学习策略的内涵

(一)学习策略的含义

关于学习策略的概念界定,学界至今没有达成共识。从字面意思来理解,所谓学习策略,是指为了提高学习效率和质量而采取的策略,具体而言就是学习者有目的、有意识地制定关于学习方法、技巧、规则以及调控方式等方面的复杂方案。换言之,任何旨在改善学习活动、提高学习效率和质量而有目的、有意识地采用的方式方法都可看作学习策略。从概念界定来看,学习策略包括几层含义:其一,凡是旨在提

7-24:学习策略
的特点

高学习效率和质量的方法、技巧、规则和调控方式都属于学习策略范畴。其二,学习策略不等同于具体的某一种学习方法,它只是学习方法的选择、组织和加工。学习策略虽不等同于具体的学习方法,但与之不能截然区分开来。学习策略需要借助具体的学习方法表现出来。其三,学习策略作为一种高级认知能力,它影响着个体的学习和思考方式及其结果,是衡量个体学习能力的重要尺度,是会不会学的标志。那些学习很努力,成绩却不尽如人意的学生,很多时候就是学习策略有所欠缺导致的。

(二)学习策略的层次、种类

1. 学习策略的层次

学习策略的层次主要包括价值取向、一般性策略、学科性策略、技术性策略四个方面。价值取向是指"学什么"的问题,作为学习策略的前提,为学习策略提供了方向;一般性策略是指"怎么学"的问题,为学习策略提供了依据;学科性策略则是指依据不同的

学科特点采取不同的学习策略,如数学采取实践操作的策略,而语文则采取记忆的策略;技术性策略着重于技术性,具有一定的程序性。

2. 学习策略的种类

学习策略的种类主要包括认知策略、元认知策略、资源管理策略三个方面,如图 7-5 所示。

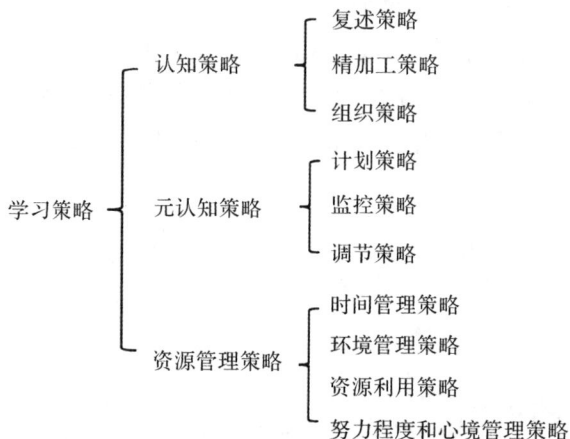

图 7-5　学习策略的种类

(1)认知策略　认知策略是加工信息的一些方法和技术,有助于学生有效地从记忆中提取信息。一般而言,认知策略因所学知识的类型而有所不同。

(2)元认知策略　元认知策略是学生对自己认知过程的策略,包括对自己认知过程的了解和控制策略,有助于学生有效地安排和调节学习过程。

(3)资源管理策略　资源管理策略是指辅助学生管理可用的环境和资源的策略,有助于学生适应环境并调节环境以适应自己的需要,对学生的动机有重要的作用。

(三)掌握学习策略的意义

学习策略对个体发展的意义主要体现在两个方面:一是策略意识的形成对个体发展的意义;二是掌握学习策略对个体发展的意义。其一,策略意识代表着个体的生存方式和生活态度,形成策略意识对个体的智力发展和环境适应力都有着极其重要的意义。其二,掌握学习策略有助于提升学生任务完成和问题解决的效率。

二、认知策略

(一)复述策略

1. 复述策略的含义

所谓复述,即反复描述、反复陈述、反复述说。因此,复述策略是指为达到保持的目的而反复地识记的策略。具体而言,即为了在大脑中保持信息,运用内部语言在大脑中重现学习材料或刺激,以便将注意力维持在学习材料上的方法。它是短时记忆的信息进入长时记忆的关键。

2. 复述策略的种类

常用的复述策略有:朗读、默读、背诵,抄写,意象练习(想象),画线、画圈等。

(二)精加工策略

1. 精加工策略的含义

所谓精加工,即精细化处理。因此,精加工策略是指通过对学习材料进行细化、丰富化或综合化的分析、加工,以理解材料的深层意义,从而促进记忆的策略。从某种角度而言,精加工策略可以理解成记忆策略。精加工策略实际上就是在学习材料之间建立联系,以便找到记忆线索。

2. 精加工策略的种类

常用的精加工策略有:加旁注,用自己的话加以解释,自我提问,比较,意义联合,记忆术,联系实际等。

(三)组织策略

1. 组织策略的含义

组织策略是指整合所学新知识之间、新旧知识之间的内在联系,形成新的知识结构,是对知识进行简化、系统化和综合化的方法。组织策略和精细加工策略密不可分。

2. 组织策略的方法

常用的组织策略有:分类(归类),加小标题,加标签,形成图示或表格,形成提纲(纲要),形成概念或原理体系等。

三、元认知策略

(一)元认知的含义、作用、意义

1. 元认知的含义

元认知就是"对认知的认知",即个体对自己的认知活动过程和特点的认识。元认知的实质是个体对自己认知加工过程的自我觉知、自我评价和自我调控。

2. 元认知的作用

从元认知的含义来看,元认知的作用在于促使个体对自身的行为加以认识、控制和调节。

3. 研究元认知的意义

研究元认知的意义在于揭示个体自我调控的心理机制，为发展学生自我意识、提高学生学习效果、培养学生自主学习能力、促进学生人格发展提供理论依据和实践原则。

（二）元认知的结构

1. 元认知知识

元认知知识，即关于认知过程的知识。这是人们对于影响个体认知活动过程和结果的因素及其种类、作用机制、因素间的相互作用原理等问题的认识。它由有关个人作为学习者的自我知识、有关任务的知识、有关学习策略及其使用方面的知识三个部分构成。

2. 元认知体验

元认知体验是指任何伴随着认知活动的认知体验或情感体验，是指学习者对伴随着认知过程而产生的对种种心理体验的觉察和感受。它包括知的体验，也包括不知的体验，在内容上可简单，亦可复杂。元认知体验所经历的时间可长可短，可能发生在一个认知活动持续期间，也可能发生在一个认知活动以前或以后。比如，人们可能感到在将要进行的一项认知活动中会失败，也可能感到自己在以前进行的某项认知活动中做得很成功。

3. 元认知调控

元认知调控是对认知行为的调节和控制，是指主体在进行认知活动的全过程中，将自己正在进行的认知活动作为对象，不断地对其进行积极、自觉的监视、控制和调节。元认知调控包括：检查是否理解认知活动，预测认知活动结果，评价某个尝试的有效性，计划下一步动作，测查策略，确定适当的时机，调整策略以克服所遇到的困难等。

（三）元认知策略的内容

元认知策略主要包括以下三种。

1. 计划策略

计划策略是指在认知活动开始前为活动的过程、预期结果、策略选择等做好规划。主要包括制定学习目标、设置思考问题、浏览阅读材料，以及分析学习任务的具体操作等。

2. 监控策略

监控策略是指在认知活动中根据计划方案，对活动的进程及结果加以及时评价和反馈。常见事例有：在活动过程中对注意力的跟踪，阅读学习材料时的自我提问，考试过程中对答题速度和用时状况的监视等。

3. 调节策略

调节策略是指在认知活动中对监控发现的各种问题进行及时调整和修正。常见事例有:考试过程中发现所剩时间不多,答题速度太慢,就及时加快答题速度;背诵课文时发现某句话记不清,就赶紧翻书加强记忆等。

四、资源管理策略

(一)时间管理策略

时间管理策略是指对时间的管理和利用,具体而言就是通过一定的规划和运用一定的方法、技巧等实现对学习、娱乐、运动、休息等时间模块的安排,以更好地对时间加以利用。

具体策略有:统筹安排学习时间(如合理分配学习、娱乐、运动、休息等时间,合理分配轻、重、缓、急事宜的时间占比),高效利用最佳时间(如遵循个体生物钟规律、学习效率变化规律、工作曲线规律等利用最佳时间),灵活利用零碎时间(如等人、等车的间隙)。

(二)环境管理策略

环境管理策略是指对学习环境的设置、选择或改善。良好的环境有利于提升学习效率,环境管理就是创设良好的学习环境。

具体策略有:注意调节自然条件,使其利于保持良好的学习状态,如流通的空气、适宜的温度、明亮的光线等;选择好的学习环境,减少其他因素的干扰,如空间范围、室内布置等。

(三)资源利用策略(寻求支持策略/学业求助策略)

1. 工具利用策略

工具利用策略是指利用一切有利于提升学习效率的资源。

具体策略有:工具书的利用,参考资料的利用,图书馆的利用,报纸、杂志及网络资源的利用等。

2. 社会性人力资源利用策略

社会性人力资源利用策略是指有效地利用人与人之间心理上的关系来提高学习的效率。同时,每个人本身就是一种学习资源,因此,要善于与人交流学习,提升学习效率。而学校里最有代表性的人力资源就是老师和同学。

具体策略有:要学会向老师请教,要善于与同学合作讨论;要与他人建立良好的人际关系,要善于吸取他人经验等。

(四)努力程度和心境管理策略

努力程度和心境管理策略是指对自己的努力程度和心理状态加以调控,使得自己能够更好地把精力投入到学习活动中去,提升学习效率,从而促进目标的达成。

具体策略有:激发动机,维持意志努力,树立信念,尝试挑战,调节成败标准,正确归因,自我奖励等。

五、学习策略的教学

(一)中小学生学习策略发展的基市过程及其特征

1. 无意识地运用策略阶段

小学低年级学生已经初步掌握了一些学习策略,但还不能有意识地运用学习策略。在认知策略方面,他们常常只是无意识地运用复述策略;在精加工策略方面,他们对学习材料的理解基本上停留在对原文的复述上;在组织策略方面,他们不能概括知识,也不能将较分散的知识聚合成一个整体;在资源管理策略方面,他们不善于管理自己的时间。

2. 有指导地运用策略阶段

小学中高年级学生在教师的指导下能够主动地运用学习策略进行学习。第一,在认知策略方面,他们能掌握一定的学习方法;第二,元认知水平也有一定的发展;第三,他们能够开始利用各种资源帮助自己提高学习效果和能力,积极利用资源管理策略。

3. 独立运用策略阶段

中学阶段的学生,已经能够在自己熟悉的知识领域里,独立、自觉地运用适当的学习策略指导和改进学习,且能根据学习任务灵活调整策略的运用。

(二)学习策略的基市教学模式

1. 指导教学模式

指导教学模式是指学习者在教育者的指导下,按照既定程序来进行学习的操作模式。这一模式类似于传统的讲授法,由激发、讲演、练习、反馈和迁移等环节构成。在指导教学中,教师先向学生解释所选定学习策略的具体步骤和条件,然后在具体应用中不断给以提示,通过不断地练习和反馈,促进学生掌握相关学习策略并学会迁移运用。

2. 程序化训练模式

程序化训练模式是指让学习者接受程序化的小步子训练,经过反复练习后达到自动化程度的操作模式。在程序化教学中,教师首先根据某一原理将某一活动的基本技能分解成若干操作的小步骤,然后通过实际操作示范各个步骤并让学生按照步骤进行练习,最后让学生记忆各个步骤并反复操作,直到最后达到自动化程度。

3. 合作学习模式

合作学习模式是指以小组活动为主体,让学生在互动合作、交流探讨中掌握学习的操作模式。在合作学习模式的学习活动中,两个或几个学生一组,围绕学习材料,彼此轮流向其他同学发表个人见解,当其中某个学生阐述个人观点时,其他学生注意倾听、做好笔记、反思等,并将此作为交流讨论的内容。主讲学生阐述个人观点结束后,轮换其他学生,直到学习活动结束。

▨ 7-25:学生的学习指导

【思考与练习】

1. 学习理论大致有几种? 其代表人物分别是谁?

2. 简述皮亚杰的发生认识论。

3. 简述维果茨基心理发展观的内容。

4. 简述奥苏伯尔的有意义学习的内涵及其条件。

5. 简述建构主义的学习观、知识观、教学观、学生观和教师观的内容。

6. 简述行为主义的强化规律。

7. 简述负强化和惩罚。

8. 学习动机的强度与学习效率之间存在什么关系?

9. 简述逆向迁移和负迁移。

10. 迁移理论有哪些?

11. 学习迁移的影响因素有哪些?

12. 学习策略有哪些?

13. 简述广义的学习及其特征。

【真题再现】

📖 学习心理

第八章　问题解决与创造性思维

📖 学习目标

◆ 了解问题及问题解决的含义,明确问题解决的过程和阶段。

◆ 正确认识问题解决的思维策略,掌握问题解决的影响因素。

◆ 整体把握创造性思维的形式,引导学生认知创造性思维的重要性,懂得灵感与启发及创造性思维的培养方法。

　　你知道鲁班是怎么发明锯子的吗？你知道专家和新手在解决问题方面存在什么样的差距吗？你知道灵感在问题解决过程中有什么作用吗？你知道如何启发灵感吗？问题解决的过程,到底受什么因素影响？接下来,我们一起学习问题解决与创造性思维这一章,解答以上的种种问题。

// 第一节 //　　问题解决概述

一、问题解决的含义

(一)问题

　　正确定义问题,是问题解决的第一步。然而,各方关于问题的界定,至今没有统一标准。近年来,心理学界大多学者比较赞同美国学者纽厄尔和西蒙给出的关于问题的定义:个体想做某件事,但不能马上知道做这件事所需采取的一系列行动,这一情境就构成了问题。

不同学者对问题的理解和表述不尽相同,公认的三点如下:①给定,指的是问题的初始状态;②目标,指的是问题要求的答案或目标状态;③障碍,指的是给定和目标之间必须经过思维活动才能消除的障碍,这些障碍通常是问题解决过程的中介步骤,也称为算子。因此,可以认为,当情境处于某一状态,而问题解决者希望能进入另一种状态,但这时又存在某些障碍物阻碍状态转换的顺利实现时,就出现了问题。

(二)问题解决

问题解决是指由一定的情境引起的,按照一定的目标,应用各种认知活动、技能等,经过一系列的思维操作,使问题得以解决的过程。比如,我们熟悉的典型的问题解决过程就是数学几何证明题。在几何证明题中,已知条件和求证结果就是一定的情境,我们的既定目标就是要证明结果的成立。为了证明结果的成立,我们需要根据已知条件,应用各种认知技能,进行一系列认知操作,直至问题解决。

图 8-1:问题解决的基本特点

二、问题解决的过程及阶段

问题解决的阶段有四个:发现问题、明确问题、提出假设、检验假设,对应着问题解决的四个过程:问题表征、选择操作(选择算子)、实施操作(应用算子)、评价当前状态。

(一)发现问题

发现问题是指个体意识到某种矛盾状态,并想方设法去解决。比如,打开开关,发现灯不亮。发现问题是解决问题的首要环节,是解决问题的前提。

(二)明确问题

明确问题也叫理解问题、分析问题,是指把握问题的性质及关键信息,并在头脑中形成有关问题的初步印象(即形成问题的表征)。比如,打开开关发现灯不亮,我们就会在头脑中形成表征:灯不亮,是因为不能正常通电,不能正常通电的原因是……

对问题的表征包括表面信息表征和深层特征表征,其中,深层特征表征是理解问题的关键。

(三)提出假设

提出假设是指提出解决问题的可能方案和途径,并选择恰当步骤进行操作。提出假设是解决问题的关键环节。比如,当我们发现打开开关灯不亮,在经过问题表征后就会提出假设:开关坏了、保险丝烧了、灯坏了等。提出假设这一阶段往往涉及问题解决的策略(详见本章第二节),我们会根据实际情况分析并选择恰当的解决方案。

(四)检验假设

检验假设是指通过一定的方法和手段来确定假设是否成立。比如,我们提出假设认为灯不亮的原因是开关坏了,那么接下来就会去检查开关是否真的坏了;如果不是开关坏了,我们就会验证下一个假设看看是不是保险丝烧了;如果保险丝还是好的,那么我们就要检查灯是不是坏了。

检验假设的方法有直接检验和间接检验。前者是指通过实践(即问题解决的结果)来检验;后者是指通过推论(心智活动)来淘汰错误假设,保留合理假设。当然,间接检验最终也需由直接检验来证明。

// 第二节 // 问题解决的思维策略

一、算法式策略

算法策略又称规则式策略,顾名思义,就是按照规则解决问题的策略。具体而言,就是按照解决问题的各种可能性一个一个尝试性地去解决问题。比如,手里拿着一串钥匙,为了找到打开大门的钥匙,就需要一把一把地尝试着去开锁,直到最后找出打开大门的钥匙。算法式策略在解决问题的过程中,成功率较高但最大的局限性在于费时费力,一般用于解决方案比较少的情况下。

二、启发式策略

所谓启发,类似于灵感。启发式策略是指凭借已有经验,采取较少的操作来解决问题的策略。比如,为了更快地从手里那串钥匙中找到打开大门的钥匙,我们可以凭借经验根据锁的形状判断钥匙的大小,缩小尝试的范围,提高效率。启发式策略在解决问题的过程中,其优势在于方法简捷、省时省力,但不能保证成功。常用的启发式策略有以下几种。

(一)手段目标分析法

手段目标分析法也叫手段-目的分析法,是指在解决问题的过程中,将需要达到的总目标状态分解成若干子目标,然后通过一系列子目标的实现达到总目标实现的目的。比如,解决数学应用题常会用到这样的思路:$S=S_1+S_2+\cdots+S_n$。要计算总和 S,就需要先计算出各个 $S_1,S_2,\cdots,S_n$,然后求和,以得到最终的总和。

(二)爬山法

爬山法是手段目标分析法的一种变式,是指先设定一个总的目标,然后在总目标方向的基础上,根据经验不断选择最优方案,一步步逼近总目标。爬山法假设目标在山顶,上山的途中必遇岔道,探索后确定其中哪一条指向山顶就走哪一条。因此,爬山法又叫局部优选法或目标逼近法。爬山法实际上属于启发式策略。爬山法主要是在不确定手段与目标的差距时应用。比如,家里来了客人,需要泡茶招待。为更好地招待客人,需要在最短的时间里把所有事情做完。已知:家里有茶壶(需要洗)、茶杯(需要洗),但没有茶叶和热水。烧热水需要 15 分钟,到楼下买茶叶需要 10 分钟,洗茶壶需要 1 分钟,洗茶杯需要 1 分钟。那么最佳的解决方案就是:第一步,洗茶壶(1 分钟);第二步,烧热水(15 分钟),同时到楼下买茶叶(10 分钟);第三步,买茶叶回来后洗茶杯(1 分钟)。这样,最后还能陪客人闲聊 4 分钟。等到水烧开,客人喝到茶一共要等“洗茶壶 1 分钟＋烧热水 15 分钟,共 16 分钟”。

(三)逆推法

逆推法也叫反推法,即在解决问题时,从最终要达到的目标出发,逆向推理,探讨达到目标的先行步骤是什么。比如,有些学生在做数学几何证明题时,不是想方设法根据已知条件论证假设成立,而是反过来,先假定假设是成立的,然后反过来会得到什么结论,据此思考需要补充什么条件才能证明假设成立。

(四)类比法

类比法是指根据当前问题与先前解决过的问题的某些相同或类似的属性,而推断可以用先前问题的解决办法来解决当前的问题。相同或类似的属性越多,推断结论的可靠性越大。

// 第三节 //　问题解决的影响因素与教学

一、问题解决的影响因素

(一)情境的因素

情境因素对问题解决的影响主要取决于刺激模式的特点。刺激模式指的是问题情境中的事物(实物、图形或语词陈述的事实等),按照一定的时间顺序、空间位置(排列方式)、数量多少和相互关系而构成的某种呈现方式。问题解决的难易与刺激模式的关系表现为:如果刺激模式直接提供适合于解决问题的线索,就利于问题的解决;如果刺激模式掩蔽或干扰了解题线索,就会增加解决问题的难度,甚至使人误入歧途。比如,要求用连续的四笔将如图 8-1(a)所示的九个点连起来。在解决这个问题的过程中,这九个点的呈现方式就会让我们第一时间受到已有的关于正方形的知识与经验的影响,认为连续的四笔只能画出一个正方形,从而无法解决问题。但是如果九个点的位置关系换一种[见图 8-1(c)],我们将很容易就能解决。

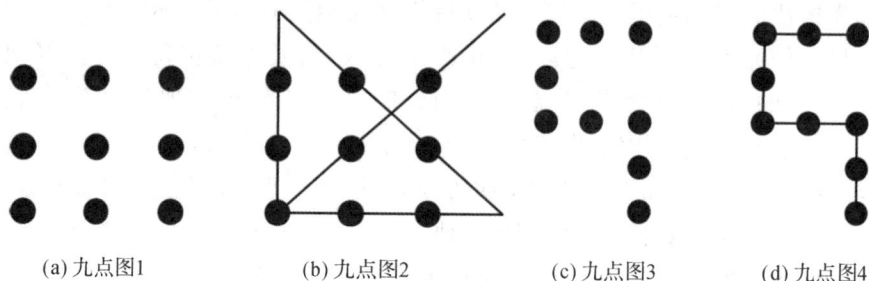

| (a)九点图1 | (b)九点图2 | (c)九点图3 | (d)九点图4 |

图 8-1　九点图

(二)功能固着

功能固着是指人们总是习惯于赋予某种物体固定的功能的倾向,是一种从物体的常规功能的角度来思考物体的定势。比如,一说到砖头,我们总是想到它可以用来建房子,却很少会想到它还能用来当垫脚石,甚至还能拿来当枕头,这就是功能固着。功能固着也可以看作一种特殊的定势,是在物品用途方面的定势。相较于定势,功能固着对我们解决问题的影响更多地表现为阻碍的作用。

心理研究里有一个很著名的"邓克尔蜡烛实验"(见图 8-2):给被试者提供三样材料,分别是装着火柴的火柴盒、蜡烛和图钉,要求被试者把一支蜡烛固定在墙壁上。问题解决的方法是:将火柴盒里的火柴取出来,然后用图钉将火柴盒固定到墙壁上,再点上蜡烛。结果发现,如果盒内装有东西,有 40% 的被试者能解决问题;如果盒子是空的,有 86% 的被试者能解决问题。

图 8-2:梅尔系绳实验

图 8-2　邓克尔蜡烛实验

(三)原型启发

原型启发是指因受到某种客观事物的启发而找到解决问题的途径和方法的过程。任何事物或现象都可以作为原型。原型启发对创造性地解决问题有着积极作用,原型启发最经典的故事就是民间关于"鲁班发明锯子"的传说。

（四）个人的因素

1. 知识经验

知识经验影响着问题解决的实际操作过程。善于解决问题的专家和不善于解决问题的新手，其区别在于前者具备相关问题的大量知识并善于运用这些知识。

2. 心理表征

心理表征是指客观事物在个体大脑中的呈现方式。心理表征的方式影响着问题解决的方案，表征的形式与我们已有的知识结构越接近，越有利于我们的问题解决。比如，数学几何中常有计算正方形面积的题。如图 8-3 所示，很显然，左图的表征方式比起右图的表征方式更有利于问题的解决。情境因素和心理表征，二者都是一种呈现方式。所不同的是，情境因素是刺激物在客观现实中的呈现方式，而心理表征是个体对刺激物的主观表征。

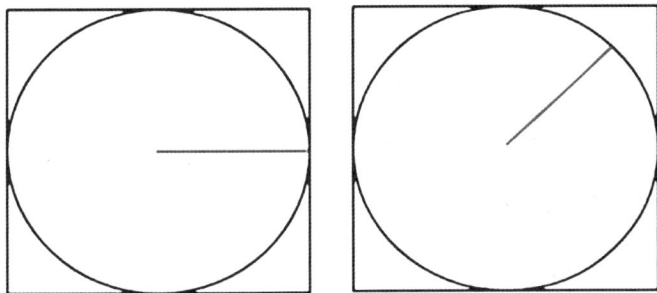

图 8-3　求正方形的面积

3. 心理定势

心理定势是一种特殊的心理准备状态，是由先前活动引起的对后继活动所产生影响的一种心理准备状态，它影响着问题解决时的心理倾向性。心理定势对问题解决的影响有积极的一面，也有消极的一面：心理定势反映出心理活动的稳定性和前后一致性，在情境不变的条件下，心理定势使个体借助已有的经验更快速地抓住事物的本质，迅速地解决问题；而在情境发生变化时，它则会妨碍个体思维的灵活性，使心理活动表现出惰性，显得呆板，有碍于问题解决的速度。

大科学家牛顿因为喜欢猫，就养了一大一小两只。两只猫经常出入房门都需要他来开关，很影响他的工作，他干脆在门上开了一大一小两个洞让两只猫进出。为何要开一大一小两个洞？因为牛顿心想：大猫要从大洞进出；小猫要从小洞进出。显然，牛顿受到了思维定势的影响。

4. 尝试性动作

尝试性动作是指个体为了解决问题而尝试实践操作。尝试性动作有利于个体找到解决问题的方法、途径和原则等，从而促进问题的解决。

5.个性特点和动机状态

个性特点往往影响着个体解决问题的方式方法等,从而影响着问题解决的进程和效率。另外,动机状态对问题解决也有着很大的影响。动机过高或者过低都不利于问题的解决。

6.情感状态

研究表明,积极的情绪有利于问题的解决,而消极的情绪则会干扰问题的解决。

7.人际关系

俗话说"一个好汉三个帮""三个臭皮匠顶个诸葛亮",每个人自身都是问题解决过程中的资源,每个人都能为问题解决贡献智慧。因此,人际关系对于问题解决有着极其重要的作用,而群体效应对个体的问题解决更有着不可忽视的作用。

除了以上因素,影响问题解决的因素还有其他,如无关因子的干扰等。总之,影响问题解决的因素很多,需要我们科学把握才能充分利用各种因素积极促进问题的解决。

二、专家与新手

专家与新手在解决问题的能力方面主要存在以下六方面的差异。

(一)有意义的知觉模式差异

专家与新手在理解和表达问题上存在很大的差异,专家能知觉到较大的、有意义的刺激模式,新手不具备这样的能力。专家和新手的区别在于:专家可以对已经发生的事情做出快速复位,而新手就弱很多。年龄并不是局限知觉模式的关键因素,关键在于是否拥有专门的知识储备。专门的知识储备体现在知识数量和知识组织上。这对于新手的启示就是:拓宽知识面,合理组织知识结构,加强实践锻炼,才能有效丰富自己的知识储备。同时,我们也需要培养遇事提炼和记忆有效重点信息的能力。

(二)短时与长时记忆的差异

人的短时记忆容量为(7±2)个独立的信息单位,记忆时长为 10~15 秒。当我们接收到一个新的信息时,如果没有得到复述或通过其他方式将其转化为长时记忆,进入短时记忆系统的信息在 10~15 秒后就会被清空。而专家在他熟悉的领域当中拥有比新手更优越的长时记忆能力。人的长时记忆能力取决于他的知识加工的程度,知识加工程度越深,记忆效果越好。通过专门训练,人的短时记忆容量可以扩大,而有效的策略可以增加记忆时长。

(三)技能执行速度的差异

一方面,专家在解决复杂问题时,对基本技能的掌握已达到高度熟练甚至自动化的程度。而这些可自动执行的基本技能减轻了他们短时记忆的负担,他们因此可以把精力集中于运用策略去完成需要高水平思维方面的任务,而不用浪费在提取记忆信息上。另一方面,专家解决问题的速度之所以快,是因为他们不必一步一步地进行推理。长期积累的知识,使得他们能够在遇到问题时,做出快速判断及反应,迅速解决问题。

(四)用于表征问题的时间差异

表征问题也就是我们常说的审题过程,包括了对问题的表层理解和深层理解。专家与新手用于表征问题的时间差异,表现在解决常规问题时,专家比新手快得多;但在解决新问题时,专家用于表征问题的时间比新手要长一些。比起解决问题,专家更在意对问题的表征。专家往往在解决问题前对问题的审视和思考的时间会比较长,他们看待问题更加深入,考虑得更加详细,因而他们解决问题的最后结果往往比较令人满意。新手的第一反应是马上去解决问题,根本不考虑结果,因而他们解决问题的最后结果常常难以让人满意,甚至无法顺利解决问题。

(五)表征问题的深度差异

遇到一个新问题时,专家能很快抓住问题的实质,根据问题的内在结构表征问题,侧重点更突出,显然,专家对问题的表征具有一定的深度;而新手则是依据问题的表面信息来表征问题,缺乏深度。表征问题的深度差异在很大程度上决定着问题解决的效率。表征问题的深度差异,源自个人的知识、经验和阅历,以及解决问题的策略和方法。

(六)自我监控技能的差异

专家倾向于更频繁地检查自己对问题的解答过程,而且这种检查的效果比新手更好,专家比新手具有更好的自我监控技能。而新手在遇到问题时,通常都是跟着感觉走、埋头苦干,想到哪里做到哪里,很少回头反思这样做是否方向正确、是否有意义。

三、问题解决的教学

(一)创设问题情境,指导学生形成问题意识

现代心理学表明,思维始于发现问题,问题意识的形成是提高问题解决能力的前提。在教学过程中,教师要为学生创设恰当的问题情境,引导学生发现新旧知识的矛盾与冲突,从而提出问题、作出合理的假设,并为检验假设而做出各种探索行为,从而促进问题解决能力的发展。

1. 创设良好的探究氛围

良好的探究氛围是学生愿意尝试发现问题的前提。在教学过程中,教师要为学生创设民主、愉悦的氛围,激发学生的探究兴趣。对学生提出问题的行为予以更多的理解和包容,鼓励学生大胆提出自己的见解。转变以教师为主的传统讲授方式,采用以学生

为主体的启发式教学模式,引导学生围绕课堂学习内容展开交流与讨论,培养学生独立思考、善于发现问题的意识。

2.设置恰当的问题情境

问题情境是激发学生尝试解决问题的重要条件。在教学过程中,教师要善于将课堂知识与学生生活实践相结合,为学生创设恰当的问题情境,激发学生的探索欲、求知欲。具体操作是:引导学生发现新旧知识之间、理论知识与生产实践之间的内在联系,利用新旧知识之间、理论知识与生产实践之间的联系或者矛盾冲突点设置问题情境,让学生在解决问题的过程中形成问题解决的能力。在设置问题情境时,要注意把握问题的难度设置。

(二)开展学习策略教学,指导学生解决问题

1.成功示范策略

示范作用对于提升学生解决问题的能力有着不可忽视的作用。在教学过程中,教师要通过示范的方式,教给学生问题解决的方法。设置问题情境,并让学生尝试解决问题,以此强化和提升他们解决问题的能力。注意为学生创造成功体验的机会,让他们能够体验到问题解决的喜悦,产生成就感,从而增强自信心,并将其转化为解决问题的动力。

2.反馈改进策略

活动过程的反馈有利于及时发现问题、及时调整行为方向和进度等。在教学过程中,教师要善于利用反馈改进策略,注意了解学生探究问题的进程,及时帮助学生调整解决问题的方式方法,促进他们解决问题的能力提升。

3.评价激励策略

准确恰当的评价具有激励作用,能够充分调动个体的积极性。在教学过程中,教师要善于利用评价激励策略,对学生的问题解决过程进行恰当评价,充分调动学生解决问题的积极性,增强学生解决问题的参与度,从而有效提升学生的解决问题能力。

// 第四节 // 创造性思维及其培养

一、创造性思维概述

(一)创造性思维、创造性与创造力

1.创造性思维

创造性思维,也叫创造思维。广义的创造性思维,是指有创见、有意义的思维活动,

每个正常人都可能有这种创造性思维;狭义的创造性思维,是指提出新的假说、创建新的理论、形成新的概念、发明新的产品等探索未知领域的思维活动,比如,作家创作一部新作品、发明家发明新的产品等都是创造性思维的表现。这种创造性思维是少数人才有的。创造性思维是创新人才的智力结构的核心。

创造性思维是以感知、记忆、联想、理解等能力为基础,具有综合性、探索性和求新性等特征的高级心理活动。创造性思维是在一般思维基础上发展起来的,是人类思维的最高形式。创造性思维具有广阔性、深刻性、独特性、批判性、敏捷性和灵活性等特点(详见第二章第四节思维的品质)。

创造性思维与发散思维有很多相同的特点,但是创造性思维并不等同于发散思维。创造性思维的本质是发散思维,抽象逻辑思维和形象思维是创造性思维的基本形式。除此之外,创造性思维的形式还包括聚合思维、逆向思维、联想思维等。总的来说,创造性思维是多种思维的结晶,它既是发散思维和聚合思维的统一,也是形象思维和抽象逻辑思维的统一。

2. 创造性思维与创造性、创造力辨析

创造性思维、创造性与创造力,单从字面上来看,三者似乎差不多。因而导致在现实生活中,很多人常常将三者混淆,等同互换着用。但实际上,这三者之间是不一样的。创造性思维是对事物的一种新颖的看法和认识,是思维的高级形式,是创造力的构成因素之一。创造性,从字面上看,可以将它理解为三层意思:首先,若将它看作形容词,那么可以把它理解为"新颖性"。很显然,这层含义很好地反映了创造性思维的产物的最大特点——新颖性。其次,可以将它看作名词,此时可以把它理解为一种"特质",体现出的是运用创造性思维的主体身上所具备的某种能力,比如敏锐的感知能力等,因而有了日常生活中"某某人很富有创造性"的说法。最后,还可以将它看作副词,在这里则可以把它理解为解决问题的过程的体现,这层含义中的"创造性",我们把它当作创造力更贴切。如前所述,创造力是一种能力,而创造性思维只是创造力的认知因素之一。因此,把作为副词的"创造性"理解为创造力也就合情合理了。基于这个解释,也就不难理解为什么在很多研究中,不少学者提出要"培养学生的创造性",而不是"培养学生的创造力"了。

(二)创造性思维的一般过程

1. 准备期

所谓准备期,就是为创造性思维活动的进行积累相关背景知识的阶段。解决问题的创造性思维过程是按照新的方式组织有关知识经验的过程,知识经验越丰富,就越有利于开阔思路和从多方面进行探索,提出解决问题的新假设。从提出问题开始,研究者就针对提出的问题,有意识地积累相关背景知识,以利于问题解决的顺利进行。这一阶段的持续时间长短取决于课题性质和难易程度。

2. 酝酿期

酝酿期是指对各种材料进行筛选和重组，以求获得新信息的阶段。这一阶段主要是针对问题，根据已有的理论和搜集到的事实资料，提出各种可能的解决方案，并对所提方案作出评价。酝酿期是一个尝试错误的过程，在经历多次甚至无数次的失败后，促使问题中的矛盾越来越尖锐化，最终被发现、被解决。

3. 明朗期

明朗期又叫顿悟期、灵感期，是指突然获得结果的阶段。经过上一阶段的反复思索、多方论证，经历了冥思苦想后，个体在某些偶发事件的启发下恍然大悟、豁然开朗，终于找到问题解决的答案或者新的假设。明朗期是创造性思维过程的关键阶段，解决问题的方案是在这个阶段形成的。个体在这个阶段上突破陈旧的观念，摆脱思维定势的束缚，创造性地提出新观念、新思想、新方法，是决定性的环节。

4. 验证期

验证期是指检验和证明结果的阶段。这一阶段的主要任务是设计、安排实验与观察，检验由新假说推演出来的新结论是否正确。在检验新假说时，新的实验与观察的执行人可以不同，时间的长短也有差别，检验的结果可以是新方案的证实（证明假说成立），也可以是证伪（证明假说不成立）。

(三)创造性思维的形式

创造性思维内容繁多、形式多样、结构复杂，具体如下。

1. 发散思维和集中思维

(1)发散思维　发散思维也叫求异思维、辐射思维、扩散思维或多向思维。它是指大脑在思维时呈现扩散状态，具体表现为从一个目标(仅有的某一信息)出发，沿着不同方向思考，探求多种答案。不少心理学研究表明，发散思维是创造性思维最主要的特点，是创造力的主要指标之一。

发散思维表现为外部行为时，就代表了个人的创造能力。其行为表现有三个特征：①变通性(灵活性)，是指思维能随机应变、触类旁通、举一反三，不僵化，不易受功能固着等心理定势的干扰，因此能产生超常的构想，提出新观念。②流畅性，是指思维反应既快又多，能够在较短的时间内表达出较多的观念。③独特性(独创性、新颖性)，是指对事物具有不寻常的独特见解。

(2)集中思维　集中思维又称求同思维、辐合思维、聚合思维和同一思维，与发散思维相对。它是指大脑在思维时呈辐合状态，具体表现为从多个目标(已有的种种信息)出发，沿着一个方向思考，寻找一个答案。

聚合思维的主要特征：①封闭性，是指把对事物认知的结果由四面八方聚合起来，从中选择一个合理答案。②连续性，是指思维从一个设想到另一个设想的过程是环环相扣的。③求实性，是指按照实用的标准对发散思维的结果进行有效筛选。④聚焦性，是指围绕问题进行反复思考,使原有的思维浓缩聚拢,形成思维的纵向深度和强大的穿透力。

2.形象思维和抽象思维

(1)形象思维　形象思维是指以具体事物的表象为加工内容的思维方式,也即,用直观形象和表象解决问题的思维。形象思维可看作区别于传统逻辑形式的非逻辑形式思维。形象思维是文学艺术创作过程中的主要思维方式,它借助于形象反映生活,运用典型化、拟人化等想象的方法,塑造艺术形象,表达作者的思想感情,因而也叫艺术思维。

形象思维常被混淆理解为联想,实际上二者并不等同。严格来说,联想只完成了从一类表象过渡到另一类表象的过程,它本身并不包含对表象进行加工创作的处理过程。只有当联想导致创新性的形象活动时,才会产生创新性的成果。当然,实际上联想与形象思维的界限是不好划分的,有人认为可以把形象思维看成是一种更积极、更活跃、更主动的联想。

形象思维的特点有:

①形象性,是指形象思维从内容(事物形象)到形式(意象、想象)以及表达工具(图形、图像、形象性符号)都具有直观性、生动性。思维的形象性强调的是对物体形象的依赖。比如,向儿童提问"1+1=?",儿童往往回答不上来。但是如果改问"你手上已经有了一个苹果,然后妈妈又给了你一个苹果,你一共有几个苹果?",这种情况下,儿童大多能给出正确答案。思维的形象性还体现在鲜明生动的语言参与上,而这使得形象思维具有一定的情感性。此外,个体在利用形象思维解决问题时,往往会在头脑中构建一幅关于问题解决的完整"线路图",包含诸如问题解决的影响因素、问题解决的策略和方法等一系列内容,因而,思维的形象性让思维表现出整体性的特点。总之,形象性是形象思维最基本的特点,这一特点使得它具有直观性、生动性、情感性和整体性的优点。

②非逻辑性,是指形象思维的加工方式不遵循逻辑规律。具体而言,就是形象思维的加工方式(依赖物体形象)决定了它能够调用多种形象性材料进行加工,既可以对所有形象性材料进行平行加工,也可以同一时间内把所有材料拼合在一起,还可以从这个材料跳到那个材料进行加工,这种不遵循逻辑规律的加工方式使得形象思维表现出典型的非逻辑性,这使得形象思维具有跳跃性、或然性或似真性。

③粗略性,是指形象思维的加工方式决定了其对问题的反映、把握或者分析都是粗略的。

④想象性,是指形象思维在对表象进行加工的过程中不局限于再现已有形象,而致力于产出新形象。因而,思维的想象性使得它具有创造性的优势。

(2)抽象思维　抽象思维即逻辑思维、理论思维,是指用词进行判断、推理并得出结论的思维。抽象思维是使理性认识系统化的思维形式。抽象思维以词为中介来反映现实,这是思维的最本质特征,也是人的思维和动物心理的根本区别。与形象思维不同的是,抽象思维以概念代表现实事物,概念间的关系代表了现实事物之间的联系。抽象思维以概念为起点,通过对外界信息的加工,再由抽象概念上升到具体概念。抽象思维的这一特点为人类超越自己的感官去认识现实提供了可能性。准确地界定概念及其之间的关系,是把可能性转变为现实性的手段。因此,抽象思维的基本规则就是准确地形成概念以及概念之间的关系。

抽象思维属于理性认识,其主要特点有:①概括性,是指抽象思维在反映事物上具有笼统(非针对细节)、范围广的特点。②间接性,是指抽象思维对事物的反映常常不是直接的,而是以已有经验、过去经验作为中介而发生的。③超然性,是指抽象思维对信息的加工具有超感官认识(指的是超越感官认识现实)的特点。

3. 逆向思维

逆向思维又叫反向思维,是指对司空见惯的似乎已成定论的事物或观点反过来思考的一种思维方式。哲学研究表明,任何事物都包括对立而又相互依存的两面,逆向思维能够让人从问题的对立面深入地进行探索,提出新设想,创造新形象。逆向思维实际上是发散思维的一种重要形式,在一些教材当中常把二者等同看待。实际上,二者的区别在于:发散思维强调"多个方向";逆向思维强调"相反的方向",是"多个方向"之一。

逆向思维具有以下特点:①普遍性,是指逆向性思维在各个领域、各种活动中具有适用性。由于对立统一规律是普遍适用的,而对立统一的形式又是多种多样的,有一种对立统一的形式,相应地就有一种逆向思维的角度,所以,逆向思维也有无限多种形式。②批判性,是指逆向思维对由常规经验和习惯造成的僵化认知模式的打破以及对思维定势的克服。③新颖性,是指逆向思维审视问题的角度和方式与众不同、独特新颖。

4. 联想思维

联想思维简称联想,是指由某一事物触发而想到另一事物的认知过程。联想是个体具有的思维本能。那些在时空中反复出现的事物、概念、现象或关系,会形成被人接受的特定记忆模式。这一记忆模式一旦被情境中的某些事物唤起,人就会产生"认知自动匹配"的行为。所谓认知自动匹配,指的是想象的延伸。

联想思维包括以下几种类型。

(1)相似联想   相似联想,是指由事物的某些属性(外形、颜色、声音、结构、功能和原理等)与其他事物属性的类同、相似而引发的想象延伸和连接。比如,看到荷叶会想到雨伞这种形状相似的事物;看到教室,我们会联想到图书馆这个功能相似的场所。

(2)相关联想   相关联想又称为接近联想、相近联想,是指由时间、空间以及心理上接近的某一事物引发的对另一事物的想象。比如,提到上午,就会想到下午、晚上;看到蓝天,就会想到白云、飞鸟;说到开心,就会想到假期等。

相关联想与相似联想的区别在于:相关联想是由时间、空间和心理上的因素而引起的;相似联想是由事物属性的相似而引起的。

（3）对比联想 对比联想也称相反联想、对立联想，是指由性质相反的事物引起的联想。比如，说到白天就会想到黑夜，提到冬天就会想到夏天等。

对比联想与相似联想、相关联想不同：相似联想只想到事物属性相同的一面，而不易想到对立的一面；相关联想只想到时空相近的一面，而不易想到相反的一面。从某种角度而言，可以把对比联想看作相似联想和相关联想的补充。

（4）因果联想 因果联想，是指由事物之间的因果关系而引起的联想。因果联想具有双向性，既可以由因想到果，也可以由果想到因。因果联想源于人们对事物发展变化结果的经验性判断和想象。比如，看到房顶、地面、草地和树木都是湿的，就想到是下雨了。

二、创造性思维中的灵感与启发

（一）灵感的实质

灵感是指在创作活动中突然产生某种新观念、新思想或新形象的心理状态。实际上，灵感是个体在全力以赴、冥思苦想、反复酝酿后出现的"豁然开朗"的顿悟现象。

（二）灵感的特征

灵感是创造性思维活动中出现的复杂心理状态，它有以下特征。

1. 突发性

突发性，也可以说是飞跃性，是指灵感总是突然出现在冥思苦想的人的脑子里。事实上，突发性的背后带有某种必然性，当人们集中精力于某事物时，对该事物的一切都会倾注大量心血，甚至达到迷恋的状态，对与之有关的所有事物都若有所思，经年累月，就会触类旁通，豁然开朗。灵感绝不是灵机一动、心血来潮的产物，而是艰苦的思维活动的结晶。因此，刻意等待灵感出现的行为是不可取的。

2. 增量性

有一位伟人曾经说过："灵感不会光顾没有准备的脑子。"刚开始接触一个新的领域时，由于大脑中资源不足、经验不多，灵感出现的频率很低。随着经验和成果的不断积累，灵感出现的频率就会逐渐增加。发展到后来，获取灵感变得容易而频繁，即所谓"脑子越用越灵活"。

3. 短暂性

灵感既是突然出现的，又是短暂的。灵感常常一闪即逝。灵感毕竟只是一种思想形态，而非实物形态，其对事物的感知性具有一定的模糊性和不稳定性。倘若没能及时对出现的灵感做好记录，很有可能过后就再也想不起来。因此，及时做好灵感记录是很有必要的。

4. 愉悦性

灵感常常是在良好的情绪状态下产生的。人在轻松愉快、心旷神怡的状态下，大脑接受刺激的灵敏度提高，神经活动的灵活性增强，从而使得灵感能够在诱因的作用下应运而生。

（三）灵感在创造性思维中的作用

首先，灵感是创造性思维的温床。灵感是人脑的最佳信息加工状态。在灵感状态下，个体注意力高度集中，思维力极为敏捷，想象力特别活跃，智能活动高效运行，情绪状态高涨，从而能够全身心投入思维活动中，为创造性思维活动提供了前提条件。可见，灵感给创造性思维提供了良好氛围，是创造性思维的温床。

其次，灵感是创造性思维的催化剂。灵感状态下的个体常常会产生一种迷恋感，个体因此感到欲罢不能，并形成强大的推动力，使人专注于废寝忘食地工作，直到创作任务结束。

最后，灵感为创造性思维提供新思路。在创造性思维的各个阶段，个体都需要新思路的引导。在新思路的引导下，个体才得以顺利发现问题、明确问题、提出假设以及验证假设。灵感是新思路的来源，灵感的出现是创造性思维顺利进行的推动力，是创造成功的保障。

（四）灵感的启发与捕捉

灵感不是无中生有、凭空产生的，是个体在认知活动过程中冥思苦想、反复酝酿的结果。灵感在创造性思维活动中有着极其重要的作用，启发与捕捉灵感对学生的学习有着十分重要的意义。关于灵感的启发与捕捉，方法如下。

（1）坚持长期而艰巨的认知活动，为灵感的产生做好准备　面对复杂新问题的出现，要持有浓厚的兴趣，并付出一定的意志努力，不能轻易放弃。对于与新问题有关的一切事物和资料要坚持长时间的反复分析、思考、总结，持之以恒，直到抓住问题的关键。

（2）高度集中注意力，为灵感的产生提供良好基础　在认知活动中，要将注意力聚焦于问题上，努力进入痴迷状态，以利于发现问题的关键点，从而引发灵感的出现。

（3）打破常规、变通学习，为灵感的产生提供动力　常规学习方式容易被习惯性思维束缚，导致思路狭窄，不利于灵感的产生。因此，要善于打破常规，变通学习方式，开阔学习思路，以便激发灵感的产生。

（4）保持良好的情绪状态，为灵感的产生创造心理氛围　轻松愉快、心境平和、心情舒畅的良好心理氛围有利于灵感的应运而生，因此，平常要注意保持良好的情绪状态。

（5）善用启发，为灵感的产生提供导向　启发是灵感的重要来源，要学会运用启发。原型启发能为学生提供更多的灵感源泉，语言启发能为学生提供灵感思路。因此，在教学过程中，教师要善于借助日常生活中的事物、自然现象以及教学语言的方式启发学生思考。

（6）做好新思路的记录，及时保存灵感　灵感的产生稍纵即逝，随身携带纸笔，及时记录突发的新思路，及时保存灵感，才能为下一次灵感的产生积累更多资源。

三、创造性思维的培养

（一）营造鼓励创造的氛围

轻松愉快的良好氛围有利于创造性思维的发展，家庭、学校以及社会应当为学生创造一种心理安全和自由的氛围。给学生发挥思维的空间，尊重学生不同的个人见解，接受他们与众不同的想法，让他们不再害怕"回答错误"，鼓励他们勇于创新。对考试制度加以改革，为学生创造宽松的学习环境。

（二）保护好奇心，激发求知欲

好奇心和求知欲是创造性思维的前提和基础。缺乏好奇心的人，不会想着打破旧的条条框框；没有求知欲的人，不会产生独特的探索和创新行为。好奇心和求知欲是激发个体产生探索行为的重要因素，强烈的好奇心和旺盛的求知欲总是让人在探索世界的过程中提出各种奇奇怪怪的问题，并在探索过程中努力发现事物的内在规律，寻求问题的答案。

（三）重视思维训练

思维训练是最直接的提升学生创造性思维能力的途径和方式。思维训练方法如下：首先，要注意发展学生的发散思维。教导学生在学习过程中，要学会随机应变、触类旁通，努力摆脱定势的束缚。要敢于产生与众不同的构思，提出不落俗套的新主张。引导学生以前所未有的新观念、新角度去反映事物，让他们对事物形成超乎寻常的见解。其次，要重视发展学生的直觉思维。在教学过程中，避免只讲定论，要注意对那些尚无定论的难题提出新的假设，要敢于猜想。做出示范，允许并鼓励学生凭直觉回答问题。最后，要注重发展学生的形象思维。创造机会，组织学生走近大自然，借助大自然中各种各样的事物，对学生的视觉、听觉、嗅觉、触觉加以刺激，发展他们的表象系统，提高他们对事物的敏感性，从而提升他们的形象思维能力。

（四）培养创造性的个性

具有创造性个性品质的个体，在看待问题、解决问题上常常表现出比普通个体更强的创造力，解决问题的能力更强。因此，在教育教学过程中，教师应当注意培养学生的创造性，培养他们思维的独立性、批判性，鼓励他们提出与众不同的见解和观点，采取多种形式引导他们以不同的方式方法解决问题，促进他们创造性思维能力的提升。

【思考与练习】

  1. 简述问题解决的思维策略。

  2. 简述问题解决的影响因素。

  3. 简述心理定势对问题解决的影响作用。

  4. 如何培养学生的创造性思维？

【真题再现】

问题解决与创造性思维

第四篇　德育篇

第九章　态度与品德的形成

学习目标

◆ 深刻了解态度的含义、结构，同时对品德、道德的含义及二者之间的区别与联系形成初步的理解。

◆ 正确认识品德发展的实质、品德形成的主要理论，了解中小学生思想品德发展的基本规律和特点，并在此基础上，从整体上把握中小学生品德的发展及培养，使学生认识到品德对个人性格养成及人生发展具有重要的影响。

假设有一天，你带着自己 5 岁的孩子出门逛街，你的孩子在你还没反应过来时，就当街尿了。周围的人看到你家孩子的做法，指着孩子说"这是谁家的孩子啊，怎么在这里尿……"此时，你会有什么反应？接着，你会怎么做？你觉得你家的孩子有错吗？接下来，我们通过态度与品德的形成这一章的学习，了解我们该如何应对上述的事件。

// 第一节 // 　态度与品德概述

一、态度概述

（一）态度的含义

态度是指个体基于自身道德和价值观对特定对象持有的稳定的评价和行为倾向。态度表现在三个维度上：认知、情感以及行为意向，三者之间相互联系、协调一致，任何一方的改变都会引发另外两个维度的改变。相对而言,情感处于主导地位,决定着态度的基本取向与行为倾向。事实上,态度的表现维度正体现出态度的结构。

(二)态度的结构

态度的结构包括认知、情感及行为三种成分。

态度的认知成分,是指个体对态度对象所具有的带有评价意义的观念和信念。它体现着个体对态度对象的认识和理解等,这种认识和理解或许是理智的(容易形成正确的观念和信念),或许是非理智的(容易形成错误的观念和信念)。

态度的情感成分,是指个体对态度对象的情绪或情感体验。它反映着个体对态度对象的好与恶,往往伴随态度的认知成分而产生,是态度的核心成分。

态度的行为成分,是指个体对态度对象做出的反应倾向。反应倾向只是一种行为准备状态、一种意图,这种准备状态或者意图不一定会转变为实际行为。因此,有时候态度的行为成分能够独立于认知成分和情感成分。

二、品德概述

(一)品德的含义

1.品德和道德的含义

品德即品质道德或道德品质的简称,也称德性或品性,是个体依据一定的行为准则和规范行动时所表现出来的比较稳定的、一贯的特点和倾向。品德是社会道德在个体身上内化的产物,具有调节个体社会行为的作用。

道德即社会道德,是指个体在社会交往过程中形成的用于协调彼此关系的行为准则和规范,是一种衡量标准。社会道德标准因不同的社会背景而有所不同。社会道德有公私之分,只涉及个人、家庭等私人关系的道德称为私德;涉及社会公共关系的道德则称为公德。

2.品德和道德的区别与联系

品德和道德既密切联系又相互区别。二者之间的联系体现在:第一,品德和道德不可分开。品德是社会道德在个体身上的反映,是社会道德的具体化,离开道德就谈不上个人品德。换言之,个人品德的内容来源于社会道德,是社会道德的组成部分,没有社会道德也就无所谓个人品德。第二,个人品德的形成和发展依赖于社会道德,道德对品德的发展具有制约作用。第三,社会道德需要通过个人品德才能发挥作用,个人品德影响着社会道德风气,多个个体的品德综合起来就构成了社会道德面貌。

二者之间的区别则在于:第一,研究范畴不同。道德是人们社会行为的规范和准则,是一种社会现象,是社会学、伦理学的研究对象,属于社会意识范畴。品德是社会道德在个人身上的具体化,是一种个体心理现象,是教育学、心理学的研究对象,属于个性心理范畴。第二,形成和发展条件不同(影响因素不同)。道德的形成与发展受制于社会发展规律,具有明显的社会性。品德的形成与发展不仅受到社会发展规律的影响,还受到个体生理、心理发展规律所制约,具有个体差异性。第三,内容和性质不同。道德是一个(关于社会伦理行为规范的)完整体系,具有社会性。品德只是某个(道德要求)部分的表现,具有个体差异性。

(二)品德的心理结构

品德的心理结构包括道德认知、道德情感、道德意志以及道德行为四种成分,简称为"知""情""意""行"。

1. 道德认知

道德认知也叫道德观念,是指个体对道德准则和道德规范及其执行意义的理解。通俗来说,就是个体能够依据道德准则和规范对自己和他人的行为进行是非、善恶和好坏的判断(也即道德评价)。比如,知道随地扔垃圾、随地大小便是不对的。道德认知是道德行为规范和价值体系在个体身上内化的结果,是个体品德的核心部分,是道德情感、道德意志和道德行为的基础。

2. 道德情感

道德情感是指个体根据道德观念来评价他人或者自身行为时产生的心理体验,也就是人们在对客观事物进行是非、善恶、好坏的判断时引起的内心体验,是对客观事物好恶爱憎的主观态度,它渗透在人的道德观念和道德行为中。比如,当无意间随手扔垃圾被人指责时、当看到别人指责自己的孩子随地大小便时,会感到羞愧难当。心理学研究表明,道德情感是一个由外控向内控转化的过程,一旦获得了某种内在的情感,它就能产生道德动机的作用。道德情感是产生道德行为的内在动力。

■9-1:道德情感内涵延伸

3. 道德意志

道德意志是指个体自觉地调节自身的道德行为,努力克服困难,以顺利实现道德目标的心理过程。比如,我们的爱国英雄为了保住组织的秘密,顽强对抗敌人的折磨。道德意志能让个体产生巨大的精神力量,奋力排除干扰和障碍,使道德行为顽强地坚持下去,直至实现行动目标。道德意志薄弱者没有足够的力量对抗困难,很容易放弃原来坚持的原则;意志坚强者有坚强的毅力对抗困难,能坚持履行自己的道德义务。道德意志是调节道德行为的精神力量。

4. 道德行为

道德行为是指个体在道德认知、道德情感以及道德意志的影响下,表现出来的有道德意义的行为,是实现道德动机的手段。道德行为是道德观念和道德情感的外在表现,是衡量品德修养高低的重要标志(道德品质形成的关键)。

品德结构的四种心理成分是相互联系、相互渗透、相互影响的。道德认知是品德结构的基础;道德认知和道德情感相互结合构成道德信念,是高级的行为动机,与道德意志一起,调节道德行为;道德行为可以巩固、发展道德认知和道德情感。因此,在道德教育过程中,教师应当注意培养学生"知""情""意""行"的统一发展,晓之以理、动之以情、持之以恒、导之以行。

三、态度与品德的关系

态度和品德既密切联系又相互区别,实践操作中二者不作严格区分,但理论上二者并不完全相同。

(一)态度和品德的联系

首先,二者实质相同。态度和品德都是一种习得的行为倾向。比如,具有助人为乐品德的人,往往在遇到他人需要帮助的时候也会向他人伸出援助之手。

其次,态度和品德有着共同的认知、情感和行为三个方面的因素。

(二)态度和品德的区别

首先,涉及范围不同。态度涉及的范围大,包括对自己、对他人、对集体、对劳动以及对学习的态度等。态度涉及的范围包含了道德规范方面和非道德规范方面,涉及道德规范方面的态度才被视为品德。可见,品德涉及的范围比态度涉及的范围小。比如,学习懒散、作业拖拉,我们可以看作是学生态度问题,但不能说是学生品德问题。

其次,内化程度不同。态度的内化程度低,品德的内化程度高。只有价值内化达到高级水平的态度(稳定态度),才能被称为品德。因此,对于低年级学生偶尔表现出的撒谎等行为,可以看作态度表现,但不能说是品德表现。

总之,态度和品德相互区别,但又密切联系,二者研究的是同质问题,在实践操作中可以把态度的养成与品德的构建等同看待。

四、品德发展的实质

(一)品德的实质

品德作为个体社会行为的内部调节机制,是合乎社会准则要求的稳定心理特性,是道德行为产生的内因。品德的实质,实际上是人际交往经验的结构,这一结构的根本内容是对人、对事、对己方面的社会准则的遵守经验。通俗地说,就是个体依据社会准则形成的对人、对事、对己的经验,构成了个体品德的内容。

品德的结构包含动机和行为两个部分:动机部分体现的是个体规范行为的需要(即行为活动要发自内心遵从社会准则还是要背离社会准则);行为部分体现的是个体对社会准则的执行情况(即表现出与需要相符合的行为方式)。

（二）品德形成与发展的实质

从品德的实质的角度出发，品德是在人际交往经验的获得过程中形成与发展起来的。这一过程包含了以下三个方面的表现。

（1）品德的形成与发展是社会道德内化为个人品德的过程　品德的发展过程即个体将外在的社会行为准则和规范内化为自身的道德观念，形成相应的道德价值取向，并用以指导自身行为的过程。

（2）品德的形成与发展是在内部矛盾的推动下，内、外因共同作用的结果　品德的形成与发展，既受到社会发展规律的影响，也受到个体生理、心理活动的制约。一方面，品德作为一种人际交往经验的结构，不同的个体之间必然会形成不同的经验（发展现状）；另一方面，教育者总是会依据社会道德规范向个体提出一定的道德要求。个体品德发展的现状和道德要求之间的矛盾就成了品德发展的内部矛盾。品德发展的过程，实际上就是解决内部矛盾的过程。

（3）品德发展是"知""情""意""行"协调发展的过程　品德结构是道德认知、道德情感、道德意志、道德行为四种心理成分的有机结合，缺一不可。品德结构的形成与发展，是四种心理成分共同发生作用、相互结合、协调发展的过程。

五、品德形成的三阶段

美国心理学家凯尔曼（H. C. Kelman）根据态度的三个构成因素及其在态度形成中所起的作用，提出了态度形成和改变的三阶段理论。凯尔曼认为，个体品德的形成是个体自身与环境相互作用下道德规范内化的过程，不是道德规范从内部自然展现的过程。在这一过程中，个体道德行为习惯的形成过程是由被动到主动的。凯尔曼认为，态度的形成经历了三个阶段，即依从、认同和内化。

（一）依从

依从是指个体出于逃避谴责、期望奖励的心理，在表面上接受他人的观点，但内心并不接受甚至抵触。这是一种"口服心不服"的状态。比如，有些学生表面上对老师客客气气，实际上心底根本不愿听老师多说半句。

依从阶段的个体，行为表现为：盲目、被动、不稳定，随境而迁。行为活动是外界压力的结果，而非个体内在需要的表现。

（二）认同

认同是指个体自愿、主动在思想、情感和态度上接受他人的观点，表现出与他人接近的行为。这是一种"口服心服"的状态。认同本质上是一种模仿，意图是让自己表现得像榜样那样。对榜样的模仿意愿取决于认同愿望的程度。

认同阶段的个体，行为表现为：主动、自觉、稳定。

（三）内化

内化是指个体从内心深处接受他人的观点，并表现出与他人一致的行为。这一阶段的个体，将自己认同的思想融入自己原有的观点、信念中，形成内在的价值体系与态度体系。个体的行动符合内化价值时，就产生愉快和满意的体验；反之，则会产生不快和愧疚，甚至受到良心的谴责。内化价值使得个体的行为不再轻易受到外在因素的影响。

内化阶段的个体，行为表现为：高度自觉、主动、坚定。

六、个体品德发展的影响因素

个体品德是个性中的一部分，跟影响个性发展的因素一样，个体品德的形成是内、外因相互作用的结果。影响个体品德发展的因素主要有外在的社会、家庭、学校教育等因素，以及内在的个体的人格因素、智力水平、受教育程度、年龄、知识经验、价值观、道德理想、自我意识、情绪情感状态以及认知能力等因素。

▓ 9-2：影响个体
品德发展的因素

//第二节// 品德形成的主要理论

品德的形成是各种心理成分协调发展的结果，各种心理成分的发展需要满足一定的条件。关于品德的形成，不同学者之间的观点有所不同。在众多品德发展理论中，影响较大的是皮亚杰的品德发展阶段理论以及科尔伯格的"三水平六阶段"学说。

一、皮亚杰的品德发展阶段理论

皮亚杰关于品德发展四个阶段的名称和年龄划分，不同版本的教材稍有不同，但大体特点差不多，本教材选择其中一种加以论述。20世纪30年代，瑞士心理学家皮亚杰采用"对偶故事法"对儿童的品德发展进行了系统的研究，并用认知发展的观点解释品德发展，提出儿童的道德判断是从他律到自律发展的过程。这一过程大致分为四个阶段，具体内容如下。

（一）前道德阶段（2岁以前）

前道德阶段又叫自我中心阶段。这一阶段的儿童做事主要考虑自身生理需要是否得到满足。在游戏过程中，2岁前的儿童虽然能意识到规则的存在，但不知道也不理解这些规则是在游戏中应该遵守的准则，缺乏规则意识，还谈不上道德观念发展。

（二）他律道德阶段（2～8岁）

这一阶段的儿童表现出对外在权威的绝对尊敬和顺从。他们把服从、听话看作是对的，是好孩子；否则就是错的，是坏孩子。另一个表现则是对规则本身的尊敬和顺从，即把成人规定的准则看成是固定不变的。这个阶段的儿童对行为好坏的判断依据主要是客观效果，而非主观动机。比如，听父母、教师或成人的话就是好孩子。

（三）自律道德阶段（8～10岁）

自律道德阶段又称可逆性阶段。这一阶段的儿童已经不再认为规则是固定不变的，他们开始把规则看作是人与人之间的共同约定，是可以改变的。他们已经认识到人与人之间的社会关系，认识到应尊重共同约定的规则。对他们来说，此时这种共同约定的规则具有相互取舍的可逆特征。

（四）公正阶段（10岁以后）

在可逆的道德观念上，儿童的公正观念或正义感开始发展起来。10岁以后，儿童在人与人的关系上，从权威性过渡到平等性。在这一阶段，儿童的道德观念倾向于主张公正、平等。在皮亚杰看来，从可逆性关系转变到公正关系主要是利他主义因素增长的结果。只有当儿童的道德判断达到了自律水平时，才称得上是真正的道德。

在另外一些版本的教材当中，皮亚杰的道德发展阶段被划分为：自我中心阶段（2～5岁）、他律道德阶段（5～8岁）、自律道德阶段（8～11岁）、公正阶段（11岁以上），除第一个阶段的划分年龄差距较大外，其他三个阶段大体相同。在一些版本的教材当中，不少学者倾向于认为2岁以前的儿童处于无律阶段，此时的儿童还未形成道德观念，还没有道德意识。总的来说，之所以划分方式有所不同，主要是因为皮亚杰在具体研究过程中的研究方式不尽相同，但大体研究结果是差不多的。而本教材的划分方式与皮亚杰认知发展阶段论的研究结果比较一致，且大多教材也比较公认这一划分方式。

二、科尔伯格"三水平六阶段"学说

20世纪50年代，美国心理学家科尔伯格（L. Kohlberg）系统地发展了皮亚杰的理论和研究方法，通过"道德两难故事"的研究，他认为道德认知是可以通过教育加以培养的。

借助研究结果，科尔伯格提出了道德发展的"三水平六阶段学说"，他把道德发展的顺序划分为三种水平和六个阶段。

图9-3：海因茨偷药

（一）前习俗水平（0～9岁）

这一水平的个体，还没形成内在的道德标准，他们道德判断的依据是人物行为和具体结果与自身的利害关系，包括以下两个阶段。

(1)惩罚与服从取向阶段 这一阶段的个体以惩罚与服从为导向,他们出于避免惩罚的心理而盲目服从成人或权威。道德判断的依据是"是否受到惩罚",认为凡是免受惩罚的行为都是好的,遭到批评、指责的行为都是坏的,缺乏是非善恶的观念。

(2)相对功利主义取向阶段 这一阶段的个体以利益为导向,对行为好坏的判断依据是"有没有利益"。认为只要获得利益的行为就是好的,反之则是不好的。这种利益的考虑包括"是否能满足自己的需要",有时也包括"是否符合别人的需要"。从某种程度上看,这一阶段的个体初步考虑到了人与人之间的关系,但这种关系也仅是一种交易的关系。

(二)习俗水平(9～16岁)

这一水平的个体,能理解社会准则和规范及其执行意义,能按照社会准则和社会规范行事,包括以下两个阶段。

(1)"好孩子"取向阶段 这一阶段的个体以人际关系和谐为导向,他们能顺从传统的、大众的要求去行事。道德判断的依据是"是不是好孩子",认为只要受别人喜爱、称赞的行为就是好的,反之则是不好的。他们开始从行为动机的角度对行为进行判断,认为利他的就是好的,利己的就是不好的。

(2)遵循权威取向阶段 遵循权威取向阶段又称法律和秩序取向阶段,这一阶段的个体以服从权威为导向。他们服从社会规范,遵守公共秩序,接受社会习俗,尊重法律权威,以法律观念判断是非,知法守法。认为违反规则并给他人带来伤害的行为,不论何种动机,都是不好的。相反,凡是维护权威和社会准则的行为,就是好的、正确的。

(三)后习俗水平(16岁以后)

后习俗水平又称原则水平。这一水平的个体,以普遍的道德原则和良心为导向,道德判断的依据超出世俗的法律与权威的标准,包括以下两个阶段。

(1)社会契约取向阶段 这一阶段的个体认识到法律及社会道德准则只是一种社会契约,由大家商定而来,也可以由大家商定来改变,不符合人们需要的律法,可以通过协商来改变,不能以不变的规则去评判一个人的行为。认为反映大多数人的意愿或公正无私的行为是道德的,错误的行为可以因其动机被人认可而减轻受惩罚的程度,但错误的行为并不会因其动机被人认可而被看作是正确的。

(2)普遍原则取向阶段 这一阶段的个体判断是非不受外在的法律和规则的限制,而是以不成文的、带有普遍意义的道德原则,如正义、公正、平等、个人的尊严、良知、良心、生命的价值、自由等为依据。

品德发展的顺序不变,但发展速度存在着明显的个体差异性。相关研究表明,大多青少年的道德判断水平处于习俗水平,少数尚未达到习俗水平。后习俗水平一般要到20岁以后才能出现,且只有少数人才能达到。

//第三节// 中小学生品德的发展及培养

一、中小学生品德发展的特点

(一)小学生品德发展的特点

1.道德认知的发展

小学生道德认知的发展主要体现在以下三个方面。

(1)在道德概念的掌握上 小学生对道德概念的理解,从具体、直观、较肤浅的水平逐步过渡到抽象、本质的水平,但整体水平不高。小学生对道德概念的掌握和理解水平取决于其思维发展水平,其变化发展曲线与思维发展曲线大致相同。低年级学生对道德概念的内涵混淆不清,只能从具体的道德情境中进行直观的感知和描述,概括水平很差;高年级学生对道德概念则能进行相对精确的、本质的理解。

(2)在道德判断能力上 其一,从他律到自律,即从依附于社会的、他人的外在评价规则进行评判向依据内心的道德原则进行评判转变。其二,从效果到动机,即从依据外部行为结果向依据内部行为动机转变。其三,从他人到自己,即从偏向评价他人向学会评价自己转变。其四,从片面到全面,即从评价较片面向评价较全面转变。

(3)在道德信念的形成上 小学生正处于道德信念的萌芽阶段,道德信念初步形成但具有不自觉性和不稳定性。道德信念是道德目的和动机的高级形式,是道德认知形成的关键因素。研究表明,学生道德信念的确立要经历漫长的发展过程,道德信念的萌芽阶段大约始于11岁。道德信念是在道德概念的基础上形成的,道德概念的发展让学生知道什么是道德规范,而道德信念的形成则让学生懂得运用行为规范进行是非善恶好坏的评价,并坚持以道德规范的正确性作为自己行动的准则。由于小学低年级的学生在道德概念的掌握上水平较低,导致他们很多时候没有是非观念,不知道善恶、是非、对错、好坏,所以很难衡量自身行为的对错与好坏。作为家长和教师,要注意在日常生活中及时对他们加以教育和引导。

2.道德情感的发展

小学阶段是道德情感发展的关键期,小学生的道德情感具有随年级增高而发展的趋势,其转折期通常在8~9岁。小学生以直觉的道德情感体验和与具体的道德形象相联系的道德情感体验为主,抽象的道德情感和与道德信念相联系的情感体验随年龄的增长而有所发展。总体而言,小学阶段的个体,其道德情感体验的发生依然离不开道德情境和具体形象,道德情感表现出典型的情境性和主观性。

3. 道德意志的发展

小学生道德意志的发展主要体现在坚持性和自制性两个方面,随年龄的增长而逐步发展,但总体而言,水平较低。道德意志的控制力量以外部控制为主,他们完成任务主要依靠外界的影响,自己还很难做到自觉抵制诱惑。随着年龄增长,小学生的延迟满足的能力逐步增强。

■ 9-4:延迟满足

4. 道德行为习惯的发展

小学生道德行为习惯的发展水平呈"马鞍形":低年级和高年级较高,中年级较低。低年级学生的道德行为水平较低,道德行为带有模仿性和不自觉性,道德行为习惯缺少稳定性。但由于低年级学生的道德认知处于依附权威的阶段,他们的行为往往受控于教师和家长,因而表现出较高水平的道德行为习惯。到了中年级,随着道德判断和评价能力逐步向自律阶段过渡,在思维力、判断力、独立性和自觉性以及外界环境的影响作用下,道德认知不再依附于成人的权威,中年级学生开始"有些叛逆",导致道德行为习惯水平下降。高年级学生由于认知、情感、意志等不断发展和完善,道德行为习惯水平大大提高。

总的来说,小学生的道德认知与道德行为不同步;道德行为由外部调节向内部调节过渡;道德行为习惯逐步养成,由简单易行向复杂难做的方面发展,由不稳定、不巩固向稳定、巩固方面发展。

(二)中学生品德发展的特点

1. 道德认知的发展

在道德概念的理解上,中学生较小学生有了显著发展,初中生已经能够初步揭示道德概念的本质,高中生对道德概念的掌握则更加概括、抽象,在内容上更加深刻。

在道德评价能力上,初中生已经能够从动机和效果两个方面对道德行为进行评价,并借助社会道德原则加以权衡;高中生能够分清主次地对行为进行一分为二的评价,能够做到具体问题具体分析。

另外,中学阶段是道德信念和道德理想形成并借以指导行动的时期。中学生逐渐掌握并服从伦理道德,他们能够独立、自觉地依据道德信念、价值标准等去行动,使道德行为更有原则性、自觉性。

2. 道德情感的发展

在道德情感的形式上,初中生以直觉的道德情感为主,容易因一点小事就冲动。从初三下学期开始,学生直觉的道德情感体验明显减少,伦理性的道德情感逐渐占优势。到高中阶段时,学生已经能够自觉地从人生意义和价值的高度来思考道德问题,伦理性道德情感已经占据优势,由道德形象引起的道德情感体验也不断地受到自我意识的自觉调控,直觉的道德情感体验越来越少。

在道德情感内容方面,中学生道德情感的社会内容越来越丰富。总体而言,中学阶段的学生,义务感发展得最快最好,其次是良心,然后是幸福感、集体荣誉感和爱国主义情感。

3. 道德意志的发展

中学生道德意志的发展主要表现在意志控制的程度和言行一致的水平两个方面。总体来说,中学生的道德意志水平随着年龄增长而发展,道德意志的控制力量已经由以外部控制转向内部控制,他们更多地依靠内心的自觉性来完成任务。随着年龄的增长,中学生越来越表现出言行一致,这是他们道德意志的自觉性发展的体现。

4. 道德行为习惯的发展

由于自我意识增强,中学生越来越关注自我道德修养,大多数初中生的道德行为已发展成行为习惯,但存在个体差异;初三学生道德行为习惯有很大的不稳定性和可塑性;高中学生道德行为习惯已经相对稳定,行为习惯的可塑性越来越小,道德行为习惯逐步巩固。总之,由于不断地实践、练习,加之较为稳定的道德信念的指导,中学生逐渐形成了与道德伦理相一致的、较为定型的道德行为习惯。

二、中小学生品德的培养

(一)采取有效的说服教育

说服就是摆事实、讲道理,借助谈话、讨论、参观等形式,提高学生的认识,让他们形成正确的观点。在说服教育过程中,教师要明确目的、注意时机、以诚待人。说服不能只是干巴巴地讲道理,要有知识性、趣味性。通过向学生提供相关证据或信息,引导学生改变态度。针对不同的学生,采取不同的做法:对于理解力较差的学生,通过正面论据引导学生端正态度;对于领悟力较强的学生,通过正、反两方面的论据,让学生对比分析,最后自觉改变行为态度。

(二)重视良好榜样的作用

树立榜样是指以他人的高尚品德、模范行为和卓越成就来影响学生品德的方法,其关键在于个体模仿能力的发展。模仿能力是各个阶段的个体都具备的能力,中小学生的思想行为处于模仿时期,教师要重视榜样作用,通过给学生树立榜样的方法,引导学生学习并形成良好的道德品质,可以借助伟人的典范、教育者的示范、学生中的好榜样等影响学生品德的发展。

在给学生树立榜样时,教师要注意考虑榜样的年龄特征、性别因素和社会背景。另外还要注意,榜样示范的行为要鲜明突出,且应具有可行性、可信任性,要能引起学生产生心理上的共鸣,从而愿意自觉、主动去模仿学习。

（三）发挥集体契约的力量

评定品德好坏的依据是社会行为规范，能得到大多数人认同的品德就是好的。对于学生而言，集体契约是社会行为规范的具体要求。研究发现，经集体成员共同讨论决定的规则和协议，对成员有一定的约束力，使成员承担起执行的责任，一旦某成员出现越轨或违反约定的行为，就会受到其他成员有形或无形的压力，迫使其改变行为。因此，教师可以通过组织集体讨论、制定集体契约的方式，培养学生的良好品德。

（四）给予恰当的奖惩

奖励和惩罚作为强化手段，不仅对个体的技能形成或知识学习有效，对个体的态度与品德形成也同样有效。因此，教师可以合理利用奖惩方式，引导学生形成良好的道德品质。在制定奖励方案时，要注意选择、确定奖惩的内容和方式，注重内部奖励，引导学生进行自我强化，让学生形成积极道德行为的持久动力。在实施惩罚时，要注意保护学生的自尊，引导学生正确认识惩罚与错误行为的关系，并为学生指明改正的方向，或为他们提供正确的、可替代的行为，促进他们形成良好品德。

除了上述方法，学生品德的培养方法还有很多，比如陶冶教育、实践锻炼、角色扮演、小组讨论等。在实际教育教学过程中，教师要根据实际情况恰当选择或综合使用。此外，教师还应注意培养学生自我教育的能力，引导他们提升自我修养。

【思考与练习】

1. 品德与道德二者的区别与联系有哪些？
2. 简述品德的心理结构。
3. 简述品德形成的三阶段。
4. 简述品德形成的主要理论。
5. 简述培养中小学生品德发展的方法。

【真题再现】

📖 品德心理

第五篇　心理健康篇

第十章　心理健康

<<<<<<<<<<<<<<<<<<<<<<<<<<<<<<<<<<<<<<<<<<<<<<<<<<<<

学习目标

◆ 了解心理健康的含义,把握中小学生心理健康的标准及影响学生心理健康的因素,认识心理健康的重要性。

◆ 正确认识学生常见的心理问题,并掌握相应的基本策略和辅导方法,同时对学生常见的心理障碍及其矫治有进一步的了解。

◆ 对学生评估的含义、意义及手段有个整体的了解,并在此基础上,明确心理辅导的含义、目标、原则、方法及途径。

◆ 了解教师心理健康的意义、标准、影响因素及常见问题,同时明确教师心理健康维护的方法。

现代社会,人们的生活压力越来越大,不少人开始受到各种各样的心理问题困扰,而学生和教师也不可避免面对这样的问题。健康是人的第一财富,没有了健康,智慧就难以实现,知识也无法发挥作用。有了健康就有了希望,有了希望就有了一切。那么,你对健康的了解有多少呢? 健康指的仅仅是身体没有疾病吗? 爱撒谎的孩子,是不是品行太坏? 一到考试就心慌气短、焦虑失眠,甚至发热、拉肚子等,是不是病得不轻? 为什么孩子容易沉迷于网络? 教师是不是不会被心理问题困扰? 接下来,我们通过学习心理健康这一章的知识一一解答以上问题。

// 第一节 // 心理健康概述

一、心理健康的含义

关于心理健康的界定，一直以来众说纷纭，没有定论。1946年，第三届国际心理卫生大会关于心理健康的定义是：所谓心理健康，是指在身体、智能以及情感上与他人的心理健康不相矛盾的范围内，将个人心境发展成最佳的状态。1948年，世界卫生组织给健康下的定义是：健康不仅仅是没有疾病，而是身体上、心理上和社会上的完好状态或完全安宁。1989年，世界卫生组织又把健康定义为：生理、心理、社会适应和道德品质的良好状态。我国心理咨询师国家职业培训教材中对心理健康的定义是：心理健康是指各类心理正常、关系协调、内容与现实一致和人格处于相对稳定的状态。可见，心理健康的界定是一项复杂的工程。从字面意思上看，心理健康，指的是心理的健康。而心理现象是一种主观精神现象，对心理状况进行诊断无法像诊断生理状况那样借助具体、精确、相对的衡量指标，如脉搏、体温、血压、血糖等来进行。

理解心理健康的含义，要重点把握心理健康的三个主要特征：一是心理过程具有完整性和协调性，即心理活动中的认知、情感、意志三个过程内容要完整、统一、协调；二是心理活动与外部环境具有同一性，即个体能够根据客观环境的需要和变化，不断调整自己的心理行为，使所思所想、所作所为能正确反映外部世界，无明显差异，达到与客观环境保持协调的状态；三是个性心理特征具有相对稳定性，即人的个性心理特征在没有重大的外部环境改变的前提下，气质、性格、能力等个性特征相对稳定，行为表现出一致性。

二、心理健康的标准

（一）中小学生心理健康的标准

中小学生心理健康的标准是：了解自我，悦纳自我；接受他人，善于与他人相处；热爱生活，乐于工作和学习；能够面对现实、接受现实，并能够主动地去适应现实；能协调与控制情绪，心境良好；人格和谐完整；智力正常；心理行为符合年龄特征。

心理健康的标准是相对的：一方面，健康与疾病并非完全对立，二者之间无明确界限；另一方面，心理健康并非固定、永恒不变的状态，在社会、生物等因素的影响下，心理状态会发生变化。

▦ 10-1：心理健康的8项指标

(二)心理健康教育的目标

任何一种教育,都有其根本目标。比如,素质教育的根本目标是培养学生的良好素质,学校文化科学教育(智育)的目标是培养学生的文化科学素质,学校德育的目标是培养学生的道德思想、道德素质等。那么,心理健康教育的目标是什么? 这是传统教育所没有回答的问题。

长期以来,学校教育一直忽视心理素质在学生素质发展中的作用。随着素质教育的深入实施,人们才逐渐认识到心理素质在学生整体素质中的重要作用。随着研究的不断深入,人们才开始意识到学生心理素质培养的重要途径之一就是心理健康教育。由此可见,心理健康教育的目标就是培养学生良好的心理素质。

三、学生心理健康的影响因素

心理健康是一个复杂的动态系统,其影响因素多种多样。 总的来说,学生心理健康的影响因素主要包括内在的生理因素(如遗传、生理疾病、内分泌异常等)、个人心理因素(如需要的满足程度、心理矛盾与冲突、压力与应激等)以及外在的环境因素(主要是家庭、学校、社会等因素)。

10-2:学生心理健康影响因素

// 第二节 // 　学生常见的心理问题及辅导

一、入学适应不良的问题

对于新入学的学生来说,新校园是一种新的环境。适应环境是心理健康很重要的指标,如果不能尽快适应新的校园,学生就会出现入学适应不良的问题。主要表现为:产生情绪障碍,出现焦虑、恐惧、抑郁、孤独等不良情绪;自我评价下降,产生自卑心理;注意力不集中,学习兴趣丧失,学习成绩下滑;出现行为问题,经常违反校规校纪,出现攻击或退缩行为等。

学生入学适应问题的辅导方法有:引导新生熟悉并适应学校的学习环境和生活环境;做好知识衔接,顺利完成两个阶段的知识过渡;科学安排各科的课程,重视课堂教学的心理卫生;根据学生的年龄特点,选择灵活恰当的教学方法;培养学生的学习兴趣和学习责任感、义务感,使他们尽快适应新课程的学习特点;减轻学生课业负担,少留机械性作业,减轻学生压力;确保学生的休息、睡眠时间,给学生留出自由发展的时间、空间等。

二、学习方面的问题

（一）学习疲劳

1. 学习疲劳的表现

疲劳主要分为生理的（或身体的）疲劳和心理的疲劳，以心理疲劳为主。学习疲劳是指由于长时间进行学习，在生理和心理方面产生了厌恶和倦怠，注意力不集中、情绪紧张、烦躁不安、学习兴趣减退、学习效率下降，甚至到了不能继续学习的程度。生理上，肌肉疲劳、神经疲劳，导致出现动作不协调、姿势不端正、疲乏无力、注意力涣散、反应迟钝、辨别困难、思维迟缓等。

2. 产生学习疲劳的原因

由于长时间地紧张学习，大脑皮层的恢复过程赶不上能量消耗过程，导致个体的学习能力下降。大脑得不到及时休整，致使大脑皮层兴奋性降低并出现保护性抑制。大脑长时间处于疲劳状态，就会引发各种消极生理状态，如食欲不振、大脑供血不足、头晕、乏力等，以及消极心理，如心情压抑、烦躁、记忆力减退等。

3. 学习疲劳的调适

改善教育环境，实施多元化的评价方式，积极看待每一个学生；改变教学理念，确保课堂质量；优化教学设计，提升学生学习的兴趣和积极性；合理安排课程设置，保证学生充足的睡眠，使其保持良好学习状态。

（二）学业不良

1. 学业不良的表现

学业不良是指个体智力正常，但由于生理、心理、行为、环境、教育等原因致使其在正常教育下学习成绩低下，达不到教学目标要求，成绩明显低于其能力应达水平，或明显低于同龄学生的平均水平的现象。

学业不良的学生常常会受到来自教师、同学以及家长的压力，若不能及时得到引导和帮助，很容易产生自卑、自暴自弃、叛逆、厌学的心理，出现逃学、打架等违纪行为。原本普通的学习问题就会变成学习障碍，甚至变成行为问题。

2. 产生学业不良的原因

造成学业不良的原因有很多，包括：没有掌握学习的基础性知识及基本技能，理解能力较差，学习兴趣缺乏，情绪困扰，注意力缺陷，学习障碍，学校环境适应不良等。

3. 学业不良的调适

对于学习基础差、没有掌握基本技能的学生，教师要及时帮助他们查漏补缺，为他们创造成功体验的机会、积累经验、提升自信心；对于缺乏学习兴趣的学生，教师要借助多样化的教学方法和手段,激发他们学习的积极性和主动性;另外,加强家校联系,以利于调整学生身心状态,改善学生学业不良症状。此外,对于因为注意力缺陷、学习障碍等引起的学业不良学生,应视具体情况进行专业的辅导(详见本章第三节)。

(三)考试焦虑

1.考试焦虑的表现

考试焦虑是指因考试压力过大而引发的一系列异常生理、心理现象,主要表现为:考前焦虑、临场焦虑及考后焦虑。考试焦虑引发的症状有:肌肉紧张、心跳加快、血压升高、手脚发冷、面红耳赤等生理症状,以及忧虑、恐惧、坐立不安等心理症状。

2.产生考试焦虑的原因

考试焦虑的产生有生理的原因,也有心理和社会因素的原因,但主要是心理和社会因素造成的。生理上,缺乏锻炼、身体素质差,容易导致身体状态不佳而不能很好地应考;心理上,过度关注"考试至上观"或者对考试期望值过高,容易导致心理压力过大,从而影响考试正常发挥。考前准备不足、缺乏应试技巧,或者由于不当的学习方式方法以及错误的复习方式造成个体学习疲劳,最终引发对考试没有信心,进而产生焦虑情绪。

3.考试焦虑的调适

营造宽松的学习环境,减轻学生压力;引导学生改变认知,调整学习方式,端正考试动机;教会学生掌握应试技巧,克服焦虑;教给学生有效调控情绪的方式方法和技巧。

心理学研究表明,心理紧张水平与学习效果之间呈"倒 U 形"关系。适度的心理紧张,有利于提升学习效率,对考试有一定的促进作用。所以,教师要引导学生学会调整心态,端正学习态度和考试动机,以促进他们身心健康发展。

三、人际关系方面的问题

(一)不良人际关系的表现形式

1.不良亲子关系的表现

亲子关系是指孩子与父母之间的关系。家庭氛围、教养方式是影响亲子关系的主要因素。和睦良好的家庭氛围、民主型的养育方式,能给个体提供温暖的港湾,父母与子女之间沟通顺畅,有利于形成良好融洽的亲子关系。而氛围紧张、专制的养育方式,容易导致父母与子女之间不能进行正常的沟通,形成不良的亲子关系。不良的亲子关系表现为:孩子与父母之间常常处于敌对、疏远的状态,互动内容单一贫乏,沟通困难。

2.不良师生关系的表现

师生关系是指教师与学生在教育活动中通过交往互动而形成的人际关系。教师的期望、态度以及教学方式等都会影响师生关系。师生关系不良的主要表现:教师因为认知偏差等原因而表现出对学生的不理解、不信任,这往往会让学生产生冷淡相对、躲避、处处刁难、对抗等心理及行为。教师缺乏同理心、耐心与爱心,不能以热情的态度给予学生指导和帮助,反而横加指责,这会让学生对教师感到失望。更有甚者,一些教师对学生缺乏基本的尊重,任意贬低学生的价值,这种不良态度会使学生的心理遭到严重的创伤,导致学生的压抑感、消极情绪,甚至做出攻击行为等,造成师生关系紧张。

3. 不良同伴关系的表现

同伴关系是指同龄人之间的一种共同活动并相互协作的关系。学生的个性特点、教师的态度等都对学生的同伴关系有着不可忽视的影响作用。寻求同伴的接纳是个体归属需要的表现。良好的同伴关系有助于个体适应社会环境,促进身心健康发展。而不良的同伴关系会抑制和削弱个体亲社会行为的出现,不利于个体融入环境,造成社会化困难,妨碍身心健康的发展。不良的同伴关系表现为:退缩、不合群、孤僻,攻击性、不遵守规定等。

(二)产生不良人际关系的原因

造成人际关系不良的原因是多种多样的,有不良人格的原因、认知偏差的原因,也有缺乏人际交往技巧的原因。另外,家庭环境、学校环境和社会风气对个体的人际关系也存在很大的影响作用。

(三)建立良好人际关系的对策

教育与矫正相结合,培养学生良好人格特质,克服不良人格品质影响;纠正学生认知偏差,形成正确交往观;培养学生交往技巧,增进友谊;爱与关怀,悦纳学生,增进学生与人交往的信心;家庭、学校与社会三方合作,为学生创造良好的交往氛围。

四、不良人格的问题

(一)不良人格的表现

1. 自我中心

自我中心型人格的人,凡事从自我出发,不能设身处地地看待问题。只关心自己,过分强调自己的感情,不顾他人的感受和需要。爱夸张、爱炫耀,喜欢引人注意。盛气凌人,凡事认为自己都是对的、别人都是错的,喜欢把自己的意志强加于人。因而不易赢得他人的好感和信任,人际关系多不和谐,难以得到他人帮助,易遭挫折。这类学生在团体中常常被人认为"自私""幼稚"。

2. 依赖

依赖型人格的人,依赖他人、处事优柔寡断,缺乏信心、难以独立,敏感多思、情绪控制能力差,社会参与程度较低,有一定程度的选择障碍,对亲近与归属需要过分渴求。这类学生在团体中常常表现为需求处处依附于他人,意志过分顺从于别人,常给人"脆弱、懒惰、没脑子、没主见"的感觉。

3. 孤独

孤独型人格的人,内向、不合群、不爱与人交往,回避热闹的环境,喜欢独来独往,情感反应冷淡,缺乏热情和激情,对外界事物缺乏兴趣。这种类型的学生在团体中常给人"不关心集体""自命清高"的印象。

4. 怯懦

怯懦型人格的人,胆小怕事、退缩,遇事忍气吞声、委曲求全,害怕面对冲突,害怕别人不高兴,害怕伤害和被伤害,性格内向、感情脆弱、进取心差、意志薄弱。这种类型的学生在团体中常给人"老好人"的印象。

5. 自卑

自卑型人格的人,缺乏自信、对自己的评价很低,孤僻、离群,遇事逃避,不善表达,不懂拒绝,不自觉讨好他人。这种类型的学生在团体中常给人"脆弱""小心翼翼""相处很累"的感觉。

6. 嫉妒

嫉妒型人格的人,不能容忍他人的进步和优点,看到他人在某些方面胜过自己就感到不快甚至痛苦,喜欢诋毁对方以获得心理上的暂时平衡。这种类型的学生在团体中常给人"刻薄""虚荣"的感觉。

7. 暴躁

暴躁型人格的人,性情急躁,遇事不称心容易动怒,做事缺乏充分准备、盲目冲动,缺乏耐心、细心、恒心,竞争意识强,情感紧张焦虑。这种类型的学生在团体中常给人"魔头"的感觉。

8. 狭隘

狭隘型人格的人,心胸狭隘、气量小,凡事斤斤计较、耿耿于怀,不愿吃亏、伺机报复,好挑剔、不容异议。这种类型的学生在团体中常给人"阴险""小性子""小家子气"的感觉。

9. 偏激

偏激型人格的人,固执,敏感多疑,过分警觉,好嫉妒;自我评价过高,觉得自己十分重要,推卸责任,拒绝接受批评,对挫折和失败过分敏感,受到质疑则出现争论、诡辩,甚至冲动攻击和好斗;常感到不安全、不愉快,缺乏幽默感。这种类型的学生在团体中常给人"咄咄逼人"的感觉。

10. 敌对

敌对是一种比较严重的人格障碍,已不是一般程度上的猜忌心理。敌对型人格的人,常常讨厌他人、仇视他人,认为别人总在寻找机会暗算他、陷害他;把人与人之间的关系视为尔虞我诈,因而逃避与人交往。这种类型的学生在团体中常给人"故意找茬"的感觉。

11. 神经质

神经质型人格的人,容易出现精神焦虑、处处感到不安,对身体状况过于关注,经常出现不适感;自卑、没有安全感,处处感觉自己不如他人;做事追求完美,害怕不完美,遇事紧张焦虑。这种类型的学生在团体中常给人"神经兮兮"的感觉。

(二)人格不良的引导与心理辅导

人格不良是多方面的因素造成的,有家庭、学校、社会以及自身的因素。不论是哪一种人格不良的问题,都是一种缺陷,都需要合理引导和帮助。辅导方法有:学生方面,要正确认识自我,正确看待自身的优缺点,接纳自己的不完美,扬长避短,克服不足;学会有效控制情绪,避免过分压抑,保持理智看待问题。家长和教师方面,要营造良好成长氛围,重视学生人格培养,加强学生素质提升,培养学生自立、自强意识,陶冶学生情操,发展学生集体主义精神,引导学生形成正确合理的价值观、人生观。

五、行为问题

(一)说谎

1. 说谎行为的表现

说谎是指个体为了得到某种好处或逃避某种不愉快的体验而做出的不真实的陈述,即有意或无意说假话,带有一定的虚假和欺骗的成分。学生尤其小学生及幼儿,其说谎行为是普遍存在的。特别是犯了错误的学生,说谎的现象更是普遍。说谎是令家长和教师感到恼怒的事,大部分家长会把它看得比较严重,惩罚也相应较重。

2. 产生说谎行为的原因

事实上,说谎行为背后的原因是很多的,如为了逃避惩罚或责罚,单纯地出于模仿或叛逆心理以及恶意报复等。

3. 说谎行为的引导

对孩子说谎行为的引导要有针对性。对于为了逃避惩罚或责罚而说谎的孩子,我们应当采取宽容的态度,耐心引导,动之以情、晓之以理,让他们明白说谎的坏处。同时,家长和教师也要反省自己的教育方式是否太过严厉,导致孩子通过说谎来逃避惩罚。对于那些纯粹出于模仿好玩而说谎的孩子,我们首先要反省自己是不是给孩子做了不好的榜样,家长和教师应当以身作则、要讲诚信、说话算数,不能随便忽悠孩子。对于那些出于逆反心理说谎的孩子,我们要反思是不是自己对孩子的要求太多,引发了他们的不满,要及时跟他们沟通,引导他们正确看待说谎行为。对于那些出于恶意报复而说谎的孩子,我们要了解实际情况,对症下药,不能随便冤枉孩子,以免失去孩子的信任。

(二)反抗

1.反抗行为的表现

反抗,是逆反心理的表现,是指人们彼此之间为了维护自尊,对对方的要求采取相反的态度和言行的一种心理状态。表现为你说东、他说西,你说应该这样、他说应该那样,以"顶牛""对着干"的反常心态显示自己的高明、非凡。一般而言,正常范围内的不服从和反抗行为是个体自我意识发展和寻求独立的表现,是正常的表现。只有那些表现过于频繁、过于激烈和持续时间较长的反抗行为才需要引起关注。

2.产生反抗行为的原因

引发反抗行为的原因有:成人的要求过高,给予孩子的压力过大;成人的要求和期望与孩子的期待不符,或者前后不一致,让孩子感到不满、无所适从;成人对孩子的态度不公平,对一些孩子偏爱,对另一些孩子忽视,导致孩子感到不被尊重;不同成人之间对孩子的态度、要求不一致,导致孩子以某一方的态度反抗另一方的要求;成人对孩子的管教过于松散或放纵,以致一旦对孩子提出要求,他们就不愿接受、不愿执行;成人言行不慎,在孩子心目中没有权威。

3.反抗行为的心理辅导

理解、关爱、鼓励和信任孩子,平等、公正地对待孩子,尊重孩子身心发展的特点,对孩子提出的要求要合理,遇事耐心引导、循循善诱,父母要言行一致、言而有信。

(三)攻击

1.攻击行为的表现

攻击是指以伤害某一个体的身体或心理为目的的任何形式的行为,包括身体攻击和言语攻击。身体攻击是指以身体作为工具去伤害他人,表现形式为:打人、抓人、咬人、推搡他人、冲撞他人、推人、踢人、抢他人东西、扔东西等。语言攻击是指通过语言形式去伤害他人,表现形式为:言语侮辱他人、骂人等。

2.产生攻击行为的原因

首先,家庭、学校、社会的不良刺激是诱发学生攻击行为的外部因素。成人的不当示范作用、不合理的教养方式、学校的欺负行为、社会上的不良行为团伙等,都会对孩子的攻击行为造成直接影响。另外,社会媒体宣传的暴力成分会让是非、善恶不分的孩子误以为暴力是一种勇气,导致他们习得攻击行为。其次,学生个体的心理发展尚未成熟,道德观念缺乏,道德感不足,自控力不强,认知水平低,缺乏理智思辨、认清是非的能力,这些是诱发学生攻击行为的内在因素。

3. 攻击行为的心理辅导

家庭、学校与社会要为学生创设和睦、温馨、融洽、安全的成长环境,加强学生心理教育,培养学生自我控制的能力,教给学生有效控制情绪的方法和技巧,引导他们正确看待自身行为,发展他们的积极良好行为,促进他们身心健康发展。

(四)厌学

1. 厌学的表现

厌学不同于一般的厌学情绪,其主要特征是对学习毫无兴趣,视学习为负担,将学习看作一件痛苦的事,不能正常进行学习活动,从而干脆逃学或旷课,严重的还会辍学。厌学会引发一系列的行为问题,因而常常把它归于行为问题研究。另外,由于厌学常常会引发逃学行为,因而厌学和逃学又常常被放到一块进行研究。厌学是当前学校学生中较为普遍存在的现象。厌学常常源于学习疲劳、学业不良,最初表现为单纯的厌学情绪,比如,学生上课不听课,东张西望、魂不守舍,或者偷偷玩手机、看课外书等。如果得不到及时引导和帮助,学生很容易出现厌学行为问题。

2. 厌学的原因

厌学的原因包括外因和内因:从外部原因看,课程任务太难,教师教学态度生硬、缺乏魅力,学业压力过大,家长期望过高,教育方法不当,以及不良社会风气的影响等都会引发学生的厌学情绪;从内部原因看,学生学习基础较差,学习动机不足,学习目标不明确,学习兴趣缺乏,自我控制能力差,学习能力不强,自我效能感低等,都会造成学生的厌学情绪。

3. 厌学行为的心理辅导

优化教育环境,根据学生身心发展特点,合理安排课程设置,设计灵活多样的教学活动,提升课堂魅力。家庭教育也应科学化、合理化。

(五)网络成瘾

1. 网络成瘾的表现

网络成瘾是指过度依赖和使用网络而导致个体生理、心理、社会功能受损的现象。网络成瘾已经成为一个社会问题。不少学生完全沉迷于虚拟的网络世界,对学习、对老师、对同学、对父母完全漠视,不论是在家里还是在学校,都是手机一刻不离手。中小学生因为网络使用不当而引发的诸多问题已经成为多个领域的研究热点。

2. 产生网络成瘾的原因

网络成瘾既有客观原因也有主观原因。客观上,网络自身的虚拟性、隐蔽性、开放性以及平等性这些特点,使得其能够在很大程度上给予学生一个自由的空间,学生在网络世界里可以纵横驰骋、无所不能,弥补了现实中的缺憾;学业负担重、人际关系不良、父母期望过高及养育方式不当给学生造成了巨大的压力,而这些压力又使得学生对网络世界更加依赖;另外,学生课余时间安排过于单一,社会文化跟不上,导致他们无所事事,进而希望通过网络世界寻求寄托;网络上的不良信息的诱惑、网吧管理的不健全,尤其现代社会智能手机的普及让学生上网变得更加便利,这一系列原因加剧了学生对网络世界的依恋。主观上,学生好奇心强,对新鲜事物总是充满探索欲和求知欲;他们的身心发展尚未成熟,分辨能力低下,缺乏自我控制能力,因而很难抵挡住虚拟而又美好的网络世界的诱惑;另外,虚拟网络世界常常能给那些自卑、内向、消沉的学生提供重塑自我、找回自信的机会,因而他们更加难以拒绝网络世界的召唤。

3. 网络成瘾的心理辅导

社会方面:净化社会环境,加强网吧管理与网络监督,营造绿色上网环境。家庭方面:营造温馨和谐的家庭环境,为学生的成长提供精神支持;做好手机上网约束和管理工作,引导学生形成合理使用手机的习惯。学校方面:创设良好的学校环境,为学生的身心健康发展保驾护航;加强心理健康教育,使学生正确认识自我,增强自我调控、承受挫折、适应环境的能力;培养学生健全的人格和良好的个性心理品质;同时,对少数有行为问题的学生,给予科学有效的心理辅导,使他们尽快摆脱障碍,调节自我,提高心理健康水平,增强自我发展的能力。

六、青春期性心理问题

(一)青春期性心理的表现

1. 性体像意识的困惑

性体像意识的困惑主要表现为随着第二性征的出现,学生对自己的生理变化感到无所适从,对自己的身体发育感到害羞、不安,对自己的身体外形过分关注,不能正确、客观地认识自己的身体变化。女生对自己的乳房发育不满意,为形体的胖瘦而烦恼;男生对自己的生殖器不满意,为身材矮小而苦恼。

2. 性恐慌

随着性生理发育的成熟,个体性意识觉醒,性心理逐渐发展起来,他们开始对性知识产生渴求心理,并表现出对性的好奇和对异性的仰慕以及追求。但是,有相当部分个体因为不了解这个现象,就认为自己的这些思想很"下流、龌龊",并为此背上沉重的心理负担。他们对自己出现的性幻想和性梦感到忧心忡忡、惶惶不可终日,认为自己"无可救药""十分不道德"。他们甚至害怕见到长辈、老师、同学,担心他们知道自己的思想,严重的,甚至会影响他们的人际交往和学习以及生活。

3. 自慰

自慰,即手淫,是指自我缓解性冲动,以达到一定程度的性满足的心理。它是通过抚弄、刺激性器官而获得性快感、满足性冲动,得到性满足的行为。自慰是青春期常见的一种正常行为,是性心理发育、性意识发展的一种表现。自慰的形式包括性幻想、性梦、意淫、手淫。自慰本是正常行为,但是受"自慰有害"的观点影响,一些有过自慰行为的学生常常处于悔恨、焦虑之中,情绪紧张、自卑自责。事实上,现代科学研究表明,正常的非习惯性的自慰行为对个人的健康是没有影响的。并且,这种行为并不是不道德的、下流的。

4. 早恋

早恋是指未成年男女建立恋爱关系或对异性产生爱慕之情的行为。进入青春期之后,有的学生过度沉溺于对异性的好奇和好感之中,无法转移注意力,陷于兴奋或痛苦中不能自拔,这对学生的学习会造成一定的影响。青春期萌动、家庭缺乏温暖、学业任务沉闷繁重、网络不良信息等各种因素,都可能让学生陷入早恋。

(二)产生青春期性心理问题的原因

家庭、学校、社会对性问题的隐晦和神秘化是导致学生产生性问题的诱发因素。原本性发展不过只是个体发展过程中很正常的一个小片段,但由于家庭、学校以及社会各方"谈性色变",最终导致学生无法及时解决各种困惑而引发各种问题。另外,性教育的缺失,是导致学生产生性问题的加剧因素。传统教育认为"树大自然直""人大自然知",因而忽视了对学生的青春期教育。这种保守的思想忽视了学生个体的身心发展规律,轻视了学生好奇心的力量,最终导致学生出现各种问题。

(三)青春期性心理辅导

转变陈旧观念,大胆开展青春期教育;科学合理引导,消除性神秘感;锻炼意志力,合理控制冲动;树立远大理想,充实生活目标;净化环境,促进学生身心健康发展。

// 第三节 // 学生常见的心理障碍及矫治

一、学习障碍

(一)学习障碍的表现

学习障碍,有时也叫学习困难。目前,学术界对学习障碍还没有一个统一的界定。一般而言,学习障碍是指由学生智力之外的原因所引起的,导致其听、说、读、写、推理、计算等基本学习能力受损的严重学习困难现象。

学习障碍的类型主要有阅读障碍、书写障碍以及数学障碍。阅读障碍的个体表现为在辨认字词方面有困难;书写障碍的个体表现为在拼写或书写方面有困难,下笔重,书写时经常折断铅笔或者戳破本子;数学障碍表现为在识别数字和符号、记忆数据、排列数字和理解抽象概念等方面存在困难。

(二)造成学习障碍的原因

造成个体学习障碍的原因主要包括遗传因素、神经生物学因素和社会心理因素。社会心理因素主要是父母以及教师的教育方式、教育态度,对孩子的期望,以及孩子自身的心理因素。

(三)学习障碍的干预

矫正学生的学习障碍,是一项专业性和实践性很强的高难度教育任务,它需要我们在心理健康教育理论与技术的指导下,针对个体学习障碍的类型与程度,给予科学、及时、有效的矫正性辅导。具体要做到:更新观念、摒弃偏见,倾情关注、真诚关怀,科学辅导、加强训练。必要时要药物治疗,专业矫治。

二、情绪障碍

(一)焦虑

焦虑是一种缺乏明显客观原因的内心不安或无根据的恐惧,表现为:紧张不安、忧心忡忡,提心吊胆,集中注意力困难,极端敏感,对轻微刺激做出过度反应。同时还常常伴随躯体方面的症状,如心跳加快、过度出汗、口干、嗓子发堵、胸闷气短、呼吸困难、头晕、尿频尿急、肌肉持续性紧张、失眠等。

克服焦虑的常用方法主要有:放松训练、改变认知、角色训练等。

(二)抑郁

抑郁是一种常见的心理障碍,是一种感到无力应对外界压力而产生的消极情绪,是以持久性的情绪低落为特征的神经症。过度的抑郁,通常伴随有严重的焦虑感。焦虑是个人对紧张情境的最先反应,一旦个体确信自己无力改变或应对这种情境,抑郁就取代焦虑成为主要症状。抑郁的症状表现主要有:心理上,情绪消极、悲观、颓废、自责自罪、失去满足感和生活的乐趣,动机缺失、被动,缺少热情;生理上,疲劳、失眠、食欲不振等。

克服抑郁的措施:正确认识自我,发掘自己的长处,树立自尊,增强自信;调整认知方式,辩证地看待问题,多关注事物的积极面;多与人沟通,多交朋友,扩大人际交往;必要时寻求专业人员帮助,进行药物治疗。

（三）恐惧

恐惧症又称恐怖症或恐怖性焦虑障碍,是一类以对某种特定的事物或情境产生强烈的、持续的、不合理的恐惧为特征的心理障碍,常伴有显著的焦虑症状。简单来说,恐惧症就是对特定的无实在危害的事物与场景的非理性惧怕。恐惧症可分为:单纯性恐惧症(对一件具体的东西、一个动作或一种情境的恐惧)、广场恐惧症(害怕大片的区域、空荡荡的街道等)、社交恐惧症(害怕与人交往)。学生常见的恐惧症是学校恐惧、社交恐惧,尤其以学校恐惧为主。

恐惧症的矫治:分析原因,及时辅导;正确认识自我,积极自我暗示,增强自信,消除自卑;改善不良品质、培养优良品质;必要时寻求专业人员帮助,系统脱敏,进行认知疗法。

（四）强迫

强迫症是指观念上或行为上有强迫感,控制不住某种观念或行为,但又强迫控制。包括强迫观念和强迫行为等。比如,强迫洗手、强迫计数、反复检查等都是日常生活中常见的强迫症状。

强迫症的矫治:在心理治疗中,治疗师通过和患者建立良好的医患关系,运用倾听、面质等技术,帮助其发现并分析内心的矛盾与冲突,协助患者解决问题,加强其适应环境的能力,重塑健全人格。临床上常用的方法包括:精神动力学疗法、认知行为疗法、支持性心理疗法及森田疗法等。

三、多动症

多动症,即注意缺陷障碍,是儿童期常见的一类心理障碍。表现为与年龄和发育水平不相称的注意力不集中和注意时间短暂、活动过度和冲动,常伴有学习困难、品行障碍和适应不良。国内外的调查结果显示,注意缺陷障碍的儿童患病率为 $3\% \sim 7\%$,男孩多于女孩。部分患儿成年后仍有症状,明显影响患者学业、身心健康以及成年后的家庭生活和社交能力。

儿童多动症的具体原因目前尚不十分清楚,但是生理因素、家庭因素以及社会因素都对儿童多动症有所影响。

儿童多动症的矫治:药物治疗为主,心理治疗为辅;调整教育环境,行为干预。

四、自闭症

自闭症也叫孤独症,是一种神经发育障碍,起病于婴幼儿期。主要表现为不同程度的言语发育障碍、人际交往障碍、兴趣狭窄和行为方式刻板。相关调查表明,自闭症患病率为 $1\text{‰} \sim 2\text{‰}$,男孩的患病率是女孩的 5 倍。自闭症病程慢,预后差。

自闭症的确切病因和发病机制目前尚未清楚,先天和后天因素都有影响。

自闭症的矫治:早发现、早治疗,医疗矫治为主、心理和行为治疗为辅;创设良好的教育环境,不疏远、多靠近,因材施教、积极干预。

//第四节// 学生心理评估

一、心理评估的含义及其意义

(一)心理评估的含义

心理评估有广义和狭义之分。广义的心理评估是指在生物、医学、心理和社会模式的共同指导下,对各种心理和行为问题的评估。广义的心理评估运用于医学、心理学和社会学等领域,评估范围包括行为、认知能力、人格特质、个体及团体的特性,评估目的是帮助作出对个体身心状况的判断、预测和决策。

狭义的心理评估也叫临床评估,是指在心理临床与咨询领域,运用专业的心理学方法和技术对来访者的心理状况、人格特征和心理健康作出相应判断,必要时作出正确的说明,在此基础上进行全面的分析和鉴定,为心理咨询与治疗提供必要的前提和保证。

(二)心理评估的意义

1. 心理评估是有针对性地进行心理健康教育的依据

心理健康教育、心理辅导与咨询是一项高度个别化的教育工作,有针对性地制定辅导与咨询方案才能保障工作的有效开展。有针对性的辅导与咨询方案制定建立在明确个体心理问题的症结、了解个体所处环境特征、把握个体认识世界的独特观念这些基础工作之上,心理评估是完成基础工作的依据。

2. 心理评估是检验心理健康教育效果的手段

心理健康教育的效果体现在个性特征的变化、行为及认知方式的改变等方面,心理评估是反映各方面指标变化的有效手段。

二、心理评估的手段

(一)观察法

观察法是评估者通过对被评估者的可观察行为表现进行有目的、有计划的观察和记录,并进行心理评估的方法。观察法是心理学研究最基本的方法,也是心理评估的基本方法之一。在观察法中常用的工具有:项目检查表、评定量表、轶事记录等。

(二)自述法

自述法是通过学生书面形式的自我描述来了解其生活经历及内心世界的一种方法。自述形式有:日记、周记、自传、作文、内心独白等。

(三)会谈法

会谈法也叫评估性会谈,是评估者与被评估者以面对面的谈话方式而进行的评估方法。会谈法是心理评估最常用的一种方法。会谈可分为结构式会谈和非结构式会谈两种形式。结构式会谈是指内容有限制、程序相对固定的会谈:在结构式会谈中,评估者常常会根据特定的目的预先设定会谈的结构和程序,并按照相同的措辞和顺序向每一个被评估者提问。结构式会谈方式效率较高。非结构式会谈是指没有固定问题和程序的会谈:在非结构式会谈中,会谈双方以自然的方式进行交流,谈话是开放的,没有固定的问题和程序。因此,非结构式会谈也叫自由式会谈。会谈法的最大优势在于:面谈过程可以借助澄清的手段,提高获得信息的准确性;面对面的交流有利于通过观察双方的关系及被评估者的非语言行为,获得更多重要信息。

会谈效果取决于评估者的会谈技巧,会谈技巧主要包括:倾听、询问、鼓励、反映、面质、澄清等。

(四)调查法

调查法是借助于各种问卷、调查表和会谈等方式了解被评估者的心理特征的一种研究方法。广义上而言,调查法包括了会谈法(详见第一章心理学的研究方法)。调查法获得的是间接资料,以被评估者的内省和自我报告为依据。调查包括历史调查和现状调查:历史调查是指对被评估者的档案、过去经历等相关材料的调查;现状调查是指对被评估者当前问题相关信息的调查。调查法的优点是:操作方便,基本不受时间、空间限制,可以纵横结合、内容广泛而全面。不足之处在于:调查资料的信息收集因容易受到被评估者主观因素的影响而难以保证真实性。

(五)测验法

测验法是运用标准化的量表等对个体的心理特征与行为特点进行实测,从而获得评估信息的方法。测验法在心理评估领域占据着重要的地位。由于心理测验遵循标准化、数量化的原则,施测结果可参照常模进行解释,在一定程度上减少了主观因素的影响,为心理评估提供了巨大帮助,但应用不当也会造成不良后果。因此,对心理测验的应用和测验结果的解释应当慎重,不可夸大和滥用。

//第五节// 学生心理辅导

一、心理辅导的含义

所谓辅导,是帮助、支持的意思。心理辅导即是指在心理上给予帮助和支持。心理辅导的过程,实际上就是辅导教师运用专业知识和技能,给予学生必要的心理帮助和支持,使他们能够正确认识自己,发挥潜力,适应环境,与人和谐相处,在生活、学习及工作上都能做出适宜反应。

二、心理辅导的目标

心理辅导的目标与学校教育目标一致,但又有其独特之处。关于学校心理辅导的目标,各学者意见比较一致的是两个方面:一是学会调适,二是寻求发展。

首先,学会调适是指调节和适应,调节主要是针对个体内部精神生活及其各方面相互关系的调整(内心体验的调整),适应主要是针对个体与周围环境关系的调整(行为的调整)。学会调适是心理辅导的基本目标,以调适为主要目标的心理辅导称为调适性辅导。

其次,寻求发展是指认清自身的潜力与特长,确立有价值的生活目标,担负起生活责任,扩展生活方式,发展建设性人际关系,发挥主动性、创造性以及作为社会一员的良好社会功能,积极而有效率地生活。寻求发展是心理辅导的高级目标,以发展为主要目标的心理辅导称为发展性辅导。

三、心理辅导的原则

(一)保密性原则

严格保密和坚守诚信,是建立和维持良好咨访关系的前提,是咨访双方建立信任的基础,也是维护心理辅导机构信誉的必要条件。对个别学生进行的心理辅导,往往会涉及个人隐私。了解学生个人隐私的原意是为了帮助学生更好地解决困惑、消除心理障碍,若是学生的隐私因此被泄露出去,那么结果很有可能是:学生的心理问题非但没有得到解决,还激发了新的问题,甚至还会造成更严重的后果。因此,作为心理辅导教师,要注意保守学生的秘密,为来访学生保守秘密、尊重个人隐私,是每一个辅导教师的基本职业道德,也是义不容辞的职责。保护学生隐私,是对学生的一种尊重,也是对学生的一种帮助和保护。学生心理辅导的内容和有关材料要由专人保管,不能透露给任何与辅导无关的人员,他人不能随意翻阅。

(二)面向全体学生原则

学校心理辅导的意图是通过心理辅导工作的开展,促进每一位来访学生身心健康发展。个体心理健康状况受到生理、心理及社会等各种因素的影响,是一个动态过程。作为环境中的个体,任何一个学生都有可能是潜在的来访者。因此,每一个学生都有可能是心理辅导的服务对象。为了提升心理辅导的工作效率,在制订辅导计划时,应当着眼于全体学生的发展。在设计辅导方案时要考虑共性和普遍性,围绕学生的共同需要和普遍存在的问题重点设计。创造合适的条件,让尽可能多的学生有参与活动的机会。

(三)预防、矫治与发展相结合原则

预防是指通过引导学生掌握相关知识和技能、学会与人交往等,提升学生的环境适应能力,从而让他们能够有效应对生活、学习及工作中的挫折和困难,免受情绪困扰,保持正常的生活秩序。矫治是指在专业知识和技能的指导下,帮助出现心理问题的学生排除或化解心理冲突,使他们的不适应行为得到矫正与治疗,让他们能够重新适应生活。发展是指借助专业知识指导学生发挥个人潜能,更好地应对生活,使生活更加健康、充实、有意义。学校心理辅导的原则是:以预防、发展为主,以矫治为辅。

(四)尊重与理解学生原则

尊重与理解是心理辅导工作的基本原则,也是心理辅导过程中教师对学生应有的基本态度。尊重就是要求教师要承认学生的人格独立与平等,不能以教师的权威身份去压制学生。理解则要求教师能够站在学生的角度,设身处地体会、了解学生的感受,不要将自己的主观意愿强加给学生。尊重和理解能给学生一种“遇到了知己”的感觉,从而愿意坦诚相待,全情倾诉,打开心结。此外,尊重和理解还能让学生感受到自身的价值所在,从而重拾信心,更好地面对生活。

(五)学生主体性原则

心理辅导是一个“助人自助”的过程,“助人”只是手段,让学生“自助”才是目的。“自助”是指让学生能够自己帮助自己,也就是让学生具有自我了解、自我指导的能力。而学生能够“自己帮助自己”的前提是:愿意自觉、主动地去做。在心理辅导过程中,尊重学生的主体性,有利于激发学生自我了解和自我指导的自觉性和主动性,增强他们“自己帮助自己”的意愿,从而发挥他们的主体作用,促进自身健康发展。学生主体性原则要求教师在心理辅导过程中要做到:避免使用命令式的语句,要采用鼓励性、商量式的语句。

(六)个别化对待原则

个别化对待原则,实际上就是“因材施教”原则。重视学生的个别差异,强调对学生的个别化对待,是学生心理辅导的精髓。每个学生都是独一无二的,学生之间具有个别

差异性。学校心理辅导的终极目标是要让每个学生发展得更好,发展得更好的标准不是消除独特性和差异性,而是最大限度地发挥自身的长处、避免自己的不足。因此,在心理辅导过程中,教师要具体问题具体分析,个别化地对待每一个学生,针对每一个学生的具体情况,制定有针对性的辅导方案,为学生提供有效的心理服务。

(七)整体性发展原则

整体性是健康人格的指标之一,因此,心理辅导过程要注重培养学生人格的整体性。这就要求教师要做到,重视学生德、智、体、美、劳全面发展,强调"知""情""意""行"协调发展。心理辅导活动方案的设计要着重于学生的个性发展,避免将心理辅导变成单纯的知识传授。

四、心理辅导的方法和途径

(一)心理辅导的方法

1.行为改变的方法

影响学生行为改变的方法有强化法、消退法、示范法、代币奖励法、行为塑造法、惩罚法、暂时隔离法、自我控制法等。

(1)强化法　强化法用于培养新的行为。根据行为主义学习原理,一个行为发生后,给予一个强化刺激,这个行为出现的概率就会增加。比如,上课不敢举手回答问题的学生,偶尔一次回答问题得到了老师的表扬,那么这个举手回答问题的行为就会增加。

(2)代币奖励法　代币奖励法实际上是行为主义学习原理的运用。代币是指象征性的强化物,常用的代币形式有:小红花、小星星、贴贴纸、盖章的卡片等。具体操作是:当学生表现出我们期待的良好行为时,就发给他们数量相当的代币作为强化物。学生可以用代币兑换有实际价值的奖励物或活动。代币奖励法的优点在于:学生可以用代币按需兑换奖励物,使得奖励的数量与良好行为的数量、质量相适应,更容易获得满足感,而不会像原始强化物那样产生"饱足"现象而使强化失效。

(3)行为塑造法　行为塑造是将终极目标分解成一系列小目标,通过不断强化,完成系列目标,最终达成终极目标实现的方法。比如,我们希望学生以后上课不要再迟到。这样的要求对于习惯性迟到的学生或许很难实现。那么,我们可以把要求分为几个阶段。迟到时间每缩短一点,我们就对学生加以表扬,直到学生不再迟到。

(4)示范法　根据社会观察学习理论,观察榜样的行为及其结果也能习得新的行为。教师为学生做出示范,并对学生的模仿行为给予适当的强化,将能促进学生新行为的形成。示范的形式包括:教师示范,同伴示范,典型人物示范,电视、录像及有关读物提供的示范等。

(5)消退法　消退法的原理与强化法刚好相反:一个行为发生后,没有及时得到强化,行为发生的概率就会下降。比如,一个学生上课总是以捣乱的方式引起老师和同学的注意,老师对他不加以理会,同学也对他的行为不理不睬,这个学生就会渐渐觉得无趣而不再捣乱。

(6)惩罚法　惩罚的目的是消除不良行为。惩罚有两种形式:一是在不良行为出现后,呈现一个厌恶刺激,如批评、责备等;二是在不良行为出现后,撤销一个愉快刺激,如不许看电视、不许玩游戏等。

(7)暂时隔离法　暂时隔离是指在个体发生不良行为后,立刻将其置于单调乏味的地方。明确规定隔离时间,隔离时间结束前不许离开。暂时隔离法多用于应对 2～12 岁的个体。用暂时隔离法的要求是:隔离环境中没有任何玩物,光线充足、空气流通,让人感觉安全,不会让人产生恐惧感。

(8)自我控制法　自我控制是指让有行为问题的个体,通过自我分析、自我强化及自我惩罚的方式,学会控制、改善自己的行为。

前四种方法一般用于良好行为的建立,后四种方法一般用于不良行为的消除。

2.行为演练的基本方法

(1)全身松弛法　全身松弛法也称放松疗法、放松训练、松弛训练,是指通过训练,有意识地控制自身的心理生理活动,以此改善机体功能紊乱的方法。松弛训练的目的在于通过改变肌肉的紧张状态,减轻肌肉紧张引起的酸痛,以应对情绪上的紧张、不安、焦虑和愤怒,从而获得精神的放松。全身松弛法有不同的操作方式,有呼吸松弛训练、想象松弛训练、自我暗示松弛训练。全身松弛法适用于学生产生紧张焦虑情绪时,可有效缓解考试焦虑等症状。

(2)系统脱敏法　系统脱敏又称交互抑制法,是指当个体表现出对某些事物或环境产生敏感反应(害怕、焦虑、不安)时,施加与敏感反应相对立的刺激,以使个体不再产生敏感反应。具体操作方法:指导个体循序渐进地接近令其产生敏感反应的事物或环境,从非真实的事物慢慢过渡到真实事物,直到消除紧张和焦虑、恐惧情绪,恢复常态。比如,一个学生过分怕狗,我们可以让他先看狗的图片,跟他谈论狗的事件;然后让他远远地观看关在笼子里的狗,并让他一点一点接近笼子;最后,让他打开笼子,抚摸狗的身体,抱起狗。直到最后消除对狗的恐惧反应。

(3)肯定性训练　肯定性训练也叫自信训练、果敢训练,是指通过强化个体在某种情境中的自信反应或积极反应,消除其在该情境中的被动和焦虑反应的方法。肯定性训练的最终目的在于发展个人的自我肯定行为。自我肯定行为主要表现在三个方面:①请求。请求他人为自己做某件事,以满足自己合理的需要。②拒绝。拒绝他人的无理要求而又不伤害对方。③真实地表达自己的意见和情感。

肯定性训练实际上就是通过角色扮演的方式,增强当事人的自信心,然后当事人再将所学的应对方式应用到实际生活情境当中。

3.认知改变技术

(1)认知疗法　认知疗法由美国心理学家贝克(Beck)提出。贝克认为,人的情绪及行为由认知引发,异常的认知产生了异常的情绪及行为,情绪和行为问题与歪曲的认知有关。人们早期经验形成的"功能失调性假设"(也称为图式),决定着个体对事物的评价,成为支配个体行为的准则,而不为人所觉察。一旦这些图式为某种情境所激活,大脑中就会出现大量的"自动负性想法",进而导致负性情绪和行为障碍。负性认知和负性情绪相互加强,形成恶性循环,使得问题持续加重。

认知疗法的基本原理:

①分析负性认知。主要包括:任意推断,即缺乏足够的事实根据,草率下结论;选择性概括(也叫选择性抽象),即依据细节下一般结论,以点带面;过分概括,即以偏概全;夸大或缩小,即任意夸大自己的失误和缺陷、贬低自己的成就和优点;个人化归因(也叫个人中心),即认为一切问题都是自己造成的,因而自疚自责;两极思维,即把事物看成是非黑即白、非对即错的。

②纠正负性认知。主要方法有:识别自动负性想法,识别认知错误,真实性检验,去注意,监察苦闷或焦虑水平,苏格拉底式对话。

(2)理性-情绪疗法　理性-情绪疗法即合理情绪疗法,由美国临床心理学家艾里斯(A. Ellis)在 1962 年出版的《心理治疗中的理性和情绪》一书中提出。艾里斯认为,人的情绪是由他的观念决定的,合理的观念导致健康的情绪,不合理的观念导致负向的、不稳定的情绪。他提出了一个解释人的行为的 A-B-C 理论。

A:个体遇到的重要事实、行为、事件;

B:个体对 A 的信念、观点;

C:事件造成的情绪结果。

情绪反应 C 是由 B(信念)直接决定的。可是很多人只注意 A 与 C 的关系,而忽略了 C 是由 B 造成的。B 如果是一个非理性的观念,就会造成负向情绪。若要改善情绪状态,必须驳斥(D)非理性信念 B,建立新观念并获得正向的情绪效果(E)。这就是艾里斯理性-情绪治疗的 ABCDE 步骤。

理性-情绪治疗是一种具有浓厚教育色彩的心理治疗方法。艾里斯认为,人有许多非理性的观念,如我"必须"成功,并得到他人赞同,别人"必须"对我关怀和体贴;事情"应该"做得尽善尽美,课堂上回答问题有错误是很糟糕的事等。后来韦斯勒把非理性信念简化为三个特征:绝对化要求、过分概括化和糟糕至极。

4. 精神分析法

精神分析法又称心理分析疗法、分析性心理治疗,是心理治疗中的一种主要治疗方法,以弗洛伊德首创的精神分析理论为指导。其基本理论核心是:人的精神活动可分为潜意识、前意识和意识。潜意识深藏于意识之后,是人类行为背后的内驱力。

运用精神分析疗法进行自我心理调适的方法主要包括:合理宣泄、自我反省、心理暗示等。

5. 来访者中心疗法

来访者中心疗法是人本主义心理疗法的主要代表,倡导者和创始人是罗杰斯。人本主义疗法是 20 世纪 60 年代兴起的一种心理疗法,其指导思想是人本主义心理学。

来访者中心疗法的基本观点是:每个人都有两个我,现实自我和理想自我,两者之间的冲突是个体心理失常的原因。人生而自知发展的方向,如果能够给个体创造一个良好的环境使人能够与他人正常交往、沟通,个体便可以发挥他的潜力,改变其不良行为。

来访者中心疗法的特点在于:以来访者为中心,将咨询看成一个转变过程,主张心理咨询的非指导性。其主要技术是:建立良好关系(尊重),设身处地地理解(也叫共情、共感、同感、同理心),真诚相待(坦诚交流),无条件积极关注。

(二)心理辅导的途径

1. 开设普及心理健康知识为主的相关课程

开设相关课程是心理辅导工作高效实施的途径,也是重要的制度保证。开设课程最大的优势在于:教师能够将心理健康知识划分为彼此相关又相对对立的主题,根据学生的实际情况,循序渐进地安排教学内容。这种有计划的、规范化的课程安排形式,有利于学生系统学习,从而能够更好地掌握必要的心理健康知识,并用以指导自己正确认知自己,促进自己有效调节自身的心理和行为。

2. 开设专门的心理辅导活动课

心理辅导的目的在于促进学生心理状态和个性的发展变化。开设专门的心理辅导活动课具有两大作用:一方面,心理状态的变化离不开体验与感悟的环节,心理辅导活动课给学生提供了活动体验和内心感悟的机会,有利于学生的心态转变。另一方面,学生的个性变化往往体现在行为的改变上,反过来,行为的改变对学生的个性发展也有着重要的作用。在专门的心理辅导活动课中,学生能够在"类似真实"的情境当中,学习掌握各种心理调节的技巧,并运用到真实生活当中。同时,学生在活动过程中通过改变自己的行为表现,能够促进自身个性的变化。总之,心理辅导活动课有利于提升学生的参与性和活动性,对于学生心态改变和个性发展有着极其重要的作用,是开展心理辅导工作的重要途径之一。

3. 结合班级、少先队活动开展心理辅导

班级与少先队作为学校中的正式群体,它对学生有着满足安全感、满足归属感、满足认同感、提供支持力量和扮演塑造力量的作用。充分发挥班级和少先队的力量,不仅能够为学生提供社会化的途径,更有利于促进学生的身心健康发展。因此,要注意结合班级和少先队活动,组织学生开展心理辅导活动,有效促进学生身心健康发展。

4. 在学科教学中渗透心理辅导

健康心理是由认知、情感、意志等多种元素构成的多面体,涉及学生生活的方方面面,因此,学生心理辅导的途径辐射学生的一切活动。学科教学活动是学生在校期间参与的主要活动,因此,每一位任课教师都应该形成在教学活动中渗透心理辅导的意识。

在教学设计上,要充分考虑学生的身心特点和学习基础,避免课堂教学引发学生的心理问题;在教学过程中,要为学生创设宽松、民主、和谐的氛围,深入挖掘蕴含育人成分的教学资源,通过丰富的课堂活动,促进学生健康心理的发展。

5. 开展面向学生的个别心理辅导活动

不同个体,其心理问题的表现形式常常不同,具有明显的典型性,有效的心理辅导往往是具有针对性的。面对问题学生,辅导教师需要根据其个性特点制定有针对性的辅导方案,通过面对面、一对一的沟通、互动方式开展辅导活动。个别心理辅导活动一般是在心理咨询室或心理健康指导中心进行的,常用的方式有:个别交谈、电话辅导、网络咨询、信件咨询和个案研究等。

6. 小组辅导

小组辅导是指辅导教师面对有着类似心理困惑的一组学生开展的心理辅导活动,小组人数视具体情况而定,一般以 7～8 人为宜。基于很长时间以来的传统偏见,不少问题学生不愿接受个别心理辅导,总担心被人发现后受到非议。而小组辅导形式在很大程度上能够让学生放下顾虑,同时,相类似的心理困惑又能够让参与活动的学生因为发现自己的问题并不是唯一的而减轻了心理负担。在辅导教师的指导下,小组成员通过活动体验、交流讨论等方式,发现并解决自身的问题,促进自身健康发展。

7. 对学生家庭的心理辅导教育

家庭作为学生(尤其中小学生)成长的主要环境,在很大程度上影响着学生心理发展的状况,问题学生的根源往往在于不良的家庭环境。不良的家庭环境主要是指不当的家庭教育方式、不和谐的亲子关系等。因此,要加强家校联系,重视对学生家庭的心理辅导教育,引导家长以正确的教养方式对待子女,改善亲子关系,为子女的身心健康发展营造良好的环境。

// 第六节 // 　教师心理维护

一、教师心理健康概述

教师维持健康心理是维护自身生理健康、提高工作效率以及促进学生身心健康发展的重要手段,然而,当前教师群体的心理健康状况却不容乐观。

(一)教师心理健康的意义

1. 有利于维护生理健康

心理与生理相互影响,心理健康与生理健康密切相关。一方面,个体的生理健康水平影响其心理健康水平。躯体性疾病、生理缺陷等都会对个体的心理造成消极影响,导致个体产生焦虑、抑郁等不良情绪,影响个体的情感、意志及人际关系等的发展。另一方面,个体的心理健康水平影响着生理健康水平。相关研究表明,健康的心理对生理发展有着积极的促进作用,不健康的心理则会对生理发展有着消极作用,甚至会导致生理异常,引发病变。比如,乐观、平和、愉快的心态有助于提高人体免疫力,促进身体健康发展;而长期的焦虑、抑郁等则会降低人体免疫力,妨碍身体健康发展。

2. 有利于工作效率的提高

健康心理有利于个体在智力、情感、意志等方面发挥出正常水平,提高工作效率。心理健康的个体,在工作过程中面对客观事物能够做到客观评价、应对自如,从而能够以正确的态度和工作方式对待矛盾和处理问题。

3. 有利于学生心理的健康发展

教育教学过程是师生双边活动的过程,教师的心理健康状态对学生的心理健康状态有着极大的影响作用。教师的劳动具有示范性,教师的一言一行对学生的心理发展都有着潜移默化的作用。我们常说"用人格影响人格",心理健康的教师能更好地理解学生,与学生和谐相处,并以积极、乐观、上进的生活态度去影响和感化学生,让学生形成优良的心理品质,促进学生心理健康发展。而心理不健康的教师,很难理解学生的行为,无法巧妙地化解学生矛盾,与学生难以和谐相处,他们消极、悲观、逃避等的生活态度对师生关系的发展、对学生心理的发展而言都有着极大的妨碍作用,不利于学生形成积极的心理品质,妨碍学生心理健康发展。

(二)教师心理健康的标准

教师的心理健康标准,既要包括一般心理健康标准,又要体现教师职业的特殊性。概括起来,主要表现为以下几个方面:对教师角色的认同;具有健全的人格;有良好和谐的人际关系;能正确地了解自我、体验自我和悦纳自我;具有教育独创性;在教育活动和日常生活中,能保持乐观积极的心态,在任何情况下,都能恰当地表达和控制自己,反应适度,行为有序,能安详稳妥地处理学校工作和社会生活中的突发事件。

10-3:教师心理健康指标

(三)教师心理健康的影响因素

影响教师心理健康的因素是多种多样的,总体而言,主要包括社会因素(如社会对教师的期待和要求、教师改革与发展的形势等)、学校因素(如学校对教师的考核评价方式等)、家庭因素(如家庭成员对教师工作是否理解等)以及内在的个人因素(如个人心理素质、性格、情绪、能力等)。

10-4:影响教师心理健康的因素

二、教师常见问题

（一）生理、心理症状

教师心理不健康时，其生理、心理症状表现为：抑郁，精神不振，对学生漠然、冷淡，焦虑，对外界过分担心和过分忧虑，有说不出原因的不安感，无法入睡等。在抑郁和焦虑心态中，常常还会出现生理症状，如失眠、无食欲、腰酸背痛、恶心、心跳过速、呼吸困难、头疼、眩晕等。

（二）人格问题

教师的人格问题更多地属于人格缺陷。人格缺陷是介于正常人格与人格障碍之间的一种人格状态，可以说是人格发展的不良倾向。人格障碍又称病态人格，指明显偏离正常人格并与他人和社会相悖的一种持久和牢固的、适应不良的情绪和行为反应方式。

（三）职业行为问题

教师心理不健康在职业行为问题上的症状主要表现为：逐渐对学生失去爱心和耐心，并开始疏远学生；备课不认真，甚至不备课，教学中缺乏新意，讲课乏味；对教学中出现的问题小题大做，出现过激反应，处理方法简单粗暴，甚至体罚、打骂学生；有的教师则缺乏责任感，对学生中出现的问题置之不理、听之任之。

（四）人际关系问题

教师心理不健康时，在人际关系方面也会出现一定的问题。比如，有的教师在与他人交往中沉溺于倾诉自己的不满，没有耐心听取他人的劝告和建议，拒绝从另一个角度看问题；有的教师则表现出攻击性行为，如冲家人发脾气、体罚学生等。

（五）职业倦怠

职业倦怠也叫职业枯竭、工作耗竭，用来描述教师不能轻松应对工作压力时的一种极端反应，是教师在长期压力体验下而产生的情感、态度和行为的衰竭状态。职业倦怠是教师群体中出现最多的问题。教师的职业特点是：反复面对年龄相同、特点相近的学生，教学内容和工作形式重复性高。这一职业决定了倦怠情绪的出现不可避免，当教师无法克服这种倦怠情绪时，职业倦怠就形成了。

■ 10-5：职业倦怠的表现

三、教师心理健康的维护

教师心理健康的维护，需要教师自身、学校和社会三方共同努力。

（一）教师自身方面，加强自我维护

教师自身首先要明白，自己是情绪的主人。当受到情绪困扰时，要学会积极调适，运用心境转移的方法，如听音乐、散步、运动等，转移自己的注意力，调节情绪。当自身难以调节情绪时，要及时向专业人士求助。加强自我调节方法的学习，培养自身积极乐观的态度。形成正确的利益观，以平常心对待。把"教书育人"放在首要位置，尊重自己作出的决定。

（二）学校方面，关心和激励教师的工作与生活

学校方面要善于了解并创造条件满足教师的合理要求，为教师营造温馨、和谐、安全的工作环境；创造民主、开放的政治氛围；完善公平、公正的考核评价及激励奖惩制度；关心教师的发展前途，尊重教师的教学自主性，为教师提供进修深造、自我提高和实践的机会等。同时，学校要时刻了解和关心教师所遇到的心理挫折，并把教师的心理健康教育工作，作为学校工作的重要内容，有效地提高教师心理健康水平。

（三）社会方面，重视教师的心理健康维护

社会方面要营造"尊师重教"的氛围，同时加快教育体制改革，为教师的迅速成长创设良好的工作平台。重视教师的心理健康维护，加强建设专业预防和治疗的社会机构。

总之，只有学校、社会及教师自身都充分认识到教师心理健康的重要性，共同营造和谐、积极、健康的工作环境，建立良好的人际关系，树立良好的校风、学风、教风，提高教师的自身修养，才能有效维护教师的心理健康发展，使教师更好地实现人生价值。

【思考与练习】

1. 简述中小学生心理健康的影响因素。
2. 简述学生常见的心理问题及应对策略。
3. 简述教师心理健康维护的途径。
4. 简述学校心理辅导的含义及其途径。
5. 简述学校心理辅导的原则。
6. 简述压力产生的来源（影响个体心理健康的因素）。

【真题再现】

心理健康

第六篇　群体心理篇

第十一章　学校中的群体心理

<< ‹‹

📖 学习目标

◆ 了解学校中的群体含义，及群体心理对于个体的功能作用。

◆ 了解群体心理效应，并懂得如何促进群体发展。

◆ 掌握学校群体中人际关系的培养策略。

　　俗话说"男女搭配，干活不累"，你知道为什么吗？一个和尚挑水喝，两个和尚抬水喝，三个和尚为什么会没水喝？为什么我们会有"落叶归根"的想法？事实上，这是群体心理中的典型事例。人们常说"物以类聚，人以群分"，可见，个体的生活，离不开群体，而学校群体是影响学生个体发展的最大因素。研究学校中的群体心理，才能对学生个体的心理、行为作出更好的解释、预测和控制。掌握学校群体心理现象，探讨其中规律，将有利于学校教育教学活动和管理工作的顺利开展。

// 第一节 // 　群体心理概述

一、群体心理的含义

（一）个体与群体

1. 个体

　　个体是指具有自然属性与社会属性，并能独立活动的有特定个性的实体。简单来说，就是指具体的个人。

2. 群体

群体是指人们根据一定的心理和社会原则,以特定的方式组合,按照某个共同的规范协同活动而产生相互影响的个体的集合。群体虽然是由个体组成的,但却不是任何个体组成的人群都叫群体。群体应具有以下特征:①群体成员之间有共同的需要或者目标,并由此产生共同的活动;②群体有一定的组织结构,成员之间有着一定的关系,构成一定的关系网络和信息沟通网络;③群体成员在心理上相互依存,并有着自己的规范;④群体成员具有归属感,在心理上能形成共鸣。

3. 学校中的群体

按照群体的标准,学校、班级、兴趣小组等都属于群体。而学校中的群体,主要包括教育工作者群体、学生群体,以及学校其他工作人员群体。在这里,我们主要以学生群体作为研究对象。本章主要讨论如下几类学生群体。

(1)正式群体和非正式群体　正式群体和非正式群体是根据学生群体构成的原则和方式不同而划分的。

正式群体是指根据一定的学校规章制度,有既定的目标,有固定的编制和规范,成员占据特定的地位并扮演一定的角色的群体。比如,班级、小组、团支部、学生社团等。非正式群体是指以学生兴趣等为基础自发形成,无固定目标,无成员间的地位及角色关系的群体。比如,老乡会等。

很显然,正式群体是根据一定的学校规章制度而形成的群体,这种群体对于学校的管理工作而言自然是方便有利的。非正式群体比起正式群体,因其没有固定目标,亦没有一定的规范,对于学校管理工作而言稍显麻烦。但是,非正式群体的研究对于学校管理工作也有着重要意义。梅奥(G. E. Mayo)是在霍桑实验中最早发现非正式群体并研究非正式群体对正式群体的工作产生影响的社会心理学家之一。他认为,在现代大规模生产条件下,正式群体中产生非正式群体是不可避免的,也是正常的。非正式群体中形成的目标在很大程度上决定着群体成员对劳动和管理部门的态度,因而对劳动生产率有重大影响。苏联心理学家的研究也证明,正式群体内部产生的非正式群体不仅不会使群体人心涣散,而且会使群体更加团结,并有助于整个群体实现目标和完成任务。当然,也存在非正式群体与正式群体发生矛盾,并干扰整个正式群体达到既定目标的情况。可见,作为学校管理工作者,就要充分利用正式群体与非正式群体的关系,引导非正式群体的倾向,促成其形成对管理工作有利的规范,使非正式群体与正式群体的活动协调一致起来。

(2)松散群体、联合群体和集体　松散群体、联合群体和集体是根据学生群体成员之间交往的亲密程度和发展水平划分的。实际上,松散群体、联合式群体和集体是正式群体发展经历的三个阶段。

①松散群体。松散群体是指学生之间只在空间和时间上结成群体,但成员之间没有明确的共同活动的目的和内容。如新建的班级,虽有班级的组织形式,但其成员仍然是缺乏联系的孤立个体,缺乏统一的目标,干部由班主任临时指定,要求由班主

任提出，并督促学生执行；同学之间的交往是以熟悉程度以及情绪、爱好等结为亲疏关系，缺乏凝聚力。

②联合群体。联合群体是指成员之间有着一定的相互了解，也有着一定的共同目标，但成员之间缺少亲密性，成员活动只具有个人意义。经过一段时间的学习、生活以及班级各项活动后，学生之间日趋团结凝聚，就形成了联合群体。其成员已有共同目的的活动，班级已对其成员的成长有了一定的影响力。

③集体。集体是群体发展的最高阶段，这一时期，成员的共同活动不仅对每个成员有个人意义，而且还有重要的社会意义。此时群体已发生质的飞跃，成员之间有着明确的共同奋斗目标、共同的纪律和规范，成员之间心理相容、感情共鸣，集体中充满民主、平等、向上、团结、友爱、和谐的心理气氛，核心逐渐形成。学生集体是学校管理工作当中最强有力的影响力量。

(二)群体心理

群体心理是指群体成员关于群体存在的物质层面以及精神层面的反映，是成员个人心理特征的综合与概括，是成员之间相互作用与相互影响的结果。

1.群体心理的内容

群体心理包括两个层面：一个是相对稳定而不易发生变化的部分，一个是不稳定且易于变化的部分。前者主要包括传统、风气、习惯等，后者主要包括需要、情绪、气氛、流言等。无论是前者还是后者，对于学生群体而言都有着不可忽视的影响作用。

2.群体心理对个体的作用

(1)满足安全感　安全感是指当个体归属于某个群体时，孤独和恐惧感会随之减少。孤独和恐惧是个体心理发展最大的障碍，群体赋予个体的安全感在很大程度上能帮助个体克服孤独和恐惧心理。

(2)满足归属感　归属感是指群体中的个体所具有的一种"属于群体"的感觉，我们常说的"落叶归根"就是个人归属感的体现。归属感不仅能让个体体会到自己是群体的一分子，而且能进一步体验到自己是社会的一分子，能够确认自己在群体和社会中的地位。群体归属感能够让个体产生一系列特殊感情，如民族情感、国家情感等。在学校情境当中，归属感更多的是指学校群体能使成员(学生或教师)产生一种"成为团体中的一员，并得到成员之间相互的关心和照顾"的体验。当学生在集体中有了归属感，他才会愿意接受集体的规范，并在活动中遵循集体的行为准则。

(3)满足认同感　认同感是指个体对一些重大事件与原则问题的认识与群体内部的其他成员相一致，并在情感上产生共鸣。在学校情境当中，则是指学校群体能使学生或教师对一些重要的、原则性的事情或问题，同学校群体保持共同的看法和评价。当情境不明确的时候，群体的认同感对个体的心理与行为有着重大的影响。比如，学生遇到事情更愿意向同伴倾诉而非父母或者教师，常常就是因为同伴比起父母或者教师，他们的认知更容易达成一致。

（4）提供支持力量　支持力量是指群体能够为个体的言行提供强化作用。当个体的思想、行为符合群体要求时，群体往往会加以赞许和鼓励，从而强化这种思想与行为。群体的赞许和鼓励是个体言行的强有力力量，获得群体的社会支持是保障个体心理健康发展的重要条件。学校情境当中的支持力量是指学校群体中学生或教师的思想、观点、情感、行为方式以及个体所取得的成就等，得到学校群体的肯定与鼓励，使其获得一种支持的力量，增强其信心，推动个体进步。一个被群体排斥的学生，很容易变得消极被动，陷入极端情绪；而一个被群体接受、支持的学生，很容易变得积极阳光。

（5）扮演塑造力量　塑造力量是指群体能够影响个体发生改变。群体中的成员之间不可避免会相互影响，个体在群体的潜移默化影响下，很容易发生变化。而学校群体更是充分利用了群体的塑造力量，通过各种规章制度，塑造着适应现代社会要求的健全人格和所需人才。

二、群体心理效应

（一）社会助长和社会干扰

1. 社会助长和社会干扰的内涵

日常生活中，不乏这样的现象：你一个人在路上悠闲地骑着自行车，身后有个人跑步经过，然后你会发现自己情不自禁就加快车速，试图赶超那个跑步的人；在路上开车，当你发现身后的车试图要超越你时，你会下意识地加大油门……而有时候恰好相反：在考场上，原本你答题很顺利，可是监考老师巡考时经过并停留在你身旁，你发现自己好像突然脑袋空白，都忘了怎么答题；你自己一个人在教室里朗诵，朗朗上口，感觉还不错，然后有同学出现在教室里，你突然发现自己的朗诵变得断断续续，似乎忘了怎么读……在心理学上，这些现象叫作社会助长和社会干扰现象。

（1）社会助长　社会助长也叫社会促进，是指当个体处于群体当中时，群体对个体的积极或消极反应都会有增强作用。通俗地说，就是指有他人在场或者很多人在一起从事活动时，可以提高个人活动的效率。比如，学生自己一个人学习会感到无聊，但是如果有同伴一起学习的话，往往容易发现学习的乐趣；俗语"男女搭配，干活不累"，这些都是社会助长现象。

（2）社会干扰　社会干扰也叫社会促退、社会阻抑、社会惰化、社会懈怠，与社会助长相反，是指身边有他人在场，会引起我们活动效率的下降的现象。个体无须单独为某件事担负责任或者无须单独面对评价时，群体内成员的责任感就会被分散，社会干扰现象就会出现，我们常说的"三个和尚没水喝"就是这一现象的反映。日常生活中这一现象很多，比如，让一组学生共同完成一份作业，但是教师采用的是整组评价的方式，那么那一组的学生当中，很容易就会出现某些学生不认真对待的情况。

11-1：责任分散效应

2. 社会助长和社会干扰产生的原因

(1)与活动的性质有关　简单易做、不需要紧张思维的活动容易,导致社会助长现象的产生;反之,复杂、需要高度集中注意力并要深入思维的工作,容易引发社会干扰现象。

(2)与活动的情境有关　活动当中的重要人物或熟悉人物,容易影响自尊心较强的个体的动机水平,从而影响工作效率。如果动机水平适中,就容易产生社会助长效应;如果动机水平过高,则会产生社会干扰现象。

(3)与活动结果的评价有关　事后需要评价并与奖惩等紧密结合的活动,容易引发社会助长或干扰现象。事实上,其本质和活动情境的原因相似。如果活动结果的奖惩与个人关系密切,那么就很容易引发个体强烈并且过高的动机,这种情况下就很容易产生社会干扰现象;但是若动机水平刚好合适,那么则会产生社会助长现象。

(4)与个体的个人特质有关　偏好安静的个体,有人在场的情况下会感到紧张局促,容易产生社会干扰现象;不怕生、"人来疯"的个体,喜欢在人前表现自己,有人在场则更易产生社会助长现象。

(二)从众、服从

1. 从众

(1)从众的内涵　从众是指个体在外界群体行为的影响下,在知觉、判断及认识上表现出与公众舆论或大多数人一致的行为方式。比如,我们常说的"人云亦云""随波逐流"就是从众的典型表现。学生群体最典型的从众现象是班级效应和宿舍效应,比如,学习从众、考证从众使得"学霸"、考证能手等很容易集中出现,这在班级和宿舍当中都比较常见。除此之外,恋爱从众、消费从众、作弊从众等也是学生群体中常见的从众现象。

从众有三种表现形式:一是表面服从,内心也接受,所谓口服心服;二是口服心不服,出于无奈只得表面服从,违心从众,是一种被动的服从,也叫顺从;三是完全随大流,谈不上服不服的问题,是一种盲从。

图11-2:从众实验

(2)从众产生的原因　从众产生的原因包括:①群体因素,一般来说,群体规模大、凝聚力强、群体意见的一致性等,都容易让个体产生从众行为;②情境因素,主要包括信息的模糊性与权威人士的影响力两个方面;③个人因素,主要反映在人格特征、性别差异与文化差异等三个方面。

(3)学生从众行为的引导与教育　校园的从众行为,既有积极一面,又有消极一面。研究学生群体的从众现象,有利于优化群体结构,发挥积极影响,克服消极作用。操作策略如下。

①在学生群体中培养良好的风气并形成一定的传统。培养良好校风、班风、学风,借以调控学生的行为发展方向,消除不良行为,促进学生群体行为朝健康方向发展。

②引导学生群体养成良好的行为习惯。完善学校及班级管理制度,制定校规、班规,引导学生形成良好行为习惯,借以规范及约束学生的行为方式。

③引导学生群体确立正确目标,提高群体的凝聚力。确立正确合理的班级发展目标,增强班级的凝聚力,以形成强大的感染力,带动学生自觉调整自己的行为,使之符合班级发展的要求。

2. 服从

(1)服从的内涵　服从是指个体在社会要求、群体规范或他人意志的压力下,被迫产生的符合他人或规范要求的行为。学生群体中的服从有两种形式:一是学生在学校规范影响下的服从,如上课不迟到、不早退等;二是学生对权威的服从。

11-3:权威服从实验

服从能够保证群体目标的实现,对现实具有十分重要的意义。在学校情境下,服从能够保证集体目标的实现,同时,学生对权威和规范的服从在很大程度上有利于学校管理工作的顺利开展。服从与从众既有共同点,又相互区别。

①两者的共同点表现在,它们都是由压力引起的行为。

②两者的区别表现在两个方面。其一,服从是被动的,从众是主动的。服从是在他人的直接要求或命令下作出的决定,是被动的,因此常伴随不满、不情愿等否定性情绪;而从众往往是主动的,不需他人的要求或命令,因此一般不会表现出明显的否定性情绪。其二,服从是有形的,从众是无形的。服从的压力来自规则、命令等,是有形的;从众的压力来自心理(不想表现得与他人不一致),是无形的。

(2)服从产生的原因

①权威人物的权威性。"权威"本身往往带着强烈的、不容置疑的规范性,给人造成逼迫感,这使得个体会产生"违背权威将要付出很大的代价"的心理,从而不敢轻易违背。

②权威人物与服从者的空间关系。"面对面"的指令,比起有距离的指令更容易将人折服:一是"面对面"的指令,带有强烈的逼迫感;二是距离会导致指令信息不畅通,让人对实际情况不了解,再加上少了面对面的逼迫感,个体更容易轻视有距离的指令。当然,在现实当中也有可能会出现相反的情况:有距离的指令反而更让人盲从。这种情况下,因距离而产生的信息不畅通,不是引发个体轻视指令,反而让个体因为不明所以,盲目跟风听从指令,造成盲从。

③他人支持。服从者若是得到他人的支持,个体反抗权威的力量将会得到加强,服从者反抗权威的意识和程度也会随之增强,从而降低权威者的命令效力。

④服从者的个性。天性软弱、没有主见的个体,更容易服从于权威;太过在乎他人评价、不自信的个体,也容易服从于权威等。此外,心理学研究结果表明,个体的道德判断水平与对权威的服从成反比,也就是说,道德判断水平越高的人,服从权威的可能性就越小。

(3)学生服从行为的引导与教育

①提高学生对服从社会和学校规范的道德认识水平。道德认识水平决定着学生对

权威的服从程度,在教育教学过程中,教师要教会学生正确认识服从规范的意义,辨明对错好坏,引导他们形成对组织、纪律、规范的服从意识。

②提倡自觉服从,反对盲从。提倡个体对学校、社会规范自觉服从,强调指令的真理性,反对跟风盲从。

(三)去个性化现象

去个性化又叫个性消失,是指个体在群体压力的作用下,丧失了同一性和责任感,从而做出在以往单独行事情境下不会做的事的现象。

去个性化产生的原因主要有:①匿名性。匿名性是去个性化现象出现的诱因。匿名性使得个体产生了"不管我做了什么,别人都发现不了"的心理,从而增强了个体的冒险精神。②责任分散。责任分散会让个体觉得,群体中那么多人,若是追究责任,分散到每个人头上也不是多大点事,更何况,罚不责众。于是个体在群体中就不会像单独行事时那样具有责任感了,更多的就会凭自己的一时冲动做事。

去个性化现象在学校中很常见,教师在教育管理工作中一定要注意引导集体舆论导向,增强学生的个人责任感,避免去个性化的负面影响。

(四)个体社会化

1. 个体社会化的内涵

个体社会化是指个体在社会情境下,通过与他人的互动而学会按照一定的社会规则行事的过程。个体社会化的主要任务是掌握基本的生活技能,接受并认识各种社会行为准则和规范,树立明确的个人生活目标,承担不同的角色任务,为适应社会生活打下良好基础。

2. 个体社会化的意义

①个体社会化是个体按照一定的标准培养、塑造自己成为符合社会需要的成员的过程,是角色获得的过程;②社会化是文化延续的手段。个体社会化的过程,实际上也是个体从一种思想、行为、生活或工作方式向另一种方式迅速转变与适应的过程,它涉及种种文化因素,包括传统、习惯、信念、价值观等。个体社会化的过程,实际上同时延续了文化传承。

// 第二节 //　学校群体中的人际关系

一、师生关系

所谓师生关系,顾名思义,就是指教师和学生之间的关系。从广义上来看,师生关系泛指社会上人与人之间的相师相学的关系。从狭义上看,师生关系特指在学校教育机构中的教师与学生之间的关系。本节主要围绕狭义上的师生关系展开论述。

(一)影响师生关系的因素

1. 教师因素

(1)教师的教育理念　教师的教育理念决定了教师如何看待学生、如何对待学生、对学生有着怎样的期待,而这在很大程度上决定了教师与学生的关系的好坏。在新课改背景之下,教师只有建立以学生为本的教育理念,把学生当作相互促进者、合作者,与学生互动、共同发展,关注学生本身而非教学,做学生的引路人,才能真正走进学生内心,建立良好的师生关系。

(2)教师对学生的态度　教师对学生的态度,实际上就是教师的期望、教师的期待。学生往往通过教师的语言暗示、表情动作等推测教师对自身的态度,从而形成对教师的态度,这对师生关系的发展有着很大影响。日常教育教学过程当中,学生心领神会"老师偏爱优秀学生,忽视中间学生,讨厌差劲学生",而若教师本身不注意自身的言行举止,就很容易使学生与教师产生距离,甚至会导致师生关系的恶化。著名的罗森塔尔等人的实验不仅证明了教师态度与学生成绩的关系,而且证明了教师态度对师生关系的直接影响。

11-4:皮格马利翁效应

(3)教师的领导方式　教师的领导方式是指教师行使权力与发挥领导作用的行为方式,是教师与学生相处方式、处理问题方式等的体现。教师的领导方式在很大程度上决定了师生关系的好坏。

李比特和怀特将教师的领导方式划分为权威型(专制型、专断型)、民主型和放任型三种,并进行了专门研究。研究结果表明,放任型领导方式对课堂心理气氛和学习效率的影响最差,民主型领导方式在学生态度、责任心和创造性的培养方面作用较大,权威型领导方式在维持课堂纪律、缓和人际关系、控制局面上更有效。可见,每种领导方式都有着各自的优势。因而教师应当结合实际情况,灵活调整自己的领导方式。

11-5:权威、民主与放任

(4)教师的智慧　教师的智慧不仅表现在学识上,而且表现在教师的教育机智上。学识渊博、富有教育机智的教师,往往更容易吸引学生。

(5)教师的人格因素　教师的性格、气质、兴趣等是影响师生关系的重要因素,研究结果表明,性格开朗、气质优雅、兴趣广泛的教师最受学生欢迎。

11-6:教育机智

2. 学生因素

学生对于师生关系的影响,与教师对学生的态度密不可分。教师对学生的态度,影响着学生对教师的认识。这种认识主要是指学生如何看待教师对自身的态度,这就决定了其对教师的态度,进而影响了师生关系的好与坏。日常生活中,学生往往喜欢亲近那些"喜欢自己"的教师,而疏远那些"不喜欢自己"的教师。可见,学生对教师的认识是影响师生关系的重要因素。与此同时,学生对教师的认识往往会表现在情感态度上。情感的迁移性决定了学生对教师会表现出"爱屋及乌、恨屋及燕"的心理。对于师生关系好的教师,学生更愿意"亲其师、信其道";对于师生关系不好的教师,学生就会疏远甚至产生厌恶心理,并连同跟那位教师有关的学科一并都反感了。

11-7:学生的特点

3. 环境因素

影响师生关系的环境因素主要是学校的人际关系环境和课堂的组织环境因素。学校的人际关系包括领导与教师的关系、教师与教师的关系、教师与家长的关系、学生与学生的关系等,这些人际关系对师生关系有着不可忽视的影响作用。课堂的组织环境主要包括教室环境的布置、座位的排列、学生的人数等。我国中小学课桌的摆放多呈"秧田式",教师讲台置于块状空间的正前方,这种格局阻隔了师生之间的交往及生生之间的交往。

(二)良好师生关系的建立

师生关系的好坏,影响着教育教学效果的好坏。苏联教育家苏霍姆林斯基曾说过:"教育是人和人心灵上最美妙的相互接触"。"课堂的一切困惑和失败的根子,在绝大多数场合下都在于教师忘记了上课是儿童和教师的共同劳动。这种劳动的成功,首先是由师生之间的相互关系来决定的。"美国教育家加里(Gary)也曾指出:"教师与学生的关系是一种特殊的人际关系,区别于父子和母女,区别于兄弟姐妹,区别于朋友同事,在教育活动中不可忽视。"良好的师生关系是有效课堂的基础,只有在融洽、友好的师生关系中,学生才会"亲其师、信其道"。可见,建立良好师生关系对于教育教学有着举足轻重的意义。

1. 树立正确的学生观,正确认识学生

树立正确的学生观,正确认识学生,教师就要认识到学生是人,是发展中的人,是完整的人,是独特的人,是具有独立意义的人。

2. 建立教师威信,改善学生印象

培养自身良好的道德品质;培养良好的认知能力和性格特征;注重良好仪表、风度和行为习惯的养成;给学生以良好的印象,形成情感融洽、气氛适宜的学习情境。

3. 主动与学生沟通,善于与学生交往

尊重学生,理解学生,关爱学生;学会宽容,"宽其小过""宽大处理";正确分析对待定势效应;学会换位思考。

4. 发扬教育民主,倾听学生意见

民主与平等的师生关系是提高教育教学质量的需要,也是缩小师生间的心理差距、

构建和谐师生关系的需要。总之,在新课改背景下教师要倾听学生心声,营造师生互动、生生互动的学习氛围,促进师生教学相长,共同发展。

5. 提升个人素养,增强自身魅力

有魅力,才能吸引学生。因而教师应当重视自身素养的提升,不断完善自身的知识结构,增强自身的魅力。高尚的师德、渊博的知识、优秀的教学能力以及良好的个性品质和仪表是教师个人魅力的主要组成部分,教师可以从这些方面不断地完善自己。

6. 正确处理师生矛盾,改善不良师生关系

加强沟通,促进心理接近;角色互换,形成宽容、理解的心理气氛;避免滥用惩罚。

二、同伴关系

同伴关系是指同龄人间或心理发展水平相当的个体间在社会交往过程中发展起来的一种关系。

(一)影响同伴关系的因素

同伴关系是人与人之间互动形成的关系。其影响因素既有个体自身的原因,也有其他外在原因,总的来说有如下几方面。

1. 个体因素

社会心理学人际吸引的研究结果表明,个体的仪表、个性、价值观、信念、兴趣爱好等在很大程度上影响着个体的人际关系。培养个体的良好个性品质,引导个体形成正确的三观,发展广泛的兴趣爱好,有助于提升个体的人际吸引力。

2. 家庭因素

家庭的一些潜在或显性的因素都会在某种程度上影响着个体的人际关系,主要包括家庭的教养方式、家庭的氛围等。家庭的教养方式决定着父母对于子女择友观念的建立,影响着子女的个性形成等,从而影响到个体与同伴交往的关系;家庭氛围反映着家庭成员的关系,而这在某种程度上影响着个体对他人的态度的形成,进而影响着个体与同伴交往的关系。

3. 文化因素

这里的文化因素包括社会文化因素和校园文化因素。风俗习惯、社会风气、道德风尚、组织文化、价值理念等,在某种程度上会造成不同个体在沟通上的障碍,从而影响人际关系。

4. 交往技巧

社会心理学人际交往的研究表明,交往技巧对于个体的人际关系有着不可忽视的意义。充分利用人与人之间的交往频率、把握好时间和空间、适当考虑双方个性的相容与互补等,都可以改善人际关系。

（二）良好同伴关系的培养

同伴关系影响着个体社会化的过程，对个体的社会性发展和智力发展都有着不可忽视的意义。个体在同伴关系中学会建立自我认同感，学习到很多适应社会所必需的知识和技能，同伴关系影响着个体的价值观、态度形成等，对个体的个性形成和发展有着极其重要的作用。良好的同伴关系可以满足个体归属和爱的需要以及尊重的需要，对个体身心健康发展有着极其重要的意义。因而，引导学生建立良好的同伴关系显得尤为重要。

1. 教给学生人际交往的技巧

良好的交往需要一定的技巧，因而，教师有必要教给学生一些人际交往的知识。教给他们人际交往的基本原则和方法，让他们懂得谈话的技巧、聆听的技术、沟通的艺术，引导他们掌握人际交往的基本礼仪、交往过程的行为准则。

2. 培养学生良好的人格品质，提升人际吸引魅力

良好的人格品质是良好同伴关系的温床，培养学生善良、真诚、热情、守信、友好等优良品质有助于提升他们的个人魅力，建立良好同伴关系。

3. 利用各种途径，创造机会，提升交往水平

在同伴交往训练中，光教给学生一定的交往技巧、培养学生的良好人格品质，若是学生没有主动实践、大胆尝试、反复练习，很有可能他们依然没有办法形成一定的交往能力。因此，教师可以充分利用各种途径，开展相关训练活动、有针对性地加以引导，以促进学生交往技能的提升。

三、家校关系

家校关系，从字面上理解，就是家庭和学校的关系。结合实际情况，家校关系理解为"家校合作""家校联系"更为确切，指的是家庭和学校为了实现共同的教育目标，彼此了解、携手合作，通过语言、文字等多种媒介进行信息传递、思想交流，以便更好地对孩子进行教育。

11-8：家校冲突

（一）影响家校关系的因素

家校关系的主体包括学生、家长和教师，因而影响家校关系的因素主要围绕三者展开。

1. 学生

学生是家校关系的最终服务对象和目标个体，是家校关系中的最终受益者。学生对学业成绩的满意程度，对自身的认识，学生与家长、与学校同伴以及教师的关系等因素，对于家校关系都有着不可忽视的作用。

2.家长

学生家长是家校关系中的主动主体,家长作为孩子的第一任教师,对于孩子的成长本应更具有影响力。遗憾的是,现实中太多的家长没能充分把握自身的影响力量。当前家庭教育方面存在两个极端:一个是做甩手掌柜,把教育全推给学校;一个是没有扮演好父母角色,分内的事没做好,却越俎代庖,把本该学校做的包揽在身上。很显然,这两种极端做法是不良家校关系的表现。研究表明,家长的教育理念、对子女教育的关注程度、道德品质、受教育水平、职业性质、性格特点以及亲子关系、家庭经济条件、家庭的和睦程度等,影响着家长对于家校关系的价值认识。

3.教师

教师是学校教育中作用于学生的主要影响主体,在家校关系中,教师往往扮演着引导者的角色。教师与家长往往位于家校关系的两端,任何一方的主动程度都会影响到家校关系的经营。当然,相比家长而言,教师在家校关系中的主动性更利于家校关系的经营。教师的基本素养影响着家校关系的维持和发展,要建立良好的家校关系,教师除了应具有基本的教育教学技能、正确的育人观念以及真心关注学生以外,还需要有较强的与人沟通的能力、一定的心理学知识和管理能力,并且最好具有一定的创造性,能够灵活地按照实际情况来调整家校关系。

(二)有效家校关系的建立

现代教育不是一个孤立的、封闭的过程,而是开放的、全方位的社会活动。任何个体的成长都离不开家庭、学校、社会三方的影响,家庭、学校、社会作为教育的三重合力,任何一个方面都不可以替代。苏联教育家苏霍姆林斯基曾说过:"教育的效果取决于学校家庭的一致性,如果没有这种一致性,学校的教学、教育就会像纸做的房子一样倒塌下来。"家庭是孩子的第一所学校,父母是孩子的第一任教师,只有家校形成合力,教育才能有效。

1.家校合作的途径及形式

(1)面对面形式 面对面的交流形式是教师与家长沟通最直接、最简单的方式。面对面的交流包括"一对一"和"一对多"两种方式,即一个教师对一个家长,或者一个教师对多个家长。"一对一"的方式更多的是以家访形式进行。一般情况下,"一对一"更能够发挥良好的沟通和合作作用,不论对增进了解还是达成共识都有很大的好处,然而这种方式需要花费大量的时间和精力,所以并不是主要的沟通方式。"一对多"的方式主要是家长会形式。家长会形式涉及很多因素,想要组织全班学生的家长开会并不是一件容易的事,所以一般而言这种形式的沟通次数不多,通常每个学期召开一到两次。

11-9:家访

(2)书面形式 书面形式包括写信、家校联系本、家长的各种书面建议以及校方的回执等。书面形式的优点在于:表达比较单向,避免了无关话题的干扰,有利于有效表达观点;思考更多,交流更简要深入;可阅读性和可反复阅读的特征,保证了思考空间,更有助于有效合作。书面形式的局限性在于：耗时耗力，效果取决于沟通双方的主动性。

（3）电话形式　电话形式是现代社会常用的便捷联系方式。电话形式的优势在于：操作方便，耗时短（这一特点使得其成为家校联系的首选方式）；便于及时沟通，避免问题延误和忽略；时间易控制，话题可灵活调整，省时省力。电话形式的缺陷在于：容易因仓促沟通而难以保证沟通的有效性；容易受现实情境影响而难以保证沟通的真实性。总的来说，电话沟通虽然具有不影响双方生活、便捷快速的特点，但是不宜作为主要的家校沟通方式。

（4）网络形式　快速发展的网络沟通为人与人之间的联系提供了便捷方式，也为家校沟通提供了便捷服务。教师可以充分利用电子邮件、班级主页、网络论坛以及 QQ 群、微信群等更好地与家长进行沟通。现代社会，几乎每个人都离不开网络沟通，家长们也不例外，充分利用网络沟通形式在很大程度上可以提高家校联系的效率。

（5）专门化形式　专门化形式是指为了增进家校合作而针对性地采用的形式，主要有三种形式：家长学校、家长沙龙以及家长委员会。家长学校，是指家长在专业教师的指导下，学习教育学、心理学方面的知识，以及教育子女的方法。家长沙龙是指以家长为主体、以学生成长为中心、以教师及专家学者为咨询指导，旨在提高家长教育素养、提升教育理念、转变传统教育观念、实现以家庭教育为突破口，最终形成教育合力的一种形式。家长委员会由关心学校、关心教育事业、具有教育子女经验的家长代表组成，其主要职责是参与学校和班级的教育与管理，协助做好学生教育工作。

2. 家校合作的基本原则

（1）尊重原则　家长和教师都是对学生施加教育影响的教育主体，在对学生的教育中具有平等的教育地位。教师要以平等的态度来对待家长，尊重他们的人格与思想，要耐心、虚心、诚心地听取家长合理、有益的建议。在沟通过程中，要极力避免"光环效应"的影响，对于优生家长不能只报喜不报忧，对于差生家长不能只告状。要谨记家校沟通的目的在于双方合作，促进学生更好地发展。

（2）协作原则　教师与家长合作的根本目的是共同促进学生的发展，为达到这个目的，双方之间就要学会协同合作。作为教师一方，不宜一味要求家长配合自己开展工作；作为家长一方，不应一味把教育的责任推给教师。教师和家长之间要彼此换位思考，共同商量教育方法。

3. 家校合作的基本要求

（1）平等性　教师与家长很可能在学识、文化修养、道德、社会地位、经济收入等方面有差异，但他们之间应该而且只能是平等的合作关系，任何一方不享有任何特别的权利。家长和教师的合作关系只有建立在平等的基础之上，相互尊重，才能取得有效的教育成果。

（2）教育性　教师与家长建立关系的唯一基础就是教育学生，双方交往的全部内容也应该是围绕教育学生来进行，而双方对这一关系的满意程度取决于教育成效。因此，家校合作应该让学生、家长和教师都能够得到教育意义。

（3）发展性　家庭中父母的一切努力都是为了孩子更好地发展。学校教育工作的出发点是为了促进学生的身心健康发展。显然,家庭和学校的目标是一致的。所以,家校合作应该以促进学生发展为目的。

（4）针对性　教师和家长之间的合作由始至终都围绕学生的发展而展开,而学生的发展是不可预测的,这一过程很有可能会出现种种突发状况。为了达到最理想的合作效果,家校合作应该把有限的精力用到刀刃上,针对学生的问题进行有针对性的指导。

（5）有效性　家校合作的目的是促进学生发展,最终必须完成预定目标。因而,家长和教师在合作过程中应该共同商量有效的教育方案,促进学生的健康发展。

■ 11-10：家校沟通技巧

【思考与练习】

1. 群体心理对个体有什么样的作用？
2. 如何利用群体心理效应促进学生发展？
3. 如何经营师生关系、同伴关系和家校关系？

【真题再现】

◈ 群体心理